# 编委会

**普通高等学校"十四五"规划旅游管理类精品教材**
**教育部旅游管理专业本科综合改革试点项目配套规划教材**

### 总主编

马 勇　教育部高等学校旅游管理类专业教学指导委员会副主任
　　　　中国旅游协会教育分会副会长
　　　　中组部国家"万人计划"教学名师
　　　　湖北大学旅游发展研究院院长，教授、博士生导师

### 编 委（排名不分先后）

田 里　教育部高等学校旅游管理类专业教学指导委员会主任
　　　　云南大学工商管理与旅游管理学院原院长，教授、博士生导师
高 峻　教育部高等学校旅游管理类专业教学指导委员会副主任
　　　　上海师范大学环境与地理学院院长，教授、博士生导师
韩玉灵　全国旅游职业教育教学指导委员会秘书长
　　　　北京第二外国语学院旅游管理学院教授
罗兹柏　中国旅游未来研究会副会长，重庆旅游发展研究中心主任，教授
郑耀星　中国旅游协会理事，福建师范大学旅游学院教授、博士生导师
董观志　暨南大学旅游规划设计研究院副院长，教授、博士生导师
薛兵旺　武汉商学院旅游与酒店管理学院院长，教授
姜 红　上海商学院酒店管理学院院长，教授
舒伯阳　中南财经政法大学工商管理学院教授、博士生导师
朱运海　湖北文理学院资源环境与旅游学院副院长
罗伊玲　昆明学院旅游管理专业副教授
杨振之　四川大学中国休闲与旅游研究中心主任，四川大学旅游学院教授、博士生导师
黄安民　华侨大学城市建设与经济发展研究院常务副院长，教授
张胜男　首都师范大学资源环境与旅游学院教授
魏 卫　华南理工大学经济与贸易学院教授、博士生导师
毕斗斗　华南理工大学经济与贸易学院副教授
史万震　常熟理工学院商学院营销与旅游系副教授
黄光文　南昌大学旅游学院副教授
窦志萍　昆明学院旅游学院教授，《旅游研究》杂志主编
李 玺　澳门城市大学国际旅游与管理学院院长，教授、博士生导师
王春雷　上海对外经贸大学会展与旅游学院院长，教授
朱 伟　天津农学院人文学院副教授
邓爱民　中南财经政法大学旅游发展研究院院长，教授、博士生导师
程丛喜　武汉轻工大学旅游管理系主任，教授
周 霄　武汉轻工大学旅游研究中心主任，副教授
黄其新　江汉大学商学院副院长，副教授
何 彪　海南大学旅游学院副院长，副教授

普通高等学校"十四五"规划旅游管理类精品教材

教育部旅游管理专业本科综合改革试点项目配套规划教材

总主编 ◎ 马 勇

# 旅游地理学
## Tourism Geography

主 编 ◎ 康勇卫　刘春燕
副主编 ◎ 梁志华　田　红　何烈孝　夏媛媛

华中科技大学出版社
http://press.hust.edu.cn
中国·武汉

图书在版编目(CIP)数据

旅游地理学/康勇卫,刘春燕主编．—武汉：华中科技大学出版社，2019.8(2024.8重印)
全国普通高等院校旅游管理专业类"十三五"规划教材
ISBN 978-7-5680-5528-4

Ⅰ.①旅⋯  Ⅱ.①康⋯ ②刘⋯  Ⅲ.①旅游地理学-高等学校-教材  Ⅳ.①F590

中国版本图书馆 CIP 数据核字(2019)第 169446 号

### 旅游地理学
Lüyou Dili Xue

康勇卫 刘春燕 主编

| | |
|---|---|
| 策划编辑：王　乾　李　欢 | |
| 责任编辑：王　乾 | |
| 封面设计：原色设计 | |
| 责任校对：李　琴 | |
| 责任监印：周治超 | |
| 出版发行：华中科技大学出版社(中国·武汉) | 电话：(027)81321913 |
| 　　　　　武汉市东湖新技术开发区华工科技园 | 邮编：430223 |
| 录　　排：华中科技大学惠友文印中心 | |
| 印　　刷：武汉科源印刷设计有限公司 | |
| 开　　本：787mm×1092mm　1/16 | |
| 印　　张：16　插页:2 | |
| 字　　数：383 千字 | |
| 版　　次：2024 年 8 月第 1 版第 5 次印刷 | |
| 定　　价：49.80 元 | |

本书若有印装质量问题,请向出版社营销中心调换
全国免费服务热线：400-6679-118　竭诚为您服务
版权所有　侵权必究

# Abstract

现有的同名教材中,部分理论材料或案例渐趋陈旧,亟须更新、充实。本书参考了部分教材的体例安排,内容充分吸收了最新研究成果以及新近理论创新,围绕"地理信息+旅游产业"一线展开,考虑到旅游管理专业目录调整后对该课程的影响。内容安排有旅游地理学研究对象、旅游地理学研究动态、旅游者与旅游经营者空间行为或空间布局、旅游交通、旅游资源及旅游产品、旅游地生命周期及可持续旅游发展、旅游地理信息系统、旅游地图等。

在编写过程中,重点围绕"大旅游"发展的新动向,从旅游产业中的人、事、物中,找到他们之间的空间关系和空间联系,进而挖掘旅游资源空间分布、旅游者空间流动、旅游交通规划等方面的规律,从而为未来旅游业发展提供学科支撑。本书既重视地理学、旅游学、测绘学、地图学、信息学等方面的理论梳理,也注重与旅游产业实践与理论的联系。

本书适合高等院校旅游管理、酒店、会展、人文地理、风景园林等专业的学生学习以及相关研究人员阅读。

Some of the theoretical materials or cases in the existing textbooks on the same name are becoming obsolete and in urgent need of updating and enriching. This book refers to the style arrangement of some textbooks, absorbs the latest research results and recent theoretical innovation, and also focuses on the frontline of "geographic information + tourism industry". The textbook content takes into account the impact of the adjustment of the tourism management major directory on this course. The research objects and contents of tourism geography, research trends of tourism geography, spatial behavior or spatial layout of tourists and tourism operators, tourism transportation, tourism resources and tourism products, life cycle of tourism destinations and sustainable tourism development, tourism geographic information, tourism map and other contents are mainly arranged.

In the process of writing, this book focus around the new trends of the development of "big tourism", people, things, things in the tourism industry, to find their spatial relation and spatial contact, tourism and mining resources spatial distribution, tourist flow space, the rule of traffic planning, etc. Thus tourism development provides academic support for the future. This book not only pays attention to the theoretical combing of geography, tourism, surveying and mapping, cartography, informatics and other aspects, but also pays attention to the connection between practice and theory of tourism industry.

This book is suitable for students studying tourism management, hotel, exhibition, human geography, landscape architecture and other majors in colleges and universities as well as relevant researchers.

# 总 序

伴随着我国社会和经济步入新发展阶段,我国的旅游业也进入转型升级与结构调整的重要时期。旅游业将在推动形成以国内经济大循环为主体、国内国际双循环相互促进的新发展格局中发挥出独特的作用。旅游业的大发展在客观上对我国高等旅游教育和人才培养提出了更高的要求,同时也希望高等旅游教育和人才培养能在促进我国旅游业高质量发展中发挥更大更好的作用。

《中国教育现代化2035》明确提出:推动高等教育内涵式发展,形成高水平人才培养体系。以"双一流"建设和"双万计划"的启动为标志,中国高等旅游教育发展进入新阶段。

这些新局面有力推动着我国高等旅游教育在"十四五"期间迈入发展新阶段,未来旅游业发展对各类中高级旅游人才的需求将十分旺盛。因此,出版一套把握时代新趋势、面向未来的高品质和高水准规划教材则成为我国高等旅游教育和人才培养的迫切需要。

基于此,在教育部高等学校旅游管理类专业教学指导委员会的大力支持和指导下,教育部直属的全国重点大学出版社——华中科技大学出版社——汇聚了一大批国内高水平旅游院校的国家教学名师、资深教授及中青年旅游学科带头人,在成功组编出版了"普通高等院校旅游管理专业类'十三五'规划教材"的基础上,再次联合编撰出版"普通高等学校'十四五'规划旅游管理类精品教材"。本套教材从选题策划到成稿出版,从编写团队到出版团队,从主题选择到内容编排,均作出积极的创新和突破,具有以下特点:

## 一、基于新国标率先出版并不断沉淀和改版

教育部2018年颁布《普通高等学校本科专业类教学质量国家标准》后,华中科技大学出版社特邀教育部高等学校旅游管理类专业教学指导委员会副主任、国家"万人计划"教学名师马勇教授担任总主编,同时邀请了全国近百所开设旅游管理类本科专业的高校知名教授、博导、学科带头人和一线骨干专业教师,以及旅游行业专家、海外专业师资联合编撰了"普通高等院校旅游管理专业类'十三五'规划教材"。该套教材紧扣新国标要点,融合数字科技新技术,配套立体化教学资源,于新国标颁布后在全国率先出版,被全国数百所高等学校选用后获得良好反响。编委会在出版后积极收集院校的一线教学反馈,紧扣行业新变化,吸纳新知识点,不断地对教材内容及配套教育资源进行更新升级。"普通高等学校'十四五'规划旅游管理类精品教材"正是在此基础上沉淀和提升编撰而成。《旅游接待业(第二版)》《旅游消费者行为(第二版)》《旅游目的地管理(第二版)》等核心课程优质规划教材陆续推出,以期为全国高等院校旅游专业创建国家级一流本科专业和国家级一流"金课"助力。

**二、对标国家级一流本科课程进行高水平建设**

本套教材积极研判"双万计划"对旅游管理类专业课程的建设要求,对标国家级一流本科课程的高水平建设,进行内容优化与编撰,以期促进广大旅游院校的教学高质量建设与特色化发展。其中《旅游规划与开发》《酒店管理概论》《酒店督导管理》等教材已成为教育部授予的首批国家级一流本科"金课"配套教材。《节事活动策划与管理》等教材获得国家级和省级教学类奖项。

**三、全面配套教学资源,打造立体化互动教材**

华中科技大学出版社为本套教材建设了内容全面的线上教材课程资源服务平台:在横向资源配套上,提供全系列教学计划书、教学课件、习题库、案例库、参考答案、教学视频等配套教学资源;在纵向资源开发上,构建了覆盖课程开发、习题管理、学生评论、班级管理等集开发、使用、管理、评价于一体的教学生态链,打造了线上线下、课内课外的新形态立体化互动教材。

在旅游教育发展的新时代,主编出版一套高质量规划教材是一项重要的教学出版工程,更是一份重要的责任。本套教材在组织策划及编写出版过程中,得到了全国广大院校旅游管理类专家教授、企业精英,以及华中科技大学出版社的大力支持,在此一并致谢!衷心希望本套教材能够为全国高等院校的旅游学界、业界和对旅游知识充满渴望的社会大众带来真正的精神和知识营养,为我国旅游教育教材建设贡献力量。也希望并诚挚邀请更多高等院校旅游管理专业的学者加入我们的编者和读者队伍,为我们共同的事业——我国高等旅游教育高质量发展——而奋斗!

总主编

2021 年 7 月

# Introduction 序1

久在大学执教旅游,我对专业教材建设重要性的认知与日俱增,视其为衡量旅游学科发育水平的指示计和提升旅游教育质量的推进器。因此,当康勇卫博士邀我为其编撰的《旅游地理学》著序时,我答应得毫不犹豫,接着就是抽出时间来通读书稿,为这部教材的使用者们分享一些自己的体悟。

即便进入智能手机时代,我的个人旅行也十有八九始于购买一份目的地的地图。地图虽然是虚拟的空间,却让我逼近了现实。凭着它,即时知道自己究竟处在哪里,要往哪里去,那里有什么,怎么去那里,途中会遇到啥……我经常把专业教材比喻为学科地图,由此,青年学子得知将要进入的领域轮廓,明确前行的目标和路径,进而激发求知和探索的兴趣。

地图有高低之分,教材有优劣之别。那么,一部好的教材——当然我指的是旅游专业教材——应当具有哪些特征呢?

我工作的城市青岛,1897年—1914年为德国占领。据说,改革开放初期,几个德国大学生,拿着德占时期德国人绘制的青岛地图,竟然顺利地游览了青岛。听到这个故事,我的第一反应是那份德国地图真好,接着才是感慨青岛的城市风貌保护工作做得不错。一部好教材,如同一张好地图,当然首先要准确,容不得出现知识错讹,否则就叫误人子弟。教材不同于专著。专著鼓励言人之未言,重在提新论、出新说,而教材旨在领人入门,重在组织和传播稳健的基础知识体系,为学子们日后的创新奠定牢固的基础。这样说并无厚此薄彼的意思,恰恰相反,教材通常是厚积薄发的产物,既要"厚积"在先,又要"薄发"在后。一部好教材的编撰者,一定是该研究领域里的佼佼者。但是并非所有的学术"大牛",皆能胜任教材编写工作。教材编撰是另一种知识生产,恰似大学老师的教学工作一样。

还是说旅游吧。窃以为,写好旅游专业教材实属不易,因为作为一门学科,旅游学具有新兴、综合、应用之三大特点。在我国,旅游活动是在实施改革开放国策后兴起的,高等旅游教育是在旅游人才市场需求的驱动下实现从无到有的。40年来,中国旅游和中国旅游教育规模增长之速,外延扩张之广,结构分化之繁,转型升级之快,的确令人咋舌。形势逼人,时不我待,旅游专业教材建设只能从"应急"中起步,在追赶中发育,在"有限"中成形。教材编撰者一方面要广纳融汇诸多相关学科的理论知识,另一方面又要密切关注旅游实践,劳力劳心之程度,可想而知,而"画眉深浅入时无"之情状,则恐怕难有旁人知晓。

空间性是旅游活动的指示性特征,于是,旅游地理学通常被视为旅游专业的核心基础课程。幸得一批知名学者的先知先行,在中国的旅游学大家庭中,旅游地理学较早得到深入的耕耘，早先出版的几部教材收获了良好的口碑。然而，在信息技术的推动下，近十多年来，不仅地理学的总体面貌发生了明显变化，旅游地理学研究也因旅游供需两端及其关系的变革而呈现崭新的发展。勇卫君新编的这部教材，既主动承接了先行者的思想光辉，又及时吸收了学术界最新的研究成果，可谓与时俱进。其中，对旅游者空间行为、旅游交通空间布局、旅游地时空竞争、旅游地理信息系统和旅游地图设计绘制的总结概括，最为难能可贵。另须提及，当代大学生的阅读与学习，对文本内容和形式的趣味性有了更高的要求，勇卫君显然注意到了这一趋势，力求文字简洁明快、生动活泼，这种表达风格上的努力也是值得赞许的。

行文至此，我想到了唐代大诗人杜牧的一句诗：遇事知裁剪，操心识卷舒。也许这十个字可以送给天下所有的教材编撰者和教学工作者。其实，把它送给天下所有的读书人也未尝不可。

是为序。

马波[①]

2019 年 6 月 21 日

于青岛听涛庐

---

① 马波，博士，教授，博士生导师，历任青岛大学旅游系主任、旅游学院院长、旅游与地理科学学院院长，兼任中国旅游改革与发展咨询委员会委员、中国旅游研究院学术委员会委员、中国旅游研究国际联合会（IACTS）创会会士、中国区域旅游开发专业委员会主任委员、教育部旅游管理类专业教学指导委员会委员，主要从事旅游产业经济、区域旅游、旅游文化和旅游教育研究。

# Introduction

序2

作者发来《旅游地理学》教材书稿,要写个序,我欣然答应。还记得9年前,该教材作者曾参与过由我主编的《旅游地理学》一书,且是同一出版社。从旅游学科建设来看,该教材算是第二版;从体例和编写团队来说,该书则是第一版。

应该说,在近10年的时间里,旅游地理学领域发生了很大的变化,核心研究内容继续丰富和扩展。以我的学术经历为例,大概走过了红色旅游、传统乡村旅游、乡村旅游扶贫、全域旅游研究主题的转换,与国家旅游发展指导思想的演变基本一致。但始终坚守乡村旅游研究阵地,随着研究的深入,不断有"新"得。

现代乡村旅游经过近40年的发展,其面貌发生了很大的变化,很多乡村因发展旅游而变得富裕了,其基础公共服务已与城市差别不大;有些乡村却因错过旅游机会而守住了乡愁,特别是传统乡村。不管怎么说,乡村因旅游的发展而焕然一新,变得更美丽了,成为人们休闲度假的好去处。但乡村旅游开发的"雷同"病却不断扩散,且与城市趋同化交织在一起,互相传染。随着乡村人口的流失、产业的空心化,宅基地的空废化不断加重,城里人"趁虚而入",于是就有当前乡村景观与城市景观同质化之说。如此这样,"乡愁"显然留不住,农耕文化及其依附的载体将会出现空壳化。没有"乡愁"支撑的中华文化是不完整的;同样没有区域特色文化支撑的乡村旅游也将是不可持续的。实际上,乡村旅游的发展应顺势而为,而不能逾越她本身的发展阶段,而不同区域的乡村,其旅游发展路径存在较大的差异。

要识别这种差异的复杂性就要下乡踩点,行万里乡路。如此广泛的田野调查不仅仅是旅游资源的普查,更有乡村文化的系统梳理在里面。而这种系统梳理需要不同学科背景的同仁参与进来,其结果又为文化旅游产品的开发创造了条件。乡村旅游点分布广,所涉区域大,需要数据库来辅助管控。没有统一的数据库,很难有效协调和管理诸多分散的乡村旅游点。要把区域空间内的乡村旅游地有机地联系起来,可能要依靠旅游地理信息系统"出来"协调。

显然,本教材有地理信息特色,关注旅游地图绘制以及旅游大数据,并通过旅游系统将全书内容串起来,体例安排比较合理。纵观近年来旅游地理学教材,主要按照区块旅游地、主题旅游、旅游系统等思想来编排体例,以系统思想编排的教材,其研究成分多一些;以区块思想串联的教材,旅游资源特色明显,研究深度还有待加强;而由若干主题旅游组成的教材可能介于二者之间。但也不绝对,特别是国外少数教材,按主题旅游编排的教材,其研究也有一定的深度,由斯蒂芬·威廉斯、刘德龄(2014)合编的同类教材就是一例。本教材兼顾到这三方面的特色,而且处理得比较好。在材料来源方面,比较新,且多元化:达到出版教材新"材质"方面的要求。

教材的建设是一个长期的过程,需要大量研究成果的持续积累。本教材在这方面还需进一步加强,相信其团队在以后版本中能多体现自身的研究成果。教材的编写还需要不断的旅游实践来支撑,每一次旅游实地考察都可能为研究或者教材积累素材。"教"应把握好"深浅度",可以从学识、学术、学说三个层面梯度推进,所谓"金课"可能也应遵循该阶梯路径。"材"来源应多样化,能反映旅游新近发展动态;系统化的组织应考虑到学识的传承性。具体的教学过程,则可以从中间的"学术"层面入手,根据教学对象,决定是向左还是向右,尽量做到因材施教,有教无类。教材的建设应与专业建设结合起来,本教材在使用过程中应注意这点,特别是要与不断修订的培养方案对接。

"东方欲晓,莫道君行早。踏遍青山人未老,风景这边独好。"回望旅游地理学科的发展之路,多为"高峰",也有"低谷",一定时期该学科曾是支撑旅游业发展的母体。当前,随着信息化及全球化的日益推进,人们似乎觉得"地理已死""旅游都一样"。实际上,恰恰是由于新联系手段的日益普及,人们相互间产生了新的距离,产生新的信息不对称。也因此,似乎每个人都是新时代的"徐霞客",会产生个人 IP 旅游信息,这就需要旅游大数据来重新审视、解释旅游地理现象,而以旅游地理信息及大数据为特色的教材正当时。

是为序。

冯淑华[①]<br>2019 年 7 月于南昌

---

① 冯淑华,博士,教授,江西师范大学旅游发展研究中心主任,江西省高校旅游管理学科带头人,旅游管理硕士生领衔导师。中国旅游协会授予的"新时代旅游行业女性榜样"时代学人称号。江西省花卉产业技术体系岗位专家。发表学术论文 50 余篇,出版专著、教材 15 部,主持国家、省部级课题及横向课题 70 余项。兼任江西省人民政府学位委员会硕士专业学位专家委员会成员、江西省人大常委会外侨民宗工委特聘专家、江西省旅游教育协会副会长、江西省旅游文化学会副会长、江西旅游研究中心研究员。

# 前　言

　　"旅游地理学"课程在旅游管理专业和地理学专业培养方案以及人文地理学、旅游管理专业研究生培养方案中均有出现。近来，随着旅游管理专业培养方案的目录调整，部分高校将"旅游地理学"课程定为选修课，这与当前旅游业发展的学科支撑实际是不相符的。当前，地理学背景的学者对旅游研究与实践的支持最大，而且不断有新的议题出现，仍在引领旅游业的持续发展，比如全域旅游、研学旅行、游历学、旅游小镇、旅游扶贫、乡村旅游、国家公园、主题公园、民宿布局、可持续发展与减贫等都是旅游地理学新研究主题。

　　2016年以来，全国上下都在推动全域旅游示范区建设，当前已进入审核评估阶段，是该旅游发展模式的一个阶段总结。全域旅游在空间上打破了原来的旅游目的地景区内外的"藩篱"，在时间上为未来旅游的高质量发展提供了无限可能。同时，也给旅游地原有的管理方式带来了一定的挑战。随着"互联网+旅游"的深度融合，人们出游的方式发生了很大的变化，过去主要委托旅行社及导游人员代办相关旅游业务，现在则自己全盘考虑，综合比较，自由选择，由此自由行、自助游出游方式越来越多。在旅游活动当中，产生的社会关系或人地关系比以往更加复杂，这就需要相关理论的不断创新引领，以指导日益发展的旅游业。当然，相关的理论探索始终在进行，不断有更新，在高校教材中应及时体现。

　　在旅游管理专业不断调整的大背景下，酒店、会展成为小众旅游之后的重要方向，特别是大众旅游之后出现的旅游新六要素，都可能成为旅游业发展的新动向。应该说，旅游业正在面临着升级换代的大调整时期，现行旅游地理学相关教材应该及时回应诸多变化，诸如2016年全国基础教育阶段的研学旅行活动次第展开，旅游资源的分类国家标准在2017年做了调整，2018年大幸福产业提上日程，等等。由此，教学内容和教学方式的改革势在必行，而教材的更新应先行一步。

　　教材的快速更新与滞后性是一对矛盾体，长时间不紧跟时代就会被淘汰，在旅游业快速发展的当下，更是这样。正因为如此，我们组织高校旅游地理学一线老师及旅游行业践行者，结合教学实践，对近10年来旅游地理学中教学科研的新情况做了梳理，增加了新议题。

　　新教材的出版，可以推动教学改革，利于组织教与学活动，在同类教材中扮演着承上启下的作用。对于旅游地理学专业教育，也是一个系统梳理的过程，更是添砖加瓦之举。方便学生学习，以较快的速度了解学科发展进展。教材体例的更新，也给老师教学以全新的视角并促成对旅游地理学的再认识，丰富教育经验。

　　本教材的特点较为明晰，也不乏创新之处。

第一,内容反映最新进展,编写体例比较合理。《高等学校教材工作规程(试行)》规定,新编教学用书要反映教学改革中的新经验和科研成果。编写组以时不我待的积极性,追赶最新科研动态,使得所学者能近距离、较快地掌握学科前沿。在研究动态方面本教材特别扩充了新近内容,而对10年前的内容不谈或谈得较少。实际上,当前的发展现状也是基于旅游原有的历史基础。旅游交通网的年更新率很快,时刻改变着旅游目的地的可达性及旅游者的出游动机,这部分内容时间失效也快,因此教材中也应顾及到旅游交通规划的相关内容。教材对旅游经营者及旅游产品的空间布局规律单列做了说明,这是其他同类教材所没有的。教材体系遵从总—分—总安排,先谈旅游地理学研究对象、研究内容及全球最新研究动态,使学生对旅游地理学有一个基本的了解。接着从旅游主体、旅游客体及二者的通道展开,地理信息视角又将三者整合起来。

第二,教材反映了"旅游+""地理+"的旅游业态融合动态。现在旅游与相关产业的融合度日益加深,特别是旅游新要素的出现,新旧融合的领域也在拓展。可以说,旅游已经融入人们的日常生活,旅游已成为人们生活必不可少的一部分。旅游活动或旅游现象中,矛盾不仅存在于人与人之间,人地关系的冲突也是时刻存在的,特别是有些目的地出现了过度旅游现象,为旅游而旅游,不计成本,不计后果,总觉得发展旅游不会错。实际上旅游的负面影响近年来日益凸显,过多的游客给旅游目的地居民的正常生活带来很大的不便,欧洲部分国家出现了反对过度旅游的声音。通过不同空间旅游目的地的人为干预、协调,不失为较好的选择;特别在同一个文化圈内,同质旅游资源的恶性竞争,更需要区域空间来统一协调。"地理+"模式已渗入旅游多个业态当中,比如生态旅游、可持续旅游、旅游空间规划、全域旅游。

第三,教材重视理论和实际。旅游地理学的发展史也是旅游实践活动的成长史,在中国尤其如此,以任务带科学在旅游学界表现更为明显。特别是遇上各种空间尺度的旅游规划实践时,没有相关理论的支撑是难以完成的。当前,旅游规划界以全域旅游的发展理念为指导正全面铺开,其规划技术要求也是逐年提高,特别是对图件有高质量的要求。旅游地理学的理论和实践基本同步发展,在某些阶段二者强弱有所不同,当前正处于理论与实际互动较好的时期。作为高质量的教材,应时刻不忘理论的梳理以及新近案例的理论解释。本教材特别强调理论与实践的配合,比如旅游地图一章,除了介绍旅游地图的种类,还介绍旅游实际中所用到的软件,以及如何利用这些软件绘图。文字虽少,但可以掌握一些基本的技术。教材虽然没有强调旅游规划内容,但在旅游交通、旅游资源以及旅游地图中都体现了旅游规划的部分理念和实践。本教材参编人员较多,既有课堂一线的老师,又有业界践行者。成员来自东、中、西部高校,大多都参与或主持过旅游规划与开发项目。

第四,重视旅游地理学理论的分析。旅游地理学在旅游规划中发挥了很大的学科支撑作用。但一定时期,旅游地理学的理论建设荒废了,或者处于缓慢发展状态。当发觉很多规划并不能落地时,人们又开始从其理论、技术支撑方面找新的突破口。新情况、新业态还用既有的旧理论来解释,其说服力可能不强。当前,正是旅游业大调整、大转型时期,有来自不同学科背景的学者从事旅游研究,因此与旅游相关的理论本身也会在旅游研究当中出现融合,旅游地理学更是如此。没有地理差异就不会产生旅游,因此地理学的方法始终是旅游学研究的主要方法和视角,特别是大数据、小众旅游、多元景区等新现象的出现,旅游地理学正面临着方法的大变革时代。本教材不回避这些挑战,而是尽可能挖掘新的研究方法,并寻求在旅游业中的多维解释。

本教材由康勇卫、刘春燕牵头编写,负责编写思路、总体框架、全书统稿、修改。各章分工如下:第一章绪论、第二章旅游地理学研究进展由康勇卫编写,第三章旅游者与旅游经营者由刘春燕、张鑫、尹曾曾编写,第四章旅游交通由何烈孝编写,第五章游资源与旅游产品由刘春燕、渠新璞、康勇卫编写,第六章旅游地生命周期与可持续旅游发展由夏媛媛、田红编写,第七章旅游地理信息系统由梁志华编写,第八章旅游地图由刘春燕、程金蕾编写,CorelDRAW软件绘图案例由吴子玉提供。

感谢华中科技大学出版社将本教材列入出版计划,感谢王乾编辑在定稿前的倾情关注、合理的修改建议以及交稿后的大量优化工作。本教材吸收了多部同类教材、专著以及大量相关学术论文,但因篇幅有限,未能将作者在参考文献中全部列出,谨向所有相关作者表示衷心的感谢!由于编写受时间限制,教材中可能存在不可避免的疏漏,甚至错误,恳请阅读者批评指正,以便再版时更正。

康勇卫
2019 年 6 月于南昌

# 目 录
## Contents

### 第一章 绪论
### Chapter 1　Introduction

第一节　旅游地理学研究对象　　/4
❶　Research object of tourism geography

第二节　旅游地理学研究内容　　/6
❷　Research content on tourism geography

第三节　旅游地理学研究方法　　/8
❸　Research methods on tourism geography

第四节　旅游地理学基础理论　　/12
❹　Research theory of tourism geography

### 第二章 旅游地理学研究进展
### Chapter 2　Research progress in tourism geography

第一节　改革开放40年来中国旅游地理学的发展　　/24
❶　Research progress in tourism geography of China since 1978

第二节　近10年全球旅游地理学研究进展　　/31
❷　The progress on global tourism geography since 2009

第三节　旅游地理学的研究趋势　　/33
❸　The development trend of tourism geography

### 第三章 旅游者与旅游经营者
### Chapter 3　Tourists and Tour operators

第一节　旅游者概述　　/40
❶　The Tourist

第二节 旅游者的空间行为 /42
❷ Tourist space behavior

第三节 旅游者需求及流量预测 /45
❸ Tourist needs and volume forecasts

第四节 旅游经营者行为 /50
❹ Tour operator behavior

## 第四章 旅游交通
## Chapter 4 Tourist traffic

第一节 旅游交通概述 /63
❶ Overview of tourism and transportation

第二节 景区外旅游交通 /67
❷ Tourist traffic outside the scenic area

第三节 景区内旅游交通 /70
❸ Scenic spot tourism transportation

第四节 旅游交通的发展 /76
❹ The development of tourist transportation

第五节 旅游交通的空间布局 /81
❺ Spatial layout of tourist traffic

## 第五章 旅游资源与旅游产品
## Chapter 5 Tourism resources and tourism products

第一节 旅游资源概述 /94
❶ Tourism resources

第二节 旅游资源的分类与评价 /96
❷ Classification and evaluation of tourism resources

第三节 旅游资源地理区划 /119
❸ Geographic division of tourism resources

第四节 旅游产品 /122
❹ Tourism products

## 第六章 旅游地生命周期与可持续旅游发展
## Chapter 6 Tourism life cycle and sustainable development of tourism

### 第一节 旅游地生命周期 /136
❶ Tourism life cycle

### 第二节 旅游地空间竞争 /146
❷ The time-space competition of tourist destination

### 第三节 旅游地可持续发展 /155
❸ Sustainable development of tourist destinations

## 第七章 旅游地理信息系统
## Chapter 7 Tourism geographic information system

### 第一节 旅游大数据 /168
❶ Tourism big data

### 第二节 旅游地理信息系统 /172
❷ Tourism geographic information system

### 第三节 旅游地理信息系统设计 /182
❸ The design of tourism geographic information system

### 第四节 旅游地理信息管理 /194
❹ Tourism geographic information management

## 第八章 旅游地图
## Chapter 8 Tourist map

### 第一节 旅游地图概述 /205
❶ Overview of tourist map

### 第二节 旅游地图的设计 /212
❷ The design of tourist maps

### 第三节 旅游规划中的地图 /219
❸ Maps in tourism planning

## 阅读推荐
## Reading Recommendation

## 参考文献
## References

# 第一章

## 绪论

### 学习导引

旅游地理学是介于旅游管理和地理学之间的,研究旅游现象或旅游活动与地理环境以及经济社会关系的一门边缘学科。研究对象聚焦于大众旅游现象与群体旅游者活动;研究内容涵盖旅游资源与旅游产品空间差异、旅游主体空间行为与规律、旅游通道的空间布局、旅游地发展时空演替过程以及旅游业的可持续发展等诸多方面;研究方法则来自多学科,定性定量相结合,更有借助大数据技术手段进行研究;研究理论主要来自地理学,比如旅游地生命周期论、旅游地吸引论、系统论与人地协调论等。

### 学习重点

1. 能辨别旅游地理学研究对象间的不同。
2. 了解旅游地理学研究的内容。
3. 掌握旅游地理学的研究方法。
4. 理解旅游地理学基础理论。

### 案例导入

#### 夜间旅游已悄然到来

"满街珠翠游村女,沸地笙歌赛社神。不展芳尊开口笑,如何消得此良辰。"

500年前,明唐寅的《元宵》写出了上元之夜农家乐的欢快场面。500年后,一束灯光将这首诗,完整地打在了紫禁城的宫墙之上。2019年的上元之夜,在3000万人中"脱颖而出"的3000余人,见证了故宫博物院建院94年来的首场元宵灯会,600岁的故宫首次在元宵夜迎来如此多寻常百姓的到来。当紫禁城打破了"下午5点以后

"不迎客"的禁忌,夜间旅游的大门彻底敞开,无论是民间的游客,还是市场投资者的脚步正在纷至沓来。

丰富夜间旅游产品是一个城市开放度和活跃度的体现,更是解决"留客难"的关键,不仅可以拉长游客驻留时间、优化文化与旅游产业结构,还能快速形成新的经济增长点。根据2017年《旅游抽样调查资料》的调查结果,我国城镇居民和农村居民过夜游花费分别是"一日游"花费的4.4倍和3.5倍。在2018年国内旅游收入首次突破5万亿元大关的背景下,夜间旅游市场或将成为国内旅游和入境旅游两大市场的新增长极。

夜间旅游产品主要面向22—45岁的消费人群,他们具有一定的生活品质追求、看重体验。夜间旅游产品应抓住这类消费人群的体验需求,以情绪浓淡和参与深浅两个维度从布景和内容上形成旅游产品体验组合,从而突出目的地夜间特色,带给游客独特深刻的体验。据美团研究院发布的2018年消费数据,有1400万青年晚8时后叫外卖到办公区;中国旅游研究院的数据显示,"80后""90后"在夜间旅游消费中的占比分别达到40.0%、19.8%;银联商务的数据显示,"80后"游客夜间消费最为活跃,消费金额及笔数均占到所有游客的40%以上。

目前,除"北上广深"一线城市外,2014年至2018年,全国已有西安、宁波、南京、兰州等十余个城市出台了促进夜间经济、夜游经济发展的意见。近日,海南省旅游和文化广电体育厅收到文化和旅游部复函,允许海南在重点旅游区内设置通宵营业的娱乐演艺场所。地方政府加大对夜间经济和夜间旅游支持力度,是夜间消费发展的强劲动力。

在国外,夜间旅游产品也多有开展,且种类多样。

美国:华盛顿国际间谍博物馆与联邦调查局FBI毗邻,博物馆除了展示间谍的便携式武器、介绍间谍名人历史等,还可以亲身参与其中,完成一个小任务。博物馆晚间的夜游项目是让9至13岁的孩子体验"小间谍",小朋友们将接受"间谍培训",学习如何保守机密以及收集情报。夜幕降临时,"小间谍们"还要破解密码,发掘秘密,找出队伍中的"坏人"。

法国:2019年年初,法国一家旅行社推出卢浮宫定制行程,游客花费3万欧元(约合23.25万元人民币)即可在规定时间内"包场"参观卢浮宫,还可以带上最多3名同伴。根据行程安排,客人于当地时间下午6点半在酒店乘旅行社提供的特斯拉轿车出发,在卢浮宫玻璃金字塔入口处下车,然后随旅行社创始人来到卢浮宫中世纪展品展厅,随艺术历史专业导游开始参观。参观途中会有些小惊喜,例如上楼梯去参观《萨莫色雷斯胜利女神》雕像时会遇到起舞的芭蕾演员。参观以欣赏达·芬奇名画《蒙娜丽莎》为结束。告别卢浮宫后,旅行社会安排客人漫步塞纳河上的艺术桥并在此登船夜游塞纳河,在船上享用香槟、奶酪和鱼子酱。

日本:在东京的黑目川,长约4公里的河岸两边,800多株樱花树依次排开,一阵春风拂过,纷飞的樱花雨将黑目川染成了一片粉色。当夜幕降临,游人可以坐在小吃摊前,吃着炸鸡喝着啤酒,静静地看着夜幕中的樱花雨。除了黑目川,日本的夜樱打卡地还包括东京的上野公园、千鸟渊公园、六义园,以及京都的平野神社、清水寺等地。

新加坡:新加坡夜间野生动物园(Night Safari)于1994年开放,占地面积38公顷,是世界上第一间专为夜间动物而设立的野生动物园,每年迎来约110万名游客,地理位置毗邻新加坡动物园和河川生态园,构成白天和夜晚的旅游产品组合。

平常日间动物园,人在阳光普照下观看动物、喂食,而在新加坡夜间动物园,当光沉睡的时候,白天动物园里面的围栏、水沟仿佛隐去了。夜里猫头鹰、豹子等不少动物的眼睛会发出黄绿色的光,游客会看见十几双眼睛在移动。新加坡夜间动物园在路上、树间置以灯光,用纸雕等艺术形式让灯光具有美感。此外,有的地方完全漆黑,配上动物夜晚的叫声恐怖笼罩,有的地方若隐若现,辅以动物莫测的行踪神秘弥漫。灯光和自然光配合,在明暗之间让人的想象成为体验的独特因素。除此之外,新加坡夜间动物园还会有意设计一种新颖感,特意主打猫头鹰、蝙蝠等在晚上才出没的动物,全方位地展现夜间动物的独特性,不同的路段和交通工具能和这些动物做不同程度的接触、互动,比如喂食、触摸、闻。突出这些白天沉睡、少见的动物,为夜间体验增加了新颖独特性。

新加坡夜光森林:夜光森林项目利用先进的投影技术,辅以计算机的科学计算,用美丽的灯光为植物和动物绘出形形色色的轮廓和颜色。结合大自然的规律,用呼吸灯效描绘出植物经脉的细节、拟人化的景观,突出动植物等生物的生命力和大自然环境难以言说的美。当夜幕降临,一切都以一种意想不到的方式变得鲜活起来。树干、苔藓和各个角落中的微小植物上,都点缀着斑斓的颜色,甚至青蛙的背上也闪着蓝色的微光。美丽的日落时分,没有加入任何特效,3D的灯光效果使森林看起来就像是存在于外星球,或者是某种梦幻仙境,任何生物似乎都能发光。

荷兰:夜光自行车道。荷兰革新派设计师Daan Roosegaarde在荷兰的埃因霍恩设计了世界上第一条夜光自行车道。在这里,梵高的幻想世界就在你的脚下。这条夜光自行车道长1公里,并修建在梵高出生和成长的地方附近。路面上铺着特殊的发光材料,白天能进行充电,而到了晚上就化作星光之路。

再回到中国,从繁华的步行街,到街边的夜宵摊。从夏夜广场里的啤酒节,到冬天灯火通明的滑雪夜场。从体育馆里的演唱会,到博物馆里的奇妙夜。2004年的《印象·刘三姐》到2016年G20峰会上的"最忆是杭州",大型山水实景演出不仅成为城市的名片,更成为到此一游后,住上一晚的重要理由。除此以外,中国一些文旅企业也在通过延长开放时间,增加夜间旅游项目来丰富夜间旅游场景。根据《2018中国实景演艺发展报告》显示,2018年全国实景演出共计78台,其中新增剧目15台,停演3台,新增项目分布在15个省份,新增数量较多的是陕西、内蒙古和贵州。2017年以来,对外公布投资额度1亿元以上的实景演出项目有9项。

据商务部调查显示,北京王府井出现超过100万人的高峰客流是在夜市,上海夜间商业销售额占白天的50%，重庆2/3以上的餐饮营业额是在夜间实现的，广州服务业产值有55%来源于夜间经济。中国旅游研究院发布的《夜间旅游市场数据报告2019》显示，近年来，我国"夜经济"产业中，文化、旅游的角色正加速被强化；专项调查数据表明，当前我国游客夜间旅游参与度高、消费旺，九成左右游客有夜间体验的经历。

近两年，海口致力于打造"夜市+旅游"新模式，以"深夜食堂"展现海南饮食文化和海口城市温度，已经成为海口又一旅游名片。如今，海垦花园夜市被纳入海南省旅游电子行程管理后，将源源不断地吸引国内外游客。除了夜市，每当夜幕降临，世纪大桥、万绿园一带的海岸线华灯璀璨，滨海大道连栋建筑的炫彩变幻，装饰着滨海城市特有的风景。"海口湾1号"游船打造的可游、可赏、可玩的滨海特色旅游线路，让游客拥有了从海上看海口的独特体验。

不同于海口，三亚千古情景区驻场演出讲述琼岛传奇，春节期间场场爆满；三亚水稻国家公园巧妙运用自然风光推出《田野狂欢》山水实景演出；《红色娘子军》实景演出以跌宕起伏的剧情和高科技手段再现琼岛红色文化；采用海陆空3D立体水舞台剧场剧目——大型原创驻场秀《C秀》春节期间在三亚的亚特兰蒂斯上演，平均上座率近80%。随着文化消费需求转型升级，一系列特色旅游演艺项目相继登台亮相，渐成海南省文旅市场中的重要组成部分，也大大释放了夜间旅游消费需求。

依托历史文化景区，植入创新营销活动也成为夜游市场的主流项目。如古北水镇在水舞秀和星空讲堂之后，又推出提灯夜游司马台长城活动。在夜色中，提灯行至长城顶端，抬头可见璀璨星空，低头可看长城的巍峨。2018年春节期间，河南开封清明上河园首次推出贺岁版实景演出《大宋·东京梦华》，大年初二开演后场场爆棚。为了满足观众的需求，甚至将大年初四的晚会演出增加至双场，双场均出现满座的情况。春节七天，清明上河园的游客量同比增长30%，收入同比增长64%。

尽管夜间旅游发展潜力巨大，但是对于有意进军夜间旅游市场的投资者来说，仍须谨慎。以大型实景演出为例，有媒体报道，《封禅大典》5000套服装全部由手工制作，费用高达600万元。《印象·武隆》仅夜间演出的灯光一项造价高达7000万元。一手打造出《印象·刘三姐》的桂林广维文华旅游文化产业有限公司曾在2017年陷入债务危机，甚至因负债14亿元提出了破产重整申请。（资料来源：由凤凰网、文旅部官网、《中国旅游报》相关材料整理而成。）

## 第一节 旅游地理学研究对象

从组词结构来看，"旅游地理学"为偏正组合，"地理学"为"正"，"旅游"为限定词。地理学关注地球表面的人地关系，范围涵盖岩石圈、水圈、土壤圈、生物圈、大气圈等，为旅游地理学的研究圈定了空间范畴。而旅游现象也不是从来就有的，大众旅游的到来是随着交通方式的较大改善而自然形成的。通常判别标准是以组织大众旅游者的旅行社的诞生为例，比如世界最早的旅行社雏形是1845年英国人托马斯·库克尝试创办的,中国旅行社的雏形是1923—1927年逐渐成形的,当时附属于上海商业储蓄银行,旅行社下设七部一处,即运输、车务、航务、出版、会计、出纳、稽核部和文书处,与今天旅行社组织结构基本一致。大众旅游因旅行社的产生而大批开展,从而为旅游地理学研究做了准备。真正的旅游地理学研究开始的时间却并不与旅游产生的时间相一致,而是滞后于旅游产生的时间,大众旅游的到来促成了旅游地理学的形成。

旅游是人类社会在一定的经济条件下产生的一种复杂的生活方式,是人们观光学习、体验社会、盈利谋生的重要组成部分。旅游也是一种地理现象,旅游者离开常驻地,通过各种交通通道到达目的地游览、体验,最后返回惯常环境,其移动的范围遍及全球,这种时空转换需要在地理空间里完成。在这个闭合的流动过程当中,移动规模有个体也有大众,涉及旅游业诸多要素,其核心内容中国旅游界将之概括为"吃、住、行、游、购、娱、商、养、学、闲、情、奇"12要素,具体可分为两个不同发展阶段,即前6要素为基本层次,后6要素为发展层次;但两个阶段又可以共生。不同的阶段存在不同的人地关系以及人与人的关系,对目的地产生较大影响,而这种影响又会反馈到地理环境当中。

总之,旅游是人们利用闲暇时间,在非惯常环境中旅行和游览,是一种短暂的生活方式和生存状态,其目的是获得一种独特体验的活动。具有异地性、暂时性、目的性、时间性和综合性等要素约束。与旅游相关还有闲暇、度假、休闲、游憩、娱乐等主题,它们之间有区别,也有联系,更有包含与被包含的关系。随着时代的发展,这些相关词汇情境发生变化,出现新的内涵,相应会衍生出新的联系(见图1-1,图1-2);跨界流动性成为常态,特别是"互联网+"模式的融合性呈现增强态势。图中的虚线用来表示不同概念之间的界限是"软性的"。图中也有重叠的部分,这种区分是建立在假设条件的基础上,试着对这些概念进行完全区分难度较大。

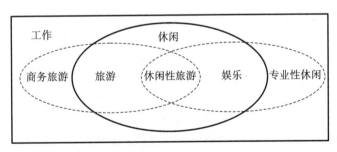

图1-1 休闲、娱乐与旅游之间的关系(Hall和Page,1999)

地理学是研究地理现象及地理环境关系的科学,而旅游更多是人的时空活动,相应地旅游地理学就是研究人在旅游过程当中与周边地理环境的相互关系,以及由此衍生出的经济社会关系的总和。一般来讲,旅游地理学关注现代地理学中发生的旅游现象与活动,广义上讲,还应追溯到近代旅游业诞生之时以及古代社会的少数人的旅游现象。

旅游地理学把旅游作为人类活动的一种空间表现形式来研究,侧重点为空间变换、空间组织以及旅游活动的环境机理。旅游资源的地域差异,以及旅游者非惯常环境体验的需求,共同促成了旅游者的空间流动,由此造成旅游过程当中复杂的人地关系,而小众旅游市场的

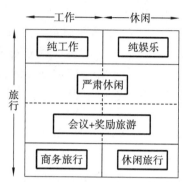

图 1-2 休闲、娱乐和旅游之间的关系（Stephen Williams，Alan A. Lew，2014）

日益分化,进一步增加了旅游关系的复杂程度。从这个角度来讲,旅游地理学也是旅游要素在旅游地理环境中的随机组合、空间流动、时间演变以及地方响应,是由各种"流"织成的一个地域巨系统。

关于旅游地理学,国际学术界叫法不同,这与不同国家旅游发展水平及研究主题的侧重点有关系。比如加拿大、俄罗斯部分学者称游憩地理学,东亚地区的日本、韩国称观光地理学。中国的旅游一词古已有之,后引进"tourism"一词,与之对接。随着中国旅游产业的不断升级,闲暇与游憩旅游地理学的呼声日益响亮。作为补充,体现中国特色,有学者尝试打通古今,构建具有中国特色的游历学。

## 第二节　旅游地理学研究内容

旅游地理学研究者及相关期刊对旅游地理学的研究内容均有部分体现,我们通过长时段的跟踪、总结,大概梳理出了旅游地理学研究的主要内容。

英文版的《可持续旅游》杂志,2012—2018年关注比较稳定的内容有可持续旅游、气候变化、保护区、旅游发展、自然旅游、国家公园、志愿者旅游、生态旅游等。英文期刊《旅游地理学》自建刊以来,气候变化、可持续旅游、旅游发展、乡村旅游、遗产旅游、地方依恋、旅游规划、旅游真实、旅游地形象、旅游体验为其关注较多的内容。

旅游地理学研究大师皮尔斯(1995)撰文对旅游地理学研究内容做了说明,大概有旅游模型、旅游需求、旅游流、岛屿旅游、海滨旅游、旅游的空间差异、旅游国家与区域结构。中国旅游地理学重要研究者保继刚(1999)认为旅游地理学的研究内容大概有旅游者行为、旅游需求、旅游通道、旅游资源评价、旅游地演化、旅游环境容量、旅游规划、城市旅游、旅游开发的区域影响等。斯蒂芬·威廉斯和刘德岭(2014)认为旅游地理学研究应该有旅游业的空间布局、旅游经济景观、旅游规划与开发、都市旅游的转型、遗址与旅游地形象等内容。

纵观历年来出版的《旅游地理学》教材以及旅游地理学教学、科研实践心得,我们认为旅游地理学的研究内容主要有旅游地理学史、旅游资源、旅游者行为及旅游需求、区域旅游业竞争力、旅游交通、会展空间布局、酒店选址、旅游地可持续发展、旅游地理信息、旅游地图、旅游规划。本教材是基于这些内容展开的。

旅游地理学史关注的时段相对较短，旅游地理学学科产生的时间不是很长，从20世纪30年代开始到现在不到100年，而各个国家的起步时间有较大差异，一般来说，较为发达的国家，高质量的旅游景区开发点较多，旅游者有时间，可支配收入可观，旅游目的地可达性较好，旅游活动比较频繁；当然，对这些活动的研究起步也比较早。中国大众旅游起于20世纪70年代，旅游地理学研究应时跟进。该部分内容主要研究不同时段、不同区域旅游地理学的关注重点以及特征，并对未来做出一定的科学预测。一般来说，根据发展阶段具体又可分为萌芽时期、发展时期、繁荣时期、多元化时期，而各阶段的起讫时间又是根据该学科发展的重要里程碑事件来定的。该部分内容还涉及旅游地理学学科发展的历程。因旅游地理学研究内容的不断拓展，该部分的梳理难度或者工作量都在增加。

旅游资源是对旅游者具有吸引力的自然、人文及人工创造物，并能产生经济、社会和环境效益。旅游资源是旅游地理学研究的核心内容，不同类资源的空间分布以及同一类旅游资源的区域分异是旅游地理学关注的重点。旅游资源类型多，分布广，来源多样，有现实在用的，也有潜在的；有人工的，也有天然的。旅游资源是旅游活动产生的基础，也是旅游产品的重要依托。这部分内容主要涉及分类、评价，以及由此产生的资源开发。每一类旅游资源都有它独特的评价方法和标准，定性和定量相结合，并建立适宜的评价模型是资源评价过程中的常态化工作。旅游资源的保护也是该部分内容需要关注的，而这部分恰恰是当前旅游资源相关教材所忽略的内容。

旅游者行为主要关注影响旅游者出游的因素以及旅游者出游动机，旅游者出游的空间规律以及旅游者需求预测也是这部分关注的内容。旅游者空间行为又有尺度大小之别，旅游者需求预测有官方组织由上到下的统计预测，也有利用历史数据的预演推测，更有复杂模型的预测。旅游者偏好也成为对旅游者另一个视角的关注，人工仿真摸底成为该视角的一个预测手段。当前，旅游者出行大数据可为短期的旅行接待安排提供科学依据。

区域旅游产业竞争力则关注旅游目的地旅游企业，这部分内容在旅游规划中较为常见。不同的旅游经营主体空间选址以及经营规模有很大差异，而这又与景区的面积以及接待能力相关。旅游业的竞争力更多关注城市旅游，乡村旅游是区域旅游的重要补充，以量少点多取胜，而且有满天星、遍地开花的效果。一般来讲，高级别的景区大多配备完善的企业支撑网，因而比一般景区更有竞争力。

旅游交通是旅游客源地与目的地连接的通道，具体又可分为客源地与目的地的通道、目的地内部的通道。一般来说，外部通道进出要快，而景区内部通道要慢下来，一快一慢共同约束，可增加旅游者体验深度和长度。旅游交通条件是实现旅游开发的必要前提，其可达性和便捷性直接关系到游客流量。多种立体交通的不同组合更能满足旅游者多种需求，而且出现拥堵及安全事故的概率会降低。

旅游地可持续发展内容从旅游地的生命周期展开，虽然旅游资源有可反复利用的优点，但如果不注意保护，过度开发，目的地接待能力超出了其本身的环境容量就会出现衰退，甚至出现不可再生的结果。不同类的旅游地的生命周期不一样，比如人工类的旅游资源重游率较少，因此需要经常更新，以维系它的长青生命力。同类旅游目的地在空间上面临竞争现象，特别是自然类的旅游目的地。在乡村，旅游的可持续发展对减贫事业贡献巨大。

旅游规划及制图是旅游地理学走向实践的重要方面。旅游规划是对旅游各要素在空间上做出的制度性安排,规划内容有详略,时间有先后。当前,规划的技术手段以及理念引领方面都有较大的提升,以增强文本的落地与执行。而区域景区的运行与监控又离不开大数据的支撑,特别是对现有数据的有效管理。旅游地图对旅游者有导游作用,对旅游景区的调控与管理也有宏观的帮助,除了多种规划文本需要不同精度与比例尺的旅游地图,手绘地图更利于旅游路线与核心景点的识别。

旅游地理信息系统强大的空间分析能力给旅游研究提供了天然的研究手段,随着计算机技术的日益发展,旅游可视化正逐渐成为旅游者体验的一种常态化选择。通过 GIS 技术还可以建立数据库,帮助旅游景区实现智能管理,特别是物联网、大数据的深入推进,庞大的数据如果没有计算软件的辅助分析,将是不可想象的。GIS 在规划、旅游战略决策以及旅游应急处理过程当中也有相当的作用,并且数字旅游、虚拟旅游、智慧旅游将 GIS 技术发挥到极致。随着社会新需求的不断出现,GIS 也在不断地升级更新。

## 第三节　旅游地理学研究方法

旅游地理学研究方法多样,定性、定量均有,多层次、多视角,五花八门。从现有旅游相关期刊刊文情况看,定量研究方法占据较大的比重。特别是自 20 世纪 60 年代的"计量革命"以来。实际上,旅游也是一种社会现象,因此社会学的相关方法也得到较多的重视。随着旅游者流动的复杂性加大,大数据的方法以及数学模型成为旅游地理学新的重要的研究方法。不管是哪一种方法,均聚焦于旅游现象的空间演进规律主题。

### 一、质性分析与定性研究方法

质性研究是以研究者本人作为研究工具,在自然情境下采用多种收集资料方法对社会进行整体性探索,使用归纳法分析资料和形成理论,通过与研究对象互动对其行为和意义建构获得解释性理解的一种活动。具体来说,是将观察者置身于被观察世界之中的研究活动,它包含一系列可以使被观察者的世界变得清晰起来的阐释性的、经验性的实践活动,并且通过研究者和被研究者之间的互动对事物进行深入、细致、长期的体验,然后对事物的质得到一个比较全面的解释性理解。旅游活动是日常生活的重要组成部分,是非常多样的,特别是旅游者在惯常与非惯常环境中的不断穿梭、变换,因此对质性研究在研究对象上应保持开放性。

衡量质性研究的有效核心标准主要有通过研究所取得的认知是否建立在实证资料的基础上,研究方法的选择和使用是否适合研究对象。质性研究所关注的是与研究对象相关联的主观意义和社会意义。它所研究的是参与者的知识和行为,它所分析的是参与者在各自所处的场域中诸多关系的互动。相关关系是在事件所处的具体情境中得到描述并从中得到解释。研究者自己在场域中的行为和观察,他的印象、困惑、影响和感觉等,以及研究者对此的反思都是研究者在进行诠释时需要考虑的因素,并应将其记录在研究日志或者情境记录当中。

质性研究并不是建立在一个统一的理论和方法基础上。其关注的是主观见解、互动的发生及其发展,旨在对社会场域中的结构以及对行为之潜在意义的再现和重构。质性研究的一个原则是一切都依赖于所收集的资料,资料是决定质性研究是否成功的一个关键因素。从文件、人物、地点以及事件中获取的数据信息,是研究的一个先决条件,如果不能获取相关信息资源,就只能对题目进行思索和猜测。质性资料收集方法有访谈、观察、实物分析、口述史、叙事分析、历史法。这些方法在旅游者行为分析方面是非常有效的。因此质性研究方法也是多样的,调查人员使用扎根理论、民族志、案例研究、焦点小组、现象学等方法,或者将这些方法组合起来研究。通过多种方法收集到的资料,先要做资料分析,诸如接触清单、编码、写备忘录、召开个案分析会议、持续分析等,在此基础上就有探索与描述、解释与预测,同时有个案及跨个案的分析。

质性材料具体需要工具来分析,具体步骤如下:对案例进行描述和预处理;根据所要分析的主题及案例特点进行编码;对分析结果进行比较;用专家评价法对质性工具使用的有效性进行评价。质性数据分析的计算机辅助研究方法以软件 MAXQDA 为代表。表 1-1 所示为质性研究历史中的阶段。

表 1-1　质性研究历史中的阶段

| 德　国 | 美　国 |
| --- | --- |
| 早期阶段(19世纪末/20世纪初) | 传统研究(1900年—1945年) |
| 进口阶段(1970年代初期) | 现代主义阶段(1945年到20世纪70年代) |
| 独立讨论的开始(1970年代后期) | 模糊的体裁(至20世纪80年代中期) |
| 独立方法的发展(1970年代和1980年代) | 展示危机(从20世纪80年代中期开始) |
| 巩固和方法问题(1980年代后期和1990年代) | 第五时刻(20世纪90年代) |
| 研究实践(自1980年以来) | 第六时刻(后实验写作——20世纪90年代后期21世纪初期) |
| 质性研究地位的确立(1990年代以来的期刊、丛书和专业研机构) | 第七时刻(通过成功出版杂志确立质性研究地位2000年—2004年) |
|  | 第八时刻(未来以及新的挑战——自2005年起) |

质性研究当前处于现代末期,并出现一些发展趋势,比如回归口述性、回归特殊性、回归本土性、回归时限性。

## 案例1-1

MAXQDA 是一个计算机支持型的质性和混合方法数据分析软件,主要应用于各类学术、科研以及商业机构开展的数据分析项目中,如对访谈、文本、图片、音频、视频等媒体文件的内容分析。由德国马尔堡大学伍多·库卡茨教授开发,首版发布于1989年,目前由位于德国柏林的VERBI软件公司支持和运营。

2018版 MAXQDA 的功能:

界面如图 1-3 所示,输入文本文件、表格、音频、视频、图像、Tweeter 以及调查数据;阅读、编辑和编码数据;段落释义;在文本段落之间建立链接;使用备忘录做注解;可视化分析结果(如不同文本的代码数量等);组间比较;分析代码组合;从(向)SPSS 和 Excel 输出(入)人口学信息(变量);从 SurveyMonkey 导入在线调查数据;使用带有 MAXQDA 网页采集器的免费浏览器导入网页;分析调查问题的答案;搜索或标注词语;转录音频和视频文件;项目内部嵌入多媒体播放器;链接数据到地理坐标;内容总结工具;使用表情和符号进行编码;输出数据为 text,excel,html,xml 或特殊报告文件类型;创建频率表格和图表;用户管理;质性数据的统计分析。

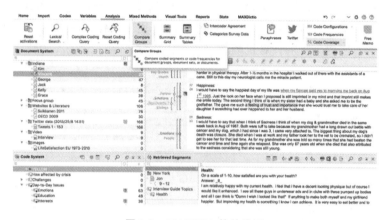

图 1-3　MAXQDA 软件界面

定性研究方法。定性研究是根据社会现象或事物所具有的属性和在运动中的矛盾变化,从事物的内在本质来研究事物的一种方法或角度。具体研究有两个层次,一是没有或缺乏数量化分析的纯定性研究,结论往往具有概括性和思辨色彩;二是建立在定量分析的基础上的、更高层次的定性研究;前者往往偏描述,后者偏解释与预测。在旅游活动的研究当中,往往是以定量研究为主,定性为辅。比较著名的特尔菲法,也有定性分析软件 NVIVO(见图1-4)。

特尔菲法是预测模型中较著名的也是较有争议的方法之一。当历史资料或数据不够充分,或者当模型中需要相当程度的主观判断时,趋势外推模型和结构模型都无能为力,这时就得凭借特尔菲法预测事件的发展;特尔菲法一般与层次分析法结合起来使用。特尔菲法最先由美国兰德公司(RAND Corporation)在 20 世纪 50 年代初创立并在软科学领域得到了广泛应用,取得了大量令人满意的成果。

该方法以问卷形式,通过特定的几轮征询步骤,对一组专家进行征询,直到专家的意见趋于一致。具体步骤如下:确定要预测的问题,选择专家组;制定、分发第一轮问卷,专家背对背独立填写;回收第一轮问卷,整理结果;将第一轮结果附在第二轮问卷上寄给同一批专家,背对背填写;回收第二轮问卷,整理结果,结果趋向一致,则停止征询;结果不一致,继续

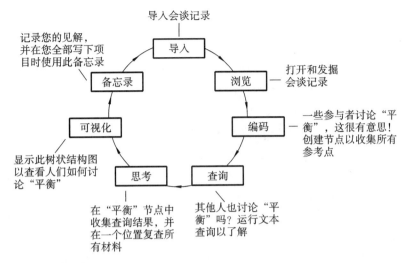

图 1-4　NVIVO 软件分析流程（来源：环中睿驰主页）

整理最终趋向一致的结果，对无法一致的结果进行说明。

专家与权重法一般与层次分析法结合起来应用。实际上，定性方法的解释也开始转向从定量寻求支撑，而定量分析的结果，也通过定性解释来补充，定性与定量相结合成为常态。

## 二、数学建模与定量研究方法

数学建模是指根据需要针对实际问题组建数学模型的过程，这个过程是基于现实世界的某一特定系统或特定问题，特定目的，运用数学的语言和方法，通过抽象和简化，建立一个近似描述这个系统或问题的数学结构，然后运用适当的数学工具以及计算机技术来解释模型，最后所得结果接受实际的检验，并反复修改、完善。数学模型是对实际问题的抽象、简化而建立的，它只反映了实际问题的某一数量规律。不同的实际问题有不同的数学模型。而对于复杂的旅游活动现象，要探究其规律，数学模型也是必不可少的。旅游地理学主要有因果回归分析产生诸多变量统计模型和分层线性模型，还有结构方程模型（如 AMOS），以及引力模型。

定量研究方法是指针对统计数据而进行的诸多量化分析，借助诸如 SPSS、STATA 等软件。量化研究是指将问题与现象用数量来表示进而去分析、考验、解释从而获得意义的研究方法。量化研究与科学实验研究是密切相关的，可以说科学上的定量化是伴随着实验法产生的。而具体的分析过程，一般均配有计算机相关支持软件，这些软件的操作性逐渐变得容易，大大加快了基于定量计算机辅助软件研究成果的出现。

一般情况下，定量研究所需的数据都可以从官方公布或公开出版的资料中获取，如何取舍需要花费一番工夫。一般来说，这些数据是可靠的，但不同的统计口径需要提前协调，如果数据跳跃性较大，需要做平滑处理，降低干扰噪音。当然在具体分析过程中也会有相关的可信度分析，体现要素的相关性的相关系数分析，都需要合理数据的支撑。以上数量来源均为第二手资料，为我所用，首先要提前作处理。而研究团队调研的一手资料，这种处理的工作量可能较小，在调研之前就考虑到这个问题了，从而保证从来源到分析结果都是一个标

准,因此分析的可信度相对较高。

### 三、大数据分析方法

随着互联网及智能手机的普及,旅游地理学研究数据的获取途径也增多了,比如利用软件对网络数据进行挖掘;利用 GPS 或 LBS 设备,结合 GIS 或网络日志来采集与分析旅游者行为数据;利用网络地图对获取的数据进行可视化开发。J. 格雷(Jim Gray)将大数据时代的科研范式概括为第四范式——数据密集型范式,认为它是一种将前三种范式即实验的、理论的和计算仿真的三种范式统一起来的特殊范式。从思维方式来看,大数据方法实现了还原论与整体论的整合。经验归纳方法是从已有的经验观察入手提出相应的假设,然后对假设进行验证。在面对复杂问题时,依据还原论,首先将复杂问题分解为若干简单问题,复杂问题是简单问题的线性叠加。从机制上看,大数据方法的路径是由简单走向复杂,在一定程度上与还原论正好相反。它首先将复杂现象看成复杂性来研究。它所采取的方法是制定简单的规则和对应关系,这些规则和对应关系可以是线性的,也可以是非线性的,由这些规则来建立模型,使其通过学习手段逐次生成、演化出系统的复杂行为。生成的海量数据,最终通过多种仪器传递到数据中心来看。大数据方法实现了过去简单经验方法无法替代和完成的工作,并从根本上改变了过去经验和理论之间的关系。也改变了问卷调查的样本局限性,海量样本可能更接近事物规律本身。

大数据可以通过多种渠道获得,通过互联网采集大数据是常用的一种方法,而采集互联网大数据通常采用爬虫技术抓取数据。爬虫的实现方法主要流程有抓取 URL 程序、抓取网页程序、建立多个线程抓取网页、抓取网页内容程序,通用 Python 语言来实现以上程序。爬虫的类型有内容挖掘、结构挖掘和使用挖掘。数据抓取成功后,面临的问题是怎么存储,然后根据所需进行计算、分析,实现数据的空间分析和可视化。

## 第四节　旅游地理学基础理论

旅游现象或旅游活动的研究一刻也离不开理论的支撑,特别是在旅游地理学日益走向实践的今天,其先进的实践理念和技术手段都在不断更新,以适应快速发展的旅游业。其中地理相关理论占主导,比如旅游地空间结构理论、核心—边缘理论、旅游中心地理论、点轴结构、地域游憩系统理论、旅游区位论、环城游憩带、旅游可持续发展理论等,这些理论已在多种相关教材中有提及,本部分只谈部分方法论层面的理论。所谓"理论",是指对自然、社会现象按照已知的知识或者认知,经一般化与演绎推理等方法,进行合乎逻辑的推论性总结。

### 一、旅游地生命周期理论

生命周期最早是生命学家的理论词汇,描述某种生物从出现到最终消亡的演化过程。旅游学界借助生命周期理论开展研究,以 1963 年克里斯泰勒为早。直到 1980 年,加拿大学者巴特勒对旅游地生命周期进行了阐释,将生命周期的演变分为六个阶段,分别为探索阶段、起步阶段、发展阶段、稳固阶段、停滞阶段、衰落或复兴阶段。普洛格(1973)从旅游者的心理特征出发提出旅游地生命周期的心理图式假说，认为旅游地所处的生命周期与旅游者的行为有关，并将旅游者分为多中心型、近多中心型、近自我中心型和自我中心型。但新的旅游地发展成大众型的旅游目的地后，原先多中心型旅游者就会逐渐放弃该目的地，继而寻找新的目的地，相应地，该旅游目的地将逐渐走向衰落。

中国学者(1997)提出旅游地生命双周期模型。双周期是指旅游地在不同的时间范围内存在两种不同的生命周期类型，即长周期和短周期。长周期是指旅游地从起步到最终衰落及消亡的漫长周期。短周期则是指旅游地在旅游吸引力环境保持不变的一段时间内所经历的周期，可能是完整的，也可能不完整。具体针对每个旅游目的地的一个阶段也是很复杂的，如果再放在一个长时段来考察它的演化规律就更复杂了。不同类型的旅游地其发展演化周期是不一样的。同一类型的旅游地应错位发展，避免空间竞争，延长其生命周期。

实际上，旅游生命周期理论也应考虑旅游市场因素，忽略该因素则难以表现旅游地面向不同客源市场的生命周期；若考虑市场细分因素，则对于不同的细分市场有不同的周期曲线，如对于国内、国际旅游市场，一个旅游地的生命周期必然存在差别。

## 二、系统论与人地协调论

系统论认为开放性、自组织性、复杂性，整体性、关联性、等级结构性、动态平衡性、时序性等，是所有系统的共同的基本特征；既是系统所具有的基本思想观点，也是系统方法的基本原则。贝塔朗菲对此曾做过说明。贝塔朗菲强调，任何系统都是一个有机的整体，它不是各个部分的机械组合或简单相加，系统的整体功能是各要素在孤立状态下所没有的性质。他用亚里士多德的"整体大于部分之和"的名言来说明系统的整体性，反对那种认为要素性能好，整体性能一定好，以局部说明整体的机械论的观点。同时认为，系统中各要素不是孤立地存在着，每个要素在系统中都处于一定的位置上，起着特定的作用。要素之间相互关联，构成了一个不可分割的整体。要素是整体中的要素，如果将要素从系统整体中割离出来，它将失去要素的作用。而旅游活动主要集中在地表的岩石圈、水圈、生物圈以及大气圈，而活动本身所涉及的要素就更为广泛，没有系统的思维，很难将这个复杂巨系统统合起来。

这就涉及人地协调论，人地协调论涉及人口、资源、环境、社会、经济等方面的和谐共生。该理论起初多聚焦于人地关系，具体指人与土地的关系。就旅游业来讲，是旅游者与旅游景区的关系，特别是人与自然景区的关系，在开发旅游当中，要关注景区的可持续发展，在旅游过程当中，不应破坏不可再生类的旅游资源；在限制或禁止开发区，有限的旅游开发应慎重；在优化开发区，过多的旅游类用地也需慎重。比如，当前正在进行的中国国家公园建设，就是回应了限制开发区旅游如何开发及开放的问题。更为广泛的人地协调是社会效益与经济效益的协调。旅游已成为一种生活方式，社会需求量大，同时也是一种产业，产生诸多经济收入和经济效益。既然是生活方式，那么商业化气息就不能太浓，过度旅游必将产生旅游者、旅游目的地居民、旅游开发者间的冲突。从而有可以延伸出旅游地可持续发展问题。

旅游地理系统理论方面也有部分学者作了尝试性探索，以 Leiper(1979、1990)为代表(见图1-5)。该理论模式在旅游系统的结构功能和空间结构两个层面进行了探索。旅游结构功能方面有旅游者、旅游业、客源地、旅游通道和目的地5个方面，而空间结构主要体现在后三者所连接的旅游要素的空间关系与空间相互作用的关注上。无疑，旅游者是这个空间流动中的主体,满足旅游者的旅游产品是由位于不同空间的旅游部门共同完成的。如图1-6所示,杨兆萍(2003)从地域系统视角分析旅游过程,引入调控方,客源市场与目的地市场难免存在信息的不对称,政府、管理部分、第三方的调控就变得十分必要。

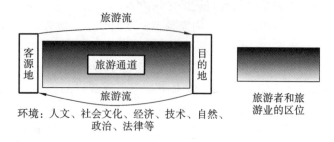

图1-5 旅游地理系统模型(Leiper,1995)

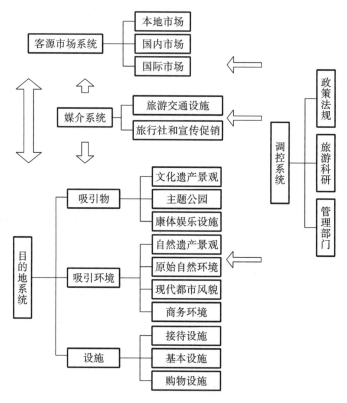

图1-6 旅游地域系统图(杨兆萍,2003)

## 三、旅游地引力论

一种将万有引力理论与旅游者空间流动现象相结合的理论。任何事物间都有吸引力,这和事物间的距离相关。旅游活动中更是如此,客源地和目的地也是靠吸引力来催生旅游;没有资源的地域分异可能不会产生旅游,当然也不会有旅游者的流动。而这个吸引力除了受物理距离影响外,还有人的感知距离,更有两地交通的可达性和连接度条件。以此理论支撑的旅游地引力模型的研究主要是从三个角度考虑:从目的地的角度出发研究它的引力半径大小,对其未来的发展和目标市场的确定奠定基础;从客源角度出发,研究游客的空间旅行路线规律;对确定的目的地和客源地设立模型预测两地的吸引力。模型重点关注引力范围和旅游者旅行空间路线。该理论既遵从地理空间衰减规律,也有物理中两地万有引力的规律的体现,旅游目的地对客源地的吸引力受多方因素影响,除了距离、交通因素,还有来自宣传力度、旅游者的感知及旅游意向等因素。

### 四、全域旅游发展理论

全域旅游是将区域整体作为旅游目的地发展的新理念和新模式,是一种区域旅游资源的有机整合、产业融合、社会共建共享的发展理念。关于全域旅游,行政部门、学术界、旅游企业和游客存在多方认知。

行政部门以国家旅游局(现国家文化和旅游部)的界定为代表,在《国家旅游局关于公布首批创建"国家全域旅游示范区"名单的通知》中,明确了全域旅游发展的主体、路径、目标和性质,即全域旅游是将特定区域(省市区县)作为完整的旅游目的地,进行整体规划布局、综合统筹管理、一体化营销推广,促进旅游业全区域、全要素、全产业链发展(路径),实现旅游业全域共建、全域共融、全域共享的发展模式(目标)。该阐释成为地方综合性旅游目的地的指导理念,促进多部门在行政管理上达成共识,齐抓共管旅游发展。国家旅游局(现国家文化和旅游部)先后公布两批国家全域旅游示范区,以市、县地方人民政府为创建主体,并提出六大验收指标,引导地方全域旅游发展。

学术界对全域旅游的概念、认定范畴等方面存在争议,对实践路径的理论研究涉足较少。代表性的界定有:吕俊芳(2013)认为全域旅游体现的是一种整体发展观念,区域各方面的发展应服务于旅游发展大局,形成全域一体的旅游品牌形象;魏小安认为全域旅游是挖掘前工业化资源,利用工业化成果,创造超工业化产品,并提出六"全"思维,即全要素、全过程、全结构、全体系、全管理和全推进;石培华(2016)认为全域旅游是把一个区域整体当作旅游景区,是空间全景化的系统旅游,是跳出传统旅游谋划现代旅游、跳出小旅游谋划大旅游,是旅游发展理念、发展模式上的根本性变革;邓爱民等(2016)侧重强调全域旅游空间属性,即行政区域、地理区域和文化区域;张辉认为全域旅游是实践空间域、产业域、要素域和管理域的完备。以上界定大同小异,撇开不同学科背景学者强调侧重点的不同,推动该模式的早期实践,成为学术界共同的期待。

旅游企业侧重将全域旅游看作是促进旅游产业链延长、增加企业参与旅游市场盈利的环节。新企业希望介入旅游产业链中的新领域,老企业则希望不断延伸旅游产业链条,拓展新业态的旅游资源服务,增加盈利。同时满足游客"吃、住、行、游、购、娱""商、养、学、闲、奇、情"旅游期待是全域旅游企业的目标和追求。

旅游者认为全域旅游代表未来趋势,处处是风景、服务触手可及以及安全文明有序的旅游环境。旅游者更多是对旅游发展的追求,也是对旅游者人生的追求。旅游通道的靓丽景观和旅游目的地的友好氛围都是旅游者期盼的全域旅游场景,而不是"旅前梦山、行中留山、游后无山"的传统旅游惯例。

全域旅游内涵的多样性决定了其阐释方面的多元化。杨振之(2015)认为全域旅游内涵主要包含5点,即全域旅游资源富集而工业基础薄弱;以旅游业为引导,推进区域经济发展;以旅游业为引导,在全域合理高效地配置生产要素;推进全域旅游引领下的"多规合一";实时适度增加投入,全域共享旅游休闲资源或产品。邓爱民(2016)从国学的五行八卦角度解读全域旅游,强调全域旅游中"人"的主体性。

全域旅游发展要把握好几个关键字,第一是"全"。不局限于时空,古今中外、新旧业态的旅游资源都可纳入进来。不管是历史古迹,还是新造景观,都应统一管理经营,不能任意割断。空间上,打破孤立"点",应将各点有机融入游客旅游的全过程。全域旅游目的地应统筹发展,比如"多规合一"和网络公共区域全域覆盖。第二是"连"。旅游要素的全面性,为"连"做了铺垫。旅游业与相关产业的融合发展,"连"较为关键。新的旅游发展理念必定产生新的旅游产业形态,"连"就是将相关经济社会资源重新配置组合,形成全产业链,链条上有旅游要素、旅游周边环境和旅游公共服务。第三是"通"。有了连,就不能堵,应畅通。时刻畅通才能发挥旅游资源的最大价值,实现全域旅游发展。景区间及景区内部的廊道、游步道、索道的畅通,景区外部的介入通道的无缝对接,有线通道加上无线网络通道,实现"地线"与"天线"的无缝对接。发挥全域"通",关键在管理。旅游管理既要有全域配套要素,还要有全域监管系统,由政府统筹,相关部门共治共管。第四是"透"。全域旅游是一个旅游目的地的巨系统,没有高瞻远瞩的顶层设计和全局监管,其建设效能会大打折扣。不仅仅满足于全域旅游前和当前的全域旅游建设,还应看到全域旅游发展后的场景,要立体全局审视当前全域旅游的发展情况。实际上,发展全域旅游也是建立新的生活方式的尝试。

另外,全域旅游建设也要讲前提条件,不是所有的旅游目的地都适合搞全域旅游,即使有条件搞,也不能眉毛胡子一把抓,而应循序渐进,适时而为。全域旅游不等于全空间旅游,全域旅游发展也要基于当前既有景区基础,发展新的旅游景区和旅游产品。全域旅游的发展要有主心骨产业或产品,应走差异化、特色发展之路。

## 本章小结

本章介绍了旅游地理学研究对象及内容,重点介绍了本书的内容框架。以此为基础,梳理了相关研究方法,特别是梳理统计的方法,并辅以具体案例加以阐释。最后对相关理论做了总结。

## 思考与练习

1. 旅游地理学研究的内容有哪些?
2. 结合实例,谈谈旅游地理学的研究方法?
3. 旅游地理学相关理论有哪些,并谈谈具体应用。

# 第一章 绪论

## 核心关键词

旅游要素　　Tourism Elements
质性研究　　Qualitative Research
全域旅游　　Region-Based Tourism
旅游地理学　Tourism Geography

## 案例分析

### SPSS应用案例:基于6城市居民西北传统村镇旅游意向的调研

SPSS原是Statistical Package for the Social Science的英文缩写,意思是社会科学统计软件包,但是随着SPSS产品服务领域的扩大和服务深度的增加,SPSS公司已于2000年正式将其英文全称更改为Statistical Product and Service Solutions,为统计产品与服务解决方案。SPSS最初是由美国斯坦福大学的3位研究生在20世纪60年代末研制的,起初只是面向企事业单位,后来为适应各种操作系统平台的要求经历了多次版本更新。至20世纪90年代,随着微机Windows操作系统的出现和盛行,又相继诞生了SPSS第五到第十四版,统称为SPSS for Windows版。SPSS for Windows的最新版本为SPSS for Windows 19.0版。各种版本的SPSS for Windows大同小异,本书的实验工具选择了SPSS for Windows 16.0全模块英文版,如图1-7。

图1-7　SPSS中文版界面

1. 西北传统村镇旅游意向问卷概况

2015年7月份起,课题组在同一时间段对北京、广州、重庆、杭州、长沙、南昌6个城市市民的西北地区传统村镇旅游意向做了问卷调研。问卷内容包括15个选项,有单项、多项意向选项之分;人口学特征涉及性别、年龄、文化程度、职业、收入等选项（单项）;西北传统村镇旅游意向有前往意向、前往方式、交通选择、食宿选择和停留时间等选项（单项、多项兼有）。有效问卷回收情况:重庆214份,其中男111人,女103人;长沙215份,其中男107人,女108人;南昌211份,其中男111人,女100人;杭州206份,其中男91人,女115人;广州188份,其中男86人,女102人;北京177份,其中男111人,女66人。问卷将古村镇旅游目的地分为苏浙、皖赣、闽粤、湘鄂、云贵等12个区域,其中西北地区有秦晋、甘青、新疆、宁夏4区域。问卷于2015年9月全部回收。

2. 旅游意向分析

旅游意向集中表现在旅游偏好方面。关于旅游偏好,国外是一个相对宽泛的概念,国内普遍认为是一种趋向于某种旅游目标的心理倾向。王红霞、陈炜(2012)对近年学术界关于旅游偏好的研究作了综述,认为我国在该方面研究处于初级阶段,但在旅游偏好的概念、形成和影响因素、测度方法等方面也有一定的成果,在旅游者心理需求和偏好变化、研究方法方面还需进一步提升。可见,该主题具体区域实践性的探索需要进一步丰富,以夯实理论的案例支撑或科学预测旅游市场。

旅游目的地意向属于旅游目的地偏好。对于旅游目的地偏好,梁江川和刘焱(2006)分别对沪杭甬地区和重庆地区居民的旅游目的地偏好做了研究。关于旅游目的地偏好方法的研究,王晓庆(2014)认为国内较国外起步晚,国内以心理学视角为主,经济学角度尝试较少;成果以单一的定量方法为主,复杂方法少。关于旅游意向测量研究,葛学峰、武春友(2010)基于离散选择模型对乡村旅游偏好差异测量做了研究。基于软件SPSS系统的西北传统村镇旅游客源地意向探析是新的尝试。

本研究以西北地区传统村镇为旅游目的地,以传统村镇的传统民居、传统节俗、乡土环境等为旅游资源,将旅游目的地和旅游资源偏好相结合,对客源地6城市市民旅游意向进行问卷调研,采用软件SPSS 19.0分析所收问卷。软件就人口社会学特征变量(性别、年龄、学历、常住区域、年收入)与传统村镇旅游意向(旅游目的地、出游方式、旅游资源、旅游住宿)之间的相关性做了分析,结果显示6城市人口社会学特征变量与传统村镇旅游意向之间的相关性表现不完全一致。如西南的重庆市民在性别、年龄与旅游目的地意向存在显著差异(见图1-8)。重庆女性更多倾向云贵地区的传统村镇,其次是苏浙地区、川渝地区的传统村镇;对于距离较远的地区,意向偏低。男性市民对西南地区(云贵、川渝)有较高意向,而对苏浙地区的传统村镇意向较低。如表1-2所示,18岁以下和18—25岁的重庆市民对云贵、江浙、川渝地区传统村镇意向较浓;26—40岁倾向于云贵、川渝、江浙地区;41—60岁选择倾向地依次是川渝、云贵、新疆地区;60岁以上市民则选择云贵地区。就区域旅游目的地意向来说,西北地区不是首选。就旅游意向具体内容而言,重庆市民对甘青地区的传统美食和传统建筑兴趣浓厚,对新疆、宁夏的传统美食和传统节俗有较多的偏好。近一半的被调查者出行方式选择自驾游,一半以上的被调查者外出居住方式选择农家乐。

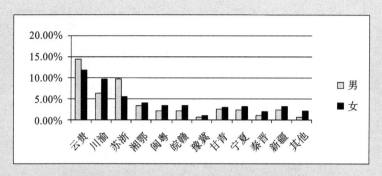

**图 1-8　重庆被调查者性别因子与传统村镇旅游地偏好关系图**

表 1-2　重庆被调查者年龄因子与传统村镇旅游目的地偏好的交叉列表

| 年龄段 | 旅游目的地偏好(人次百分比) | | | | | | | | | | | | 总计 |
|---|---|---|---|---|---|---|---|---|---|---|---|---|---|
| | 云贵 | 川渝 | 江浙 | 湘鄂 | 闽粤 | 皖赣 | 豫冀 | 甘青 | 宁夏 | 秦晋 | 新疆 | 其他 | |
| 18岁以下 | 1.8% | 0.7% | 0.9% | 0.2% | 0.0% | 0.2% | 0.0% | 0.0% | 0.0% | 0.2% | 0.5% | 0.0% | 4.5% |
| 18—25岁 | 12.2% | 6.0% | 7.1% | 3.7% | 2.3% | 2.3% | 0.5% | 2.1% | 2.5% | 0.9% | 1.6% | 0.9% | 42.1% |
| 26—40岁 | 9.2% | 6.0% | 5.5% | 2.8% | 2.8% | 2.3% | 0.7% | 2.1% | 2.1% | 0.9% | 1.6% | 1.1% | 37.1% |
| 41—60岁 | 2.8% | 3.2% | 1.6% | 0.5% | 0.5% | 0.7% | 0.5% | 1.1% | 0.9% | 0.9% | 1.8% | 0.7% | 15.2% |
| 60岁以上 | 0.5% | 0.2% | 0.0% | 0.2% | 0.0% | 0.0% | 0.0% | 0.2% | 0.0% | 0.0% | 0.0% | 0.0% | 1.1% |
| 总计 | 26.5% | 16.1% | 15.1% | 7.4% | 5.6% | 5.5% | 1.7% | 5.5% | 5.5% | 2.9% | 5.5% | 2.7% | 100.0% |

　　6 城市对西北传统村镇旅游意向的百分比和个案百分比走向基本呈现一致,是高度吻合的;但也有小的波动起伏(见表 1-3)。就 6 城市被调查者的西北地区传统村镇旅游整体意向看,被调查者选择西北地区为旅游客源地的偏少,相比其他地区(见图 1-9);对西北地区具体省区旅游意向,除北京、杭州外,6 城市选择新疆、甘青为旅游意向目的地的较多。单就西北古村镇旅游意向来看,结果却是另外一种情景:被调查者对西北古村镇的旅游意向均在 85% 以上(见图 1-10)。

　　西北地区传统村镇旅游意向调研选取北京、杭州、广州、重庆、长沙、南昌为调研地,基本上涵盖了华北、西南、华东和中南地区,具有代表性和典型性。每个城市有效回收问卷 177—215 份不等,量少质高,具有可靠性。分析结果经交叉列表的卡方检验,显示观测数据和期望数据的差距均在合理区间,说明交叉分组联列因素之间具有相关性,其旅游意愿选择的分析结果是合理的。为弥补问卷数量的不足,课题组也做了有效的个人访谈加以补充,访谈结论基本与问卷调查分析结果吻合。

表1-3　6城市被调查者对西北传统村镇旅游意向指标比较表

| 调研城市 | 频数 | 新疆 | 甘青 | 宁夏 | 秦晋 |
|---|---|---|---|---|---|
| 重庆 | 个数 | 24 | 24 | 24 | 13 |
|  | 百分比 | 5.50% | 5.50% | 5.50% | 3.00% |
|  | 个案百分比 | 11.30% | 11.30% | 11.3% | 6.10% |
| 广州 | 个数 | 34 | 36 | 23 | 12 |
|  | 百分比 | 7.28% | 7.70% | 4.92% | 2.56% |
|  | 个案百分比 | 18.08% | 19.14% | 12.23% | 6.38% |
| 北京 | 个数 | 27 | 23 | 16 | 49 |
|  | 百分比 | 4.87% | 4.15% | 2.88% | 8.84% |
|  | 个案百分比 | 15.25% | 12.99% | 9.03% | 27.68% |
| 杭州 | 个数 | 26 | 28 | 13 | 32 |
|  | 百分比 | 4.78% | 5.14% | 2.38% | 5.88% |
|  | 个案百分比 | 12.62% | 13.59% | 6.31% | 15.53% |
| 南昌 | 个数 | 23 | 32 | 17 | 28 |
|  | 百分比 | 4.86% | 6.77% | 3.59% | 5.92% |
|  | 个案百分比 | 10.90% | 15.17% | 8.10% | 13.27% |
| 长沙 | 个数 | 48 | 30 | 17 | 20 |
|  | 百分比 | 10.21% | 6.38% | 3.62% | 4.26% |
|  | 个案百分比 | 22.33% | 13.95% | 7.90% | 9.30% |

注:个数代表选择该地区的人次,百分比为选择该地区的人次与选择总人次之比;个案百分比为选择该地区的人次与有效样本总人数之比;山西省份没有剔除。

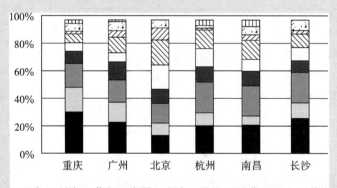

图1-9　6城市市民传统村镇旅游区域意向对比图

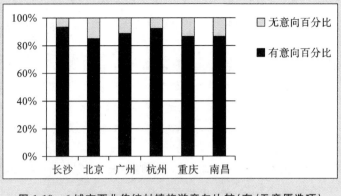

图 1-10　6 城市西北传统村镇旅游意向比较(有/无意愿选项)

3. 6 城市市民的西北传统村镇旅游意向的影响因素分析

对旅游偏好影响因素的研究,马丁豪(Moutinho)认为主要来自外在因素与内在因素;国内侧重从个人层面因素进行分析。龙江智等(2012)对未出游的城镇居民的旅游障碍与旅游目的地选择偏好进行了研究。本研究是基于城市市民的传统村镇旅游偏好的影响因素,将意向影响因素样本数据交叉联列,并对多重变量间的相关性进行了分析,显示 6 城市被调查者西北传统村镇旅游意向受年龄、收入、职业、性别、偏好等个人主观因素的影响;当然也有旅游目的地的客观因素影响。

主观因素主要涉及调查问卷中的人口学特征,如性别、年龄、学历、常住区域、年收入等。就性别来讲,男性外出意愿多于女性,男性的探险精神和长途跋涉的精力好于女性。就学历来说,高学历意向较高。就年收入来讲,年收入较高的市民选择较多。除此之外,影响市民西北传统村镇旅游意向的因素,还有市民要有空闲时间,以满足长距离跋涉旅行。如果被调查者对西北传统村镇了解甚少或对西北旅游整体感知模糊,那么对陌生的旅游环境的选择意向具有不确定性,加上既有的旅游心象地图的路径依赖,都影响到旅游者旅游意向的可能选择。

客观因素主要有:第一,6 城市距离西北地区较远,交通的便捷性较差,目前 6 城市还没有开通到西北地区的直达高铁或者既有铁路线耗时较长,大大影响了城市市民远距离、长时段西北旅游意向。虽然区域差异能产生旅游吸引力,但长远距离可以淡化旅游吸引力。第二,西北地区传统村镇分布较为分散,影响较大的旅游资源不多。相比之下,中东部地区传统村镇分布广,资源集中,质量上乘,加上较强的宣传力度,对外界产生的影响较大;其交通的可进入性也好,吸引力大于西北地区。第三,西北地区传统村镇保护与发展矛盾突出。课题组西北传统村镇社区功能调研成果显示,青海存在传统村镇集中地的保护体系还未建立起来,有些珍贵遗产其背后的价值还未充分挖掘出来的问题。甘肃存在资源整合面不够宽,打包外推乏力,其濒危非物质文化遗产抢救不够,遗址复原再现重视不够等问题。对随时可能降临的自然风险估计不足是西北地区传统村镇共同面临的问题。诸多客观因素,共同影响 6 城市市

民旅游外出交通方式、欣赏品味、食宿方式等意向选择。如,因现有交通的不便,可能选择自驾游方式代替;现有旅游住宿条件不能满足个性化的需要,住宿选择以农家乐为主。

总体来讲,西北地区传统村镇作为旅游目的地,出行成本较大,没有成为6城市市民外出的首选;在问卷中作专项意愿单选时,却又表现出较高的期待热情,说明西北地区传统村镇旅游发展潜力较大。当然,旅游客源地旅游者也会因时间、地点的变化而出现意向的改变,做出新的选择;作为旅游目的地的西北传统村镇应做好准备,应对随时出现的新机遇。

(资料来源:西北地区传统村镇旅游意向及影响因素探析——基于六客源地城市市民的问卷调查[J].小城镇建设,2017(4).)

**思考题:**
1. 西北地区传统村镇旅游发展机遇有哪些?
2. 结合实例谈谈问卷调查法和大数据方法的区别和联系。

# 第二章

## 旅游地理学研究进展

**学习导引**

1945年以来,旅游地理学研究得到长足的进步,研究成果、研究队伍、研究领域、研究影响、研究贡献等方面都有较大进步,特别是1978年以来,随着中国学者的加入,世界旅游地理学研究出现新的变化。中国旅游地理学研究在改革开放40年来,取得很大的成绩,与中国旅游业的发展相伴,部分领域已达到世界领先水平。特别是近10年以来,中国和世界在旅游地理学研究方面交流逐渐增多,中国旅游地理学研究逐渐开始引领全球,比如设置了一些新议题,取得了部分研究领域的话语权。

**学习重点**

1. 改革开放40年来,中国旅游地理学研究进展。
2. 近10年全球旅游地理学研究的概况。
3. 预测未来全球旅游地理学发展趋势。

**案例导入**

### 旅游改变世界

2006年8月在北京大学召开的"新亚洲改变世界旅游国际研讨会",集中讨论了亚洲的经济、地理政治和社会的动态发展,以及这些变化对全球旅游的影响,会后出版同主题的论文集。10年后,代表中国旅游发展最高智库的中国旅游研究院戴斌出版《旅游改变世界》,两者从相反的方向思考旅游发展,前者是共时的,后者是历时的。举办地都在中国,关注的空间尺度由亚洲扩展至全球。

旅游被公认为世界上最大的产业,其发展规模与重要性的数字之高令人惊讶。根据世界旅游组织的 2017 年的数据,旅游业已成为世界上增长较快、较重要的产业之一,对全球 GDP 的贡献接近一成。每 10 份工作中就有 1 份来自旅游业,行业发展速度远高于全球经济发展的平均水平,在一些国家,旅游业甚至撑起了整个国家的经济发展。世界旅游组织统计显示,全球游客流量 65 年间增长了 47 倍,即从 1950 年的 2500 万人次增长到 2015 年的近 12 亿人次。同样,全球旅游目的地的国际旅游收入从 1950 年的 20 亿美元增长到 2015 年的 1260 万亿美元。旅游业为全球 GDP 的贡献约为 10%,并为国际社会创造了 10% 的就业机会。联合国世界旅游组织(UNWTO)数据显示,2018 年 80% 的国家出现了入境游客增长。世界旅游业理事会(WTTC)《2018 全球旅游行业经济影响报告》显示,旅行与旅游业连续多年跑赢全球经济总增长速度。旅游对游客输出国和输入国的经济、社会和环境产生了强大的影响,对后者的影响尤其显著。

除了社会经济影响外,如果旅游业能得到可持续管理,旅游业还可以成为环境保护以及各国人民之间文化交流和理解的推动因素。尽管全球面临经济危机、自然灾害和大流行病等方面的挑战,旅游业依然表现出了强劲增长势头,近几年来取得了几乎不间断的增长。

近几十年来,随着新技术对旅游业不断的推动,加上交通客运价格特别是航空客运价格不断下降,国际旅行人数呈积极增长态势。研究显示,到 2030 年,旅游业将以每年约 3.3% 的速度持续增长。随着许多国家改善劳工权利以及全世界中产阶级的日益壮大,旅游越来越向普通大众普及。旅游在化解文明冲突、减贫以及推动全球化和文化的多样性方面均扮演着重要角色。旅游活动年成为国家间合作的风向标,重点旅游展会搭建了国家间人文交流的空间。旅游正在悄然改变着世界发展节奏与方向。

随着"旅游+""互联网+"模式的日益推广,旅游触角已伸向全球的各个领域,伴随旅游产生的各种"流现象",通过地理网络及大数据来统合,正在编织成一个由旅游主导的世界发展格局。

## 第一节　改革开放 40 年来中国旅游地理学的发展

中国旅游地理学研究起源于 20 世纪 30 年代,在时间上与世界同步,以张其昀(1934)的《浙江风景区之比较观》和任美锷(1940)的《自然风景与地质构造》为代表。民国期间,部分仁人志士外出游学图强。中华人民共和国成立后,国家抓工农业生产,无暇顾及旅游业。当时旅游市场发育也不充分,旅游者需求动机不足。没有或少有旅游现象或旅游活动,相应的研究也就不会很充分。

1978 年随着人文地理学的复兴,作为其分支之一的旅游地理学的发展也提上日程。陈传康《地理学的新理论和实践方向》报告中提出:"地理学结合某些特殊环境和任务也形成一些综合研究方向,主要有环境地理学、旅游地理学和灾害地理学。"1979年,中国科学院地理研究所组建了旅游地理学科组,开启了中国旅游地理学的系统研究。随后,由郭来喜、杨冠雄、宋力夫等撰写的《旅游地理文集》(1982)和北京旅游学院筹备处编写的《旅游资源的开发与欣赏》(1981)两本著作流传较广。之后,旅游地理学相关教材也大量出版,研究成果不断涌现,新领域得到不断开辟。关于中国旅游地理学研究前30年发展情况,保继刚(2009)从"理想主义、现实主义、理想主义的理性回归与现实主义相结合"三个阶段做了总结。

近10年来,旅游地理学在转型中出现了一些迷茫,比如学科性质的争议及学科范畴的圈定,学术共同体及研究范式的认可始终没有达成统一,并且出现日益泛化的趋势。伴随着近年来旅游管理一级学科升格以及一级学科硕士、博士学位点的积极申报,一定程度上冲击了旅游地理学在旅游学研究当中的地位,从而不利于旅游地理学的学科认同和整体研究。而在地理学当中,人文地理学出现日益泛化的场景,作为分支学科,旅游地理学也不例外。随着研究对象旅游现象或旅游活动的日益扩展,地理学的现有理论可能难以解释,而创新型的新理论又没有及时到位,因而旅游地理学在人文地理学的地位出现下降趋势。

一、旅游地理学教材建设

教材的建设在人才培养中扮演了重要角色。40年来,中国旅游地理学教材走过了从无到有,从单一到多元的历程。不同层次的教材是培养多层次人才的有力保障。多种同类教材在批判与继承中得到发展,为不同区域的旅游人才的培养起到积极引导作用。1980年上海旅游高等专科学校率先开设旅游地理学科,并撰写了《中国旅游地理》教材。20世纪80年代开始,中国旅游地理学迎来了丰收期,相关出版主要有周进步的《中国旅游地理》(1985)、卢云亭的《现代旅游地理学》、陈传康的《北京旅游地理》(1989)、孙文昌的《应用旅游地理学》(1989)、保继刚的《旅游地理学》(1999)。这些教材后期又不定期的修订再版,比如保继刚、楚义芳的《旅游地理学》两次再版,刘振礼的《中国旅游地理学》也曾4次再版,分别代表了旅游地理和旅游地理学两类教材,并行于旅游高职院校和旅游管理本科院校。之后,关于旅游地理学相关教材有很多面世,但高校采用最广的还是以上两本,回应了理论和实践两方面的需求。当然,也有国外教材的翻译引进版。

随着旅游地理学研究手段及研究领域的拓展,现有旅游地理学教材也应与时俱进,及时更新。比如当前旅游出现了新的六要素,即商、养、学、闲、奇、情。目前旅游地理学中的旅游者这一部分关注的大众旅游市场,对日益分散的小众旅游关注不够。原来的旅游规划只关注旅游景区,现在在全域旅游理念的指导下,不同层级的政区都在做全域旅游规划,原来重点关注总体规划,平面设计软件(如CorelDRAW)一统天下,现在详细性规划、修建性规划以及旅游信息发展规划都齐头并进,其他软件相应参与进来。当然,附带其他管理部门或企业也参与进来,只要它有规划资质。实际上,分属不同部门、可开发旅游的历史文化名城名镇名村、自然保护区、文物保护单位、风景名胜区、世界遗产地都有不同的规划,要求及落实的严格程度不同。随着旅游管理学科的升级和扩展,旅游地理学关注的范围也应拓展,比如关注会展、酒店、经营者、非物质文化遗产等。

二、旅游地理的相关组织发展及学者贡献

中国旅游地理学研究起步较晚,1985年全国高校旅游地理教学研究会成立。中国地理

学会于1987年12月在人文地理专业委员会下设立旅游地理学组,1992年中国地理学会正式设立旅游地理专业委员会,北京大学陈传康就任第一任委员会主任。陈传康教授作为我国旅游地理学的主要开拓者,奠定了中国旅游地理学发展的基石。1998年,中山大学保继刚教授担任委员会的第二任主任。保继刚教授在旅游地理学研究的价值取向、研究范式、基础理论、研究方法、研究内容、学科建设等方面,架构了中国旅游地理学发展的经纬,创新举办了9次"旅游前沿国际学术研讨会",搭建起中西方旅游学者学术对话的平台,极大提升了中国旅游地理学的国际化交流、合作与研究水平。当前,南京大学张捷教授担任委员会主任,在其领导下,旅游地理学研究从象牙塔走向科普前沿,旅游地理学的国际化水平也得到大幅提升。

由旅游地理学组织及其坚定的拥护者地理学者群体的支撑,旅游地理学得到较大发展,并做出应有的社会贡献,主要有:第一,旅游学科与旅游产业同步发展,与旅游地理学平级的其他二级学科没有这种情况;第二,在旅游产业发展壮大过程中,旅游地理在旅游资源评价标准和方法的制定、旅游业战略规划和旅游景区设计、旅游人才培养和旅游行业评估管理等方面都起到重要的科技支撑作用,使得旅游产业发展自始至今能够依据融入地理学思想的科学规划和科学评价,形成完整的多维空间尺度和不同类型部门的规划体系和评价体系;第三,旅游地理学学科促进了旅游科学体系的形成,比如旅游研究议题当中的可持续发展、生态旅游、全域旅游,都是旅游地理学对旅游学的重要贡献。

当然,有组织的旅游地理学随着相关理论与实践发展,中国旅游地理学的研究范式悄然形成,旅游地理学学术探究脉络表现如下:①着眼于旅游供给基础理论体系,具体表现在旅游资源、旅游规划方面。除了旅游者活动空间规律,产品供给为导向构建理论方法体系及旅游服务也是关注的重点。②旅游业空间组织结构和旅游业发展的资源环境作为基础理论,而不只依靠城市规划、城市地理相关学科理论的支撑。

当前,为了通过资源和事权的整合改善过去条块分割所带来的弊端,全国统一、相互衔接、分级管理的国土空间规划体系正在成形,由此促成了旅游目的地管理部门的统合趋势。其目的就是加强生态保护修复,构筑生态安全屏障。建立统一的空间规划体系和协调有序的国土开发保护格局,严守生态保护红线,坚持山水林田湖草沙整体保护、系统修复、区域统筹、综合治理,完善自然保护地管理体制机制。这给旅游地理学带来新的发展方向,过去主攻旅游资源、预测旅游流,现在有机会一改过去环保部门、住建部门、文物部门、国土部门、旅游部门多头主导的局面,从而形成以旅游为主导的新局面。这样,一定程度上改变了旅游管理学对旅游地理学日益淡化的局面。

### 三、来自旅游类、地理类杂志的研究动态

在中国,《旅游学刊》和《旅游科学》是旅游主题刊文较多、旅游类影响较大的杂志。《旅游学刊》挂靠单位为北京联合大学,期刊栏目设置和旅游地理相关的主题有区域旅游经济、区域旅游开发和城市旅游,体现最新动态的笔谈部分反映了旅游地理学在中国的发展情况,特别是2019年第一期和第二期对中国旅游发展40年的笔谈从侧面反映了旅游地理学研究的背景和实践。如果从时间阶段来看,1999年前旅游资源与生态旅游是该期刊关注的两个重要主题,这又与全国大范围的旅游资源调查及旅游规划实践是一致的。进入新世纪,城市

旅游成为该期刊关注的重要主题,这与城市化大背景相吻合。当前,乡村旅游成为该期刊关注的热点。该期刊对旅游地理学主题的关注议题在减少,但也部分反映了中国旅游地理研究的一个侧面。

《旅游科学》由上海师范大学旅游学院主办,地理特色明显。主要栏目涉及旅游地理的有旅游开发、规划、专项旅游等主题。该刊特别注重量化的分析与测量,旅游者行为及旅游资源承载力成为该刊长期关注的主题。近来,该刊多关注国家公园主题的研究。可以说,两个期刊旅游地理主题的文章近年来在不同程度的减少,也反映了旅游研究者学科背景的多样化以及旅游现象的复杂性。但两刊长期关注旅游地理学,有时也积极支持旅游地理学的学术会议。

刊发旅游类文章的地理类期刊主要有《地理学报》《地理科学》《地理研究》《人文地理》等。这些期刊只要涉及旅游主题,必定是旅游地理类文章。这几类期刊关注的旅游议题有旅游资源与开发、旅游者行为、旅游市场、旅游环境与生态旅游、旅游交通等。2000年以来,期刊的研究方法注重统计方法、数理模型及3S技术等手段,特别是《地理学报》《地理科学》,其他两个期刊也较多采用概念性的方法和定性研究方法,特别是在旅游地方感主题的研究方面。但旅游类文章在地理学领域地位相对较低,旅游地理学在其他地理学分支的认可度相对也低。

## 四、来自国家自然基金动态

国家自然基金是研究类最高级别的资助,反映了国家自然科学研究的导向。旅游地理类在自然基金栏目里属地球科学部名录。1988年《黄山风景区开发理论的地学研究》获批国家自然基金,拉开了旅游类研究的国家资助,但起初资助项目数量非常有限,每年不到10项。2007年出现转折,资助数量大幅提升。2013年一度达到50项,其中包括管理科学部的项目。获批项目内容中,以旅游资源、空间、场所、体系、承载力、机制主题为多,也形成了部分案例地热点区域,反映了旅游项目落地后的理性思考。2018年国家自然基金人文地理类中旅游项目有18项,多关注旅游地的研究,集中于民族地区、乡村地区、社区等较小的、原来关注较少的空间尺度。

## 五、博士论文选题动态

博士教育是最高级别和最高水准的学历教育,旅游地理类的博士生主要分布在陕西师范大学、南京大学、中山大学、北京大学、中国科学院地理科学与资源研究所以及安徽师范大学,这些大学研究所的所在地均有较为集中的案例作为研究题材,而且旅游地理学者在所在二级学院均扮演了重要角色。这些培养单位均有研究团队及其领衔者,其领衔者的研究方向及关注点基本反映了博士选题的基本面。比如,中国科学院地理科学与资源研究所以生态旅游研究见长,陕西师范大学以旅游者空间行为规律研究见长,南京大学以空间流动研究见长,北京大学、中山大学以旅游规划见长,安徽师范大学以空间建构见长。近来,通过学科及教学单位名称的调整,旅游地理学研究重心在部分单位出现增减变化,比如,中山大学设立旅游学院弱化了旅游地理学研究成果的比重,从2009年开始推送的《旅游研究进展》辑刊中明显可以看出这一现象。而陕西师范大学则将原来的地理环境学院增设"旅游"字眼,从而强调了旅游研究当中的地理学特性,也增加了旅游地理学研究在地理学领域研究的比重。这在安徽师范大学表现尤甚,该校在全国旅游地理学研究方面有重要影响,比如,1978年获得全国第一个旅游地理学国家自然科学基金,经过30年的发展,在全国尺度上开展了不同类型旅游目的地的系统综合研究,是全国旅游地理学领域发表论文、基金项目资助和获奖较多的单位之一。也是在该院,旅游地理学研究引领着环境地理和地理信息领域的研究。

## 六、中国旅游地理学研究的国际影响力

从以上几个方面可以看出,中国旅游地理学研究取得了较大的发展和进步,应该说是全方位的。很多学者开始关注全球空间尺度的旅游现象,并积极参与到国际旅游地理学组织当中。有些学者还担任了旅游地理类英文期刊的主编或编委,中国旅游类的期刊也吸收了来自国外的编委。国际顶级旅游期刊和旅游地理刊物中中国学者的论文比例越来越高。在高校或企业中,中外旅游地理研究者和实践者互通有无,特别是高校或研究机构海外背景的师资近年来呈上升趋势。

当然这些内容更多地体现在科研论文以及规划实践当中,特别是"一带一路"倡议的推行,旅游类的合作机会及相关文章数量正在增加。从研究论文主题来看,中国学者的旅游研究总体从宏观转向微观,由预测、规划转向动机、满意度研究;国内学者的研究各偏重于不同的方向[①]。但总体来说,中国旅游地理类研究成果数量增速迅猛,但质量及影响力却没有太多提高,尽管部分研究者或机构已经跻身世界前列。表2-1所示为近5年来中国旅游地理学国际会议及主题。

表2-1 近5年来中国旅游地理学国际会议及主题

| 时间 | 地点 | 会议内容 | 参会人员来源 | 会议主题 |
| --- | --- | --- | --- | --- |
| 2019年4月 | 法国昂热 | 会议以"各国的遗产创新"为主题,就遗产与定位认知的重塑、非物质遗产的差异化开发、遗产与遗产的创新等话题展开了热烈的交流和研讨 | 中国、法国、瑞士、俄罗斯、塞浦路斯、摩洛哥等6个国家 | 第八届中欧国际旅游研讨会暨第十三届国际旅游学术前沿研讨会 |
| 2018年7月 | 中国宁波 | 围绕"旅游发展与当代中国"主题展开,具体议题有旅游发展与生态文明建设、旅游发展与乡村振兴、旅游发展与特色小城镇建设、全域旅游与区域发展、旅游新业态的国际经验与中国探索、国际视野中的中国旅游和身体行为与旅游 | 中国、法国、美国、俄罗斯、捷克、波兰、保加利亚和墨西哥8个国家的100余位专家学者和60余位研究生 | 第七届中欧国际旅游研讨会暨中国地理学会旅游地理专业委员会第十二届国际旅游学术前沿研讨会 |

---

① 孙业红,魏云洁,张凌云.中国旅游研究的国际影响力分析——基于对2001—2012年国内外旅游类核心期刊论文的统计[J].旅游学刊,2013(7).

续表

| 时间 | 地点 | 会议内容 | 参会人员来源 | 会议主题 |
|---|---|---|---|---|
| 2018年 | 中国芜湖 | "旅游地理学与乡村振兴战略"主题,分"乡村经济振兴与旅游发展""乡村文化复兴与村落保护""乡村社会和谐与社区治理""乡村生态文明与环境保护""乡村旅游扶贫与融合发展""美丽乡村建设与旅游规划""乡村旅游发展与政策创新""城乡旅游休闲与区域合作" | 美国中佛罗里达大学、新西兰怀卡托大学、中国科学院地理科学与资源研究所、北京大学等海内外近110所高校和科研机构 | 中国地理学会旅游地理专业委员会2018年学术年会,"旅游地理学与乡村振兴战略" |
| 2017年5月 | 中国北京 | "旅游地理学与国家战略""国家区域发展战略与旅游地理研究""新型城镇化与旅游地理研究""生态文明与旅游地理研究""文化强国与旅游地理研究"和"旅游地理研究国际交流" | 澳大利亚格里菲斯大学、美国普渡大学、俄克拉荷马州立大学、中科院地理所、北京大学等国内外80余所高校、科研院所及相关单位 | 中国地理学会旅游专业委员会2017年学术年会暨第十一届旅游前沿国际学术研讨会 |
| 2016年8月 | 中国南京 | 以"地理与规划:创造旅游新景观"为主题 | 9个国家的近100名旅游地理领域的专家学者与会 | 第33届国际地理大会会前旅游地理论坛暨第八届中国旅游会议、第九届旅游前沿国际会议 |
| 2015年5月 | 中国玉山 | 世界遗产地OUV保护与旅游发展,"世界遗产地突出普遍价值(OUV)保护战略、政策、框架与方法,世界遗产地旅游发展的影响及其相关功能的提升,世界遗产地旅游规划与管理" | 美国天普大学、英国普利茅斯大学、中国科学院、南京大学等全国各高校、科研院所及有关单位的专家学者及研究生 | 中国地理学会旅游地理专业委员会2015年学术年会暨第十届旅游前沿国际学术研讨会 |

**延伸阅读**　　构建国际话语权：中国旅游的最高天花板

"小国的目标是国民自由、富足、幸福地生活，而大国则命定要创造伟大和永恒，同时承担责任与痛苦。"这是1835年，年轻但野心勃勃的法国历史学家托克维尔在游历了同样年轻的美国之后，在其作品《论美国的民主》中写下的文字。

真实的世界验证了学者的预言。无论出发点是什么，年轻的美国强大之后，开始为治理世界提供一整套的治理方案。虽然历史不会简单地重复，但却拥有相似的路径。如同20世纪的美国、19世纪的英国，在全球经济舞台上有着耀眼表现的中国，开始为扮演新的全球领导者而努力。过去的几年，我们开始向世界讲述"国际关系民主化""人类命运共同体""一带一路"倡议等"中国方案"和"中国故事"。种种努力无不揭示，中国正努力在另一个层面向世界提供力量、意义和希望，并希望这样的努力能够加速中国走向世界中心的进程。

拥有遍布世界各个角落游客的中国旅游业，显然已经具备了影响世界旅游业议程乃至国家间外交话题设置的经济实力。2017年4月6日，世界经济论坛发布的《2017年旅游业竞争力报告》显示，中国旅游业的国际竞争力上升，在全球排名升至第15位。世界正在目睹中国游客所创造的财富、就业，并视其为全球旅游业的晴雨表：世界旅游已经变成了两季，当中国游客到来时是旺季，当中国游客离开时是淡季。

但很有可能，我们还没有充分认识到，中国旅游已经进入了一个全新的时代。中国旅游的发展速度和取得的成就堪称史无前例，但国际话语权还没有与之比肩同步。两者的桥梁如何搭建？蓝图如何绘就？主导性的议题如何设置？更深层次的探讨还有待展开。

在政策层面，国家旅游局（现已更名为文化和旅游部）先行一步，"旅游外交"理念诞生不过两年，就已频频亮相国家外交舞台。辽阔舞台对旅游业的认可，令人心旷神怡。然而，深刻塑造历史的力量从来不是单一的，而是一种探索合力：既需要政府、社会、企业、媒体、个人的足够讨论，也需要充满雄心、洞察力、远见、务实、活力的政策、实践去推动。总之，这是一项需要根据其内在规律和要求有序推进的系统工程。

我们需要在国际舞台上讲好"中国旅游故事"，让世界了解我们"做了什么"。这一份史料所展示的中国旅游与今天截然不同。1954年4月，中国国家旅游局的前身——中国国际旅行社与铁道部签署了一份关于发售联运旅客乘车票据合同。双方在合同中约定，旅行社可为游客提供北京至上海和汉口、北京—安东等8趟列车共75个软席卧铺（上下铺各半）。全年议定75个列车席位符合我们对那个年代游客量的判断。60多年过去了，如今在北京南站，每隔几分钟呼啸而出的高铁列车，每一节车厢都拥有超过75名游客，每天运送数千倍的75名游客。两者数量的对比是解读中国旅游发展的一把钥匙。

我们肯定是做对了什么事情,才让中国旅游拥有了几何级的发展速度。A级景区评定、厕所革命、旅游＋、1＋3＋X旅游业综合体制改革、旅游外交、旅游扶贫……作为旅游后发国家,我们走过的道路与西方走过的道路并非"一模一样",旅游部门在释放政策红利上的好做法、旅游从业者摸索出的好经验,这些属于中国旅游的故事,同样值得推广到更多国家的发展路径。

我们需要向世界充分阐释"中国旅游方案",展示大国担当。将经济上的实力转变成国际话语权,是人类历史永不停演的剧目。最近四年,中国一直是世界第一大出境游消费国,对全球旅游收入的贡献年均超过13％。毫无疑问,这份力量为中国旅游赢得了声望。在全球旅游事务中,国际社会空前关注中国游客最新动向,越来越重视中国旅游说了什么、做了什么。但要在国际舞台上更深入、更系统、更有威望地发挥领导作用,在构建国际话语权中把握先机,需要我们改变参与者的身份,更积极地阐述中国旅游发展理念、更积极地介绍中国旅游人对解决世界旅游发展难题的破解之道,使国际社会广泛知晓"中国旅游方案",充分了解"中国旅游方案"可以带领他们到达怎样的方向和高度。唯有此,才能赢得尊重、赢得认同,进而在推进全球旅游治理体系变革中掌握主动。

我们需要构建国际旅游理论的中国学派,展示理论创新能力。理论是系统化的理性认识,国际旅游理论的发展历史在很大程度上一直由欧美所主导。全球旅游治理体系的建立离不开理念的引领。随着中国旅游实践的发展,这一态势有着发生改变的经验基础。

一般而言,除天资不凡者,研究者的视野往往与自己所处的时代紧密相连。近代旅游发展150多年,起步晚的中国旅游,仅仅用了30多年就弯道赶超了绝大多数国家。从拥有"理论认识"素材数量的角度考量,生长在中国是旅游学术研究者的幸运——从无到有,从弱到强,研究素材浓缩在触手可及的30多年之中。当然,利用中国经验进行理论创新是横亘在中国旅游学者面前的一场体力与智力的双重挑战,需要充满智慧的头脑高强度地开展观察、理解、思考、描述工作。这样的智力结晶,"不求则无之,愈求则愈出",一旦开花结果,必将迎来世人的赞叹。

雄心伴随新的征程。旅游强国的崛起是一项系统工程。它需要耀眼的数据、众多的景点景区、良好的基础设施条件,但在令人眼花缭乱的数据之外,它也需要世人发自内心的尊重。中国旅游的创造力和所愿肩负的责任,或许就是赢得这份尊重的准备。

(资料来源:http://www.sohu.com/a/136745064_562343)

## 第二节 近10年全球旅游地理学研究进展

旅游地理学者对2009年以前的全球旅游地理学研究状况做了较为详尽的梳理,2010年以来,以旅游主题的形式也有部分追踪,国别类的旅游地理学也多有跟进,比如中国、日本、

澳大利亚。但是要对全球旅游地理学研究做全面的总结和梳理，难度较大，于是部分学者用CiteSpace、HistCite软件做关键词提取以及引文关系分析，进而分析研究特点、预测未来研究趋势。

通过对国际《旅游地理》杂志的梳理，在2014—2016年，出现"消费""文化""地区""价值""生态""中国""认同""乡村发展""可持续发展"等关键词，2016年新增"保护主题相关政策""政策与剥夺"，2016—2018年研究较多的为文化相关主题，比如"乡村问题"和"中国问题"。可以看出，旅游地理学与地理学关系在弱化，但与文化地理学的关系在加强。实际上，还有很多其他专业旅游期刊也是由地理学家主导的，比如《生态旅游杂志》《可持续旅游杂志》《当前旅游课题》《旅游研究与旅游娱乐研究》，旅游类研究文章也多见于相关地理学杂志，比如《美国地理学家协会年刊》。

从国别来看，日本当前积极关注柔性旅游和新旅游，新旅游具体有体育旅游、影视旅游、节庆旅游、时尚旅游、赏花旅游、美食旅游等业态，研究文章从具体案例地展开，在观光立国战略背景下，较多地关注入境旅游发展实际。比如，由《观光圈整备法》可延伸出区域旅游圈规划及其旅游空间行为比较研究；从东京2020奥林匹克运动会这个事件，可能会关注入境旅游空间动态及其消费特征；从大地震事件可延伸至黑色旅游及旅游地复兴等方面。在卡塔尔，体育旅游、旅游规划与发展以及遗产旅游主题研究较多，但数据分析技术、有效性、可信度和研究局限性被大多数学者忽视。可见，不同国家的旅游地理研究存在较大的差距，欧美、澳大利亚、新西兰等国家的旅游地理学研究在理论研究方面居领先地位，其他国家长期受其影响。特别是通过期刊来强化原有的影响力，比如英国的《旅游研究纪事》《可持续旅游杂志》，美国的《旅行研究杂志》《旅游地理》，新西兰的《旅游管理》，在旅游地理研究中有较大影响，引领旅游地理学研究走向。

欧洲许多国家的旅游地理研究非常注重文化遗产的保护以及旅游可持续发展，部分国家还有旅游发展的长期规划，北美国家地域广阔，自然文化旅游资源丰富，特别注重国家公园的相关研究，成为其他国家效仿的案例地。中东和非洲地区旅游安全、旅游减贫及可持续发展是近些年研究者关注较多的主题。

就旅游地理专题研究动态来说，黑色旅游受到关注，有研究者对近20年黑色旅游发展的动态做了梳理，并从6个方面展开：概念的定义和范围问题，与这类旅游形式有关的伦理问题，黑暗旅游的政治和意识形态维度，对死亡和痛苦场所的需求的性质，管理这些地方，以及调查这类旅游的研究方法等。并衍生出黑色旅游和观光旅游相结合的新的研究命题。

事件旅游在近10年得到较大的发展，类型更加丰富，包括计划事件、经历事件、意义相关事件。计划事件又可分为商业事件、贸易事件、运动事件、传统节日事件等。研究议题更加丰富，突破了原来的事件本身或事件管理视角，而是从认识论、本体论高度来分析事件及旅游研究动态，从不同空间尺度的旅游事件来分析事件本身对旅游者的吸引力及旅游价值，并将事件旅游上升到研究范式的高度，来统合相关议题。

可持续旅游与旅游减贫方面，全球关注较多，特别是发展中国家。过去人们多从环境伦理视角关注旅游的可持续发展，特别关注不可再生旅游资源的适度开发，如何延长它的生命周期；对潜在旅游资源的开发以及废弃旅游资源的再利用，同样可获得旅游可持续发展，至少从资源存量上保证了日益增长的人口需求，以及不同类型旅游者多元化的旅游需求。《变革我们的世界：2030可持续发展议程》中，特别强调应保护旅游资源和旅游环境，提高人们的生活质量，特别是欠发达地区。在部分国家，将旅游的可持续发展与农村减贫联系起来，实际上二者确实是相关联的：乡村落后地区产业支撑面较窄，对旅游资源的依赖性比较强，靠开发旅游资源来实现就业和改善生活是为数不多的选择。事实上，乡村旅游资源的季节性较强，不论是自然资源还是乡村节事，因此如何建立一个稳定的旅游发展状态，一直是研究者努力的方向。有学者对这个稳定体系的评价做了探索，但仅限于个案，还需一个较大面的探索和示范。旅游可持续发展指标的构建成为研究者关注的重要方向，这也是对政府规划和援助的一个积极回应。

如果说，可持续旅游多关注目标、原则，以及负面清单，那么生态旅游则更强调为旅游者提供学习和培养可持续发展积极态度的机会。生态旅游的定义与可持续发展理念相吻合，也可以是新兴的可持续旅游目的地类型之一。当前，生态旅游的研究已突破了原先的圈地保护模式，开始上升到生态系统治理体系，既有自然生态环境，也有人文生态系统。旅游者想回归大自然，各类保护区有责任促进自然生态系统的良性运转，二者结合起来才可能是可持续的生态旅游。生态旅游的各种量化测评是学界关注的热点，诸如绿色碳汇、低碳旅游、生态旅游经济等都是研究热点，但面对全球气候变化以及生态系统日益恶化的大形势，生态旅游研究更需政府的参与，比如建立禁止发展区、国家公园都需要政府出面，但指标体系还需要各界共同搭建。

作为生态旅游范畴的冰雪旅游也成为全球关注的热点领域。特别是由冬奥会引爆的研究热潮将持续一段时间，北京冬奥会相关研究也正在火热开展中，但对于有限的旅游资源，大量、多样需求还有待研究者深入研究，而不仅仅是事件前后的旅游活动。未来诸如冰雪特色小镇、冰雪文创、冰雪运动、冰雪制造、冰雪度假地产、冰雪会展等旅游产品都将是研究者应该关注的主题。冰雪旅游产品除了观光类，更多的是参与体验类，除了用旅游规划设计的手段开发，还得用旅游者体验论来研究。

总之，近10年旅游地理学研究内容逐渐碎片化，研究人数有了大幅提升，传统主题研究更加深入，新的命题也不断产生。随着全球性旅游问题的出现，各国携手攻关难题的机会越来越多，比如在中国旅游地理学界，每次开会都有其他国家研究者的参与，中国旅游地理学研讨会有时也会在境外开展。如此这样，全球旅游地理学研究的共同范式的形成为期不远了。

## 第三节 旅游地理学的研究趋势

伴随着旅游者的区域流动，在惯常环境与非惯常环境中不断切换，旅游地理学的研究也必将走向融合。很多主题不只是某个国家的专属，而是全球共同面临的问题，比如旅游的可持续发展与旅游减贫是全球性话题，还有生态旅游和旅游规划也是各个国家旅游地理学合作研究中不能忽视的内容。全球的旅游地理学研究趋势大概有以下几个方面。

第一，国家间的旅游发展交流越来越多。随着经济全球化的推进，各国间人员往来日益频繁，促成全球旅游大联动。旅游活动已成为全球性的大迁移，因此，各个国家间的旅游研

究的合作成为趋势，其成果的集成化不可避免。旅游与文化的交融将日益深入，并改变着世界政治与经济格局。联合申报世界遗产地成为遗产大国扩展数量的选择，因此，联合规划、统筹管理成为旅游发展的新选择。国之交在于民相亲，各国都意识到旅游发展对国家人民间增进感情的重要作用，民相亲才有常往来。在高校，国际化成为职称评定的重要参考指标，无形中促成了研究者普遍向往的国际交流，更有国家政策的相关支持，由此促进了区域之间的合作研究。特别是一些非传统安全因素对旅游影响、旅游统计标准、旅游发展的不平等等问题都需要旅游地理学者的联合攻关，才能有所突破。

第二，旅游研究的新议题将大量涌现。当前，旅游新业态不断衍生，新体验不断涌现，相应产生新的旅游行为，传统大众旅游的行为分析路径面临新的挑战，小众旅游市场行为成为未来关注的方向之一。比如文化体验游、乡村民宿游、休闲度假游、生态和谐游、城市购物游、工业遗产游、研学知识游、红色教育游、康养体育游、邮轮游艇游、自驾车房车游产品、低碳旅游等方式正在孕育，随着"旅游＋"形式的推动，其业态范围不断在延伸。逆大众旅游现象不断涌现，正在挑战现有的旅游格局和区域旅游认同。在中国，国家公园的建设正在试点，未来将改变现有自然保护区和风景名胜区中的旅游禁区，旅游者的游览体验深度将进一步提升。

比较有代表性的议题有演化经济地理学中的路径依赖、知识转移、区域分支。复杂性与弹性理论，弹性理论关注的是复杂适应性系统如何在压力的环境下保持稳定。后来，多用在生态领域，近来，在旅游规划中得到较多的应用。政治生态、语言学、移动技术与地点等议题在未来几年会越来越受关注，以应对越来越严重的全球社会问题和当前的旅游议题。

同时，各国都在争夺旅游话语权，传统发展中国家不再受限于发达国家的理论束缚，重视找寻本国的文化特色，挖掘本国旅游发展切入点。文化不因旅游的发展而出现趋同化，恰恰相反，旅游的发展更应该有益于文化多样性的促成。

第三，新技术在旅游地理学中的应用将越来越广泛。当前，智慧旅游的观念已深入人心，随着人工智能技术的发展，部分旅游相关职业将逐步取消。可穿戴设备、P2P旅游平台、监测平台等正在走进景区。电信技术正迅速改变着旅游体验，特别是移动科技和基于地点的信息系统。比如，九洲北斗公司研发了基于北斗系统的游客管理系统、旅游安保执法系统、景区地理信息系统、旅游综合管理平台等多个系统，利用北斗卫星高精度定位网络、移动互联网络、卫星通信网络等，为景区建立全覆盖、全区域的通信服务网络，将所有信息化设施、设备、仪器、终端等进行互联互通，提供一套全时空、全动态的智能旅游应用系统。旅游行为的智能手机信息采集成为未来研究的前沿领域，目前山东大学微足迹、Dave Morin 创建的 Path，以及 ProtoGeo 创建的 Moves 已经产生小幅度的影响。

随着新型环保技术的研发与应用，越来越多的生态游、绿色游等线路将得到开发，以满足人们对高质旅游体验的需求。

总之，未来全球旅游者流动将日益频繁，不论从联系的密度还是强度，均超越了以往任何时候。全球旅游地理学研究者的大联合攻关研究将有越来越多的机会，研究成果的共享及大数据手段的应用可能为诸多机会提供可能。旅游与互联网相互借力为旅游业发展带来新势能，旅游与互联网深度融合为旅游业优化发展创造新格局。

## 本章小结

本章对国内40年、国外近10年的旅游地理学研究动态做了粗略的梳理,从几个研究主题或国别入手,基本反映了旅游地理学最新研究动态。

## 思考与练习

1. 试着分析中国旅游地理学最新研究动态。
2. 全球旅游地理学最近研究动态有哪些?
3. 试对中国旅游地理学未来发展前景做一预测。

## 核心关键词

研究动态　　The Research of Dynamic
前景展望　　The Research Prospect
研究期刊　　The Research Journal
研究阵地　　Research Positions

## 案例分析

### 世界旅游地理格局中的中国角色

1930年K. C. McMurry的《The Use of Land for Recreation》在《Annals of the Association of American Geographer》上发表,标志着世界旅游地理学研究的开始。而此时中国地理学研究也基本起步,但因内忧外患,旅游发展基本停止,相关研究者也无暇顾及该方面的研究,旅游地理研究停滞不前;对外界在该方面的研究动态也知之甚少,相应中外学术互动基本没有。

1949年中华人民共和国成立,中国各项事业百废待兴,但全国上下在历经多次战争重创后,一穷二白,没有旅游的条件,或者说不具备形成大众旅游市场的条件。

全国旅游资源的开发与管理基本处于停滞状态,而部分发达国家已经从萌芽阶段向快速发展阶段迈进,以1951年美国克拉克大学地理学博士论文《爱荷达的旅游业——旅游资源开发研究》的发表为标志。

地理学家对旅游现象的重视是从20世纪70年代开始的,但部分旅游地的开发已在20世纪60年代的英国、法国、美国、加拿大展开。有了共同的研究主题,相关组织也纷纷建立,比如1971年法国地理学会中设立旅游地理委员会,1974年美国地理学会设立旅游相关委员会,1976年第23届全球地理学大会上,旅游地理学被列为一个专业组,从此旅游地理学作为一个分支被确定下来。而此时的中国,旅游业还未大规模的发展,还谈不上什么旅游地理学研究。

1978年以来,中国旅游地理学和中国旅游业一道得到较大的发展与进步。首先是旅游地理学学科在人文地理复兴后,也快速建立起来。1987年在深圳召开的人文地理学讨论会上确立了旅游地理学研究小组,并开始自发构建学科体系和研究框架,更为重要的是1992年我国加入国际旅游地理组织,虽然创造了一个中外交流的机会,但在1993年后,旅游地理学家成为旅游规划方面的主力军,关起门来搞研究,研究内容的实践驱动明显,从而导致学科本位意识下降。2001年中国加入WTO又迎来旅游地理国际化的第二个中外交流的契机,中国旅行社、饭店分批次对外开放,从而使旅游地理学研究的主题不可避免地要与国外对话交流。而此时的中国高级别的旅游资源或景区大量兴起,并取得世界认可。中国在世界旅游组织以及联合国教科文组织中的影响力及地位日益攀升。

谈全球旅游发展,中国地位或贡献不能忽视。据世界旅游组织统计,2018年中国游客的消费额占出境游客消费总额已经超过五分之一,排第二的美国游客消费额仅为中国游客的一半,而中国游客才刚开始发力。2018年,中国国内居民出境超过1.6亿次,入境旅游者超过1.4亿人次。文化和旅游部数据中心于2019年初发布《2018旅游经济运行盘点系列报告:世界旅游发展与国际旅游合作》,报告显示,2018年中国为世界旅游发展贡献了强大的动能,在区域战略、国家和企业间等多个层面成为先行者。报告指出,2018年全球旅游业稳中有升,形成中国引领世界旅游新格局。一是中国成为世界旅游市场重要的客源市场和目的地,中国为世界提供了稳定增长的客流。二是"一带一路"倡议提出五年来,中国对世界旅游业贡献巨大。中国已连续多年保持世界第一大出境旅游客源国地位,为全球第三大入境旅游接待国。中国年正成为名副其实的全球黄金周,中国出境游的蓬勃发展正悄然改变世界旅游版图,助推全球旅游经济。

经过10多年的发展,旅游地理学的国际影响力越来越大。在学术界,吴必虎是国际旅游研究院院士,长期担任国际旅游学会秘书长,保继刚也是国际旅游院院士,徐虹罡为英文版旅游地理学杂志副主编,张捷为多本外文杂志的编委。2018年保继刚入选"全球旅游界最具影响力学者",以旅游地理学学者为主要依托的中山大学旅游学院研究成果整体居全球领先水平。庞大的旅游市场以及旅游流正在催生越来越多的中国学者坚定地投身于旅游地理学研究当中。

中国旅游的世界地位,也促使一批世界性的旅游组织落户中国。2012年以来,世界城市旅游联合会以及世界旅游联盟的总部陆续设在中国;在世界主要国际旅游组织当中,中国占据一半的数量。中国在世界旅游组织和联合国教科文组织扮演的角色越来越大,比如主动申请联合国世界旅游组织旅游可持续发展观测点,中国的旅游业及旅游地理学研究日益走向世界的中央。中国旅游地理学研究如同中国旅游业地位一样,正在逐步引领全球。

**思考题:**

1. 中国旅游地理学研究如何引领世界?

2. 当前,学术界有一种说法:旅游界整体研究水平在下降,你是否认同? 如果认同,具体表现在哪些方面,旅游地理学如何让旅游学研究理论四季常青?

# 第三章

## 旅游者与旅游经营者

**学习导引**

本章关注旅游活动中的主体,即旅游者和旅游经营者,二者目标出发点不同,但通过景区发生了关联。旅游者的可支配收入、有闲是旅游产生的外在条件,旅游者自身的感受、职业、教育程度、偏好以及景区的交通条件和美誉度都可能成为旅游者出游的动机。旅游者在不同的空间尺度,选择的旅游路线有差异。大众旅游流动趋向可通过历史数据来推演,也可以通过数理模型和结构方程来预测,但旅游部门自下而上的汇总可能更易实现,重复统计及统计漏损缺时常存在。旅游经营者管理水平及服务质量是旅游目的地的靓丽的名片,但营利性驱使他们在企业空间布局上慎之又慎。

**学习重点**

1. 理解旅游者的概念。
2. 能按照不同划分标准对旅游者进行分类。
3. 掌握旅游空间行为的影响因素、旅游空间行为的类型,熟悉旅游空间行为的实践应用。
4. 了解不同学者对旅游者需求的界定,理解影响旅游者需求的因素以及旅游者需求的研究意义。
5. 不同时空尺度的旅游流预测能选用合适的方法。
6. 对旅游经营者行为及产业空间布局有个基本的把握。

## 案例导入

### 柯城正在打造文旅融合的衢州样板

2019年正值文化和旅游融合的发展元年,浙江省提出打造文旅融合的全国样板,并成立文化和旅游发展研究院,开设文旅融合大讲堂。余杭区、绍兴市、义乌市已取得阶段成效。目前,衢州市柯城区也跃跃欲试,正在打造文旅融合的柯城样板。

柯城区是衢州市政府驻地,拥有丰富的旅游资源,城区有南孔家庙、历史文化街区,区内九华乡妙源村是人类非遗二十四节气中立春的重要承载地,烂柯山是中国围棋文化的发源地(图 3-1),孔子儒家文化和围棋文化是柯城重点打造的旅游文化。依托这些资源已开发出烂柯山省级风景名胜区、九华立春祭3A景区、孔氏南宗家庙、灵鹫山和历史街区三个4A景区,但远远不能满足当地及周边省区旅游者的期待。于是,当地正在积极打造文旅融合的柯城样板。

按照战略规划,柯城区旅游发展提出"一个中心、三个次中心、三个承接带"的举措,以"棋妙柯城"来支持"南孔圣地,衢州有礼"城市旅游品牌建设。当前,柯城区正在夯实省级以上非物质文化遗产的载体依托,重点打造二十四节气、南孔祭典、烂柯山的传说、西安高腔、孝文化以及一些传统手工技艺,比如白瓷制作、古琴制作、麻饼制作等。孝文化以孔子及当地民间故事为依托,也有现代的女儿节做支撑。当然,孝文化也是"衢州有礼"的重要组成部分。古琴演奏、西安高腔以及南孔祭典均有严格的"礼"的约束,围棋文化也有礼让的文化成分。而二十四节气是一种对农事礼制的遵守。

图 3-1　衢州烂柯山围棋仙地(康勇卫提供)

柯城同样是大花园的建设地,山美水青。通过"五水共治""门前三包(四包)",基本完成了"打扫干净请客"的先期工作。旅游的发展除了丰富的资源禀赋,还要有文化的支撑,比如在柯城七里桃源之前农家乐发展较为火热,但随着旅游者文化体验要求的增加,高端民宿成为急需的旅游产品,然而民宿的转型还不够彻底或者供不应求。

文旅融合更体现在产业方面。旅游主要以服务为主,是第三产业,涵盖很多业态。柯城就旅游产业内的各行业也做了很多文章,比如灵鹫山将观光、运动、娱乐、宗教体验、康养等业态打包成一个整体来发展,依托大型体育赛事,开发出不同类型的运动健康旅游产品。在天苍岭开展度假旅游,与旅游房车、高尔夫设施、旅游索道等产业融合起来,并植入了围棋文化。作为大花园建设地,柯城的旅游发展对农事体验、民俗活动、乡土艺术、传统民居以及地方小吃也进行了深入挖掘,衍生出一批乡村文旅景区,比如余东村、荷塘村。

总之,文旅融合既是旅游发展升级的需要,也是旅游相关产业转型的需要,柯城区正在打造国际围棋圣地、全国儒学研学基地以及两大湾区的大花园的高端旅游目的地。

## 第一节 旅游者概述

### 一、旅游者概述

关于旅游者的概念,多位学者从不同的研究领域给出了各有侧重的界定。从旅游者概念的历史演变过程的角度看,1937年出现了对旅游者最早的定义。1937年由国际联盟统计专家委员会提出,旅游者是旅游的主体,"外国旅游者"是离开自己居住的国家到另一个国家访问超过24小时的人。这一定义对旅游统计、市场调研和国际旅游业的发展发挥了很大的作用,但是也有如不适用国内旅游者、定义内涵比较宽泛等不足。

二战后随着旅游业的发展,国际组织和部分国家开始重视旅游问题。在国际官方旅游组织联盟的积极推动下,联合国于1963年于罗马召开了一次国际旅游会议。该会议从两个方面对旅游者下了定义,一方面,旅游者是以非营利为目的到非定居国家进行参观游览的人;另一方面,以24小时为标准将游客细分为"旅游者"和"短途旅游者"。该规定于1967年被国际联盟组织通过。

1991年,世界旅游组织在加拿大举行了"国际旅游统计大会",此次大会对旅游者的概念进行了再次修订,认为旅游者是整个旅游统计的基础概念,并对国际游客进行了具体的细分。此外,对国际游客再次划分为国际过夜游客和国际一日游游客。此次对旅游者的定义在1995年由联合国统计委员会通过并在全球推广使用。

1978年起,中国的旅游业发展渐入正轨,根据旅游发展的实际需要,国家统计局和国家旅游局也相应做出了一系列规定。目前世界大多数国家和地区在对旅游者进行定义时,通常以罗马会议定义为基础。

### 二、旅游者分类

按照不同的标准可以将旅游者分为不同的类别。从地理空间尺度角度看,旅游者可以分为国际旅游者和国内旅游者。根据不同的组织形式,可以将旅游者划分为团体旅游者、散客和自助旅游者。按照计价的方式,可以分为包价旅游者、半包价旅游者和非包价旅游者。按照旅游目的划分,可以分为观光型、娱乐消遣型、度假保健型、文化型、公务型、家庭事务型、宗教朝觐型和购物型旅游者。

不同类型的旅游者有不同的旅游动机,同时也形成了各个类型旅游者的特点。本教材主要针对不同旅游目的旅游者来进行阐述。

观光型旅游者:①旅游者的外出对季节要求高;②旅游者在目的地选择上有很大的自由度;③旅游者有广泛多样的兴趣;④旅游者对旅游产品的价格比较敏感;⑤旅游者的重游率低。

娱乐消遣型旅游者:①旅游者占全部旅游人数比重大;②外出旅游季节性强;③旅游目的地选择自由度大;④旅游者在旅游目的地停留时间长;⑤旅游者对价格比较敏感。

度假保健型旅游者:①对旅游目的地环境质量要求高;②旅游者群体收入水平比较高,以中高档消费水平的中老年人为主;③旅游者在旅游目的地停留时间长。

文化型旅游者:①旅游者群体的文化修养水平比较高;②具有某种特长或兴趣爱好;③注重旅游线路的科学性。

公务型旅游者:①消费水平高,对旅游产品价格不敏感;②对旅游服务要求高;③人数比较少,出行次数频繁;④旅游目的地选择自由度低。

家庭事务性旅游者:①对季节性要求低;②对旅游产品价格较敏感。

购物型旅游者:①对旅游产品的支付能力强;②对旅游季节、旅游时间的要求低;③对旅游产品消费水平高。

## 三、影响旅游者活动的因素

不同类型的旅游者旅游特点不同,在旅游行为的选择上也有差异,对不同类型旅游者的影响因素进行研究,揭示旅游者行为规律,可以为旅游经营者在旅游资源的开发、旅游产品设计、市场开发和宾馆选址等方面以指导作用。影响旅游者产生旅游行为的因素有很多,因此可以从以下几个方面进行分析。

### (一)收入水平及物价水平

收入水平是影响旅游需求的一个基本因素。凯恩斯消费理论(1936)认为:在其他条件不变时,旅游消费与人均可支配收入之间存在着正向的比例关系,即收入增加、旅游消费增加。个人或家庭收入中扣除全部的纳税和社会消费,以及衣、食、住、行等日常生活必须消费部分之后所余下的收入部分,为可自由支配收入。一个人或家庭的可自由支配收入水平在很大程度上决定着其能否实现正常的旅游及旅游消费,从而影响着旅游者对旅游目的地、旅游方式和交通工具的选择等。

物价变化意味着消费大环境的改变。物价水平与居民消费能力是反向关系,当物价指数提高时,居民会面临高价消费,而旅游又属于需求价格弹性大的产品,因此,一般意义上,在其他条件不变的情况下,较高的物价会降低人们的实际收入,抑制旅游出游率,从而影响旅游消费支出。

## （二）闲暇时间

闲暇时间指的是一个人在日常生活、学习等其他必须时间之外的，可以自己自由支配并从事消遣活动的时间。这段时间是旅游需求产生的必要条件，没有足够的闲暇时间便满足不了相应时间跨度的旅游活动。

在我国，闲暇时间按照时间长度可以分为：日闲暇、周末闲暇、法定假日、带薪休假、特殊假期等五种类型。日闲暇时间过于零散，很难满足人们短而精的旅游需求；周末闲暇可用于短途旅游；法定假日，比如我国的"五一""十一"法定假日，为人们出游提供了较为充足的旅游休闲时间。目前，大多数发达国家实行的是带薪假期，时间长且主题集中，自主性比较强；特殊假期指的是婚假、产假、探亲假等。由于工作、身份等条件限制，每个人的闲暇时间都有所不同。因此，可以从闲暇时间的角度来分析不同群体的旅游者出行特征。

## （三）城乡环境差异

城市居民远离大自然，生活单调重复，承受着来自各个方面的压力，因而他们的旅游需求较之农村居民强烈。城市居民收入水平上的优势和城市便捷的交通条件，使城市居民较之农村居民更容易实现旅游需求。

## （四）年龄结构

一般来说，不同年龄群体的旅游者在需求程度、旅游动机、消费水平及消费结构等方面有很大的差异。青年群体比较活跃，倾向于探索新事物，但在经济上的依赖性会阻碍现实旅游需求的实现；中年人往往会有稳定的工作和收入，对旅游产品和服务的要求比较高；随着人们生活水平的提高和医疗条件的改善，老年人健康状况普遍得到改善，收入水平和闲暇时间已不再是旅游需求的障碍；老年人旅游需求大，老年人市场是一个被普遍看好的"银色市场"。

## （五）受教育程度

随着国民受教育程度的普遍提高，不同受教育群体的消费理念有很大的差异，对旅游产品和服务的要求上存在着特殊性。受教育程度高的群体，对外出开阔眼界、追求精神文化享受的旅游欲望大，更愿意牺牲物质享受而获得精神上的满足。同时，受教育程度越高的旅游者对寻找旅游机会的意识和对信息、媒体、广告和促销活动的敏感性就越强。

# 第二节　旅游者的空间行为

Juckle(1976)认为空间行为是与利用场所有关的人类知觉、选择、行为，他认为空间行为模式包括5个环节：对象环境(object environment)、知觉(perception)、认知(cognition)、地理优选(geographical preference)和空间活动(spatial activity)。

林岚(2007)的研究认为，旅游者空间行为是一系列刺激—反应活动过程，该过程有广义和狭义之分。广义的是指与旅游目的地特定空间有关的旅游者知觉、决策选择行为表现、旅行活动行为规律及旅行体验行为评估，即包括旅游者动机行为、决策选择行为、旅行行为及体验行为四个过程，其中旅游者动机行为和决策选择行为是影响因素，是旅游者空间行为的前提和基础,体现旅游者空间行为产生的内在机理。旅行行为是旅游者空间行为的实施阶段,旅游流是其行为的空间表现形式,消费行为是此阶段的重要经济行为。旅游者体验行为是旅游者空间行为的最后环节,又是新一轮旅游者空间行为产生的必要前提。而狭义的仅指旅行行为的地域移动的游览过程,旅游流是其核心研究内容。

根据关注尺度的不同,很多学者将旅游者空间行为研究划分为目的地间(inter-destination)和目的地内(intra-destination)两个尺度。目的地间的空间行为重点关注旅游者从所在地到目的地之间的地域移动的过程,比如国家或城市间的空间行为;而目的地内的空间行为比较关注旅游目的地内部的地域移动过程,比如一个城市或景区内的空间行为。

一、旅游者空间行为类型

旅游者的空间行为,从狭义上看是旅游者在旅游接待地的一切行为的综合,根据旅游者的空间行为的一般规律和行为特征,可将空间行为分成点状、线状和面状三种类型。

(一)点状旅游空间行为

点状旅游空间行为是小尺度空间行为,吃、住、行、游、购、娱均在一地。最典型、最集中的是各类度假旅游和边界购物旅游。比如现在世界盛行的白色旅游、绿色旅游、海滨度假游、研修旅游和周末野外郊游等。其行为特征不是表现旅行过程的特殊性方面,而是集中在"游"的行为上。

选择环境较好的旅游度假地。对于度假旅游者来说,旅游地级别高低的衡量标准,首要的一条是环境质量。而对于周末的郊游,旅游者追求的是更加贴近大自然的感觉,选择娱乐性、运动性、直接参与性强的度假地。同一旅游行为在同一地区发生的重复性,比如西欧各国较为普遍的每年夏、冬两次度假,夏季集中在地中海、比斯开湾沿岸,而冬季的白色旅游则集中在阿尔卑斯和比利牛斯山脉的北坡。

(二)线状旅游空间行为

线状旅游空间行为即以交通串联若干旅游中心城市或旅游景区,构成一条完整的旅行线路。旅游者按照此路线依次在多个目的地按照预定的时间旅游,属于大尺度的旅游空间行为。整个行为的过程,是空间上的长途跋涉与定点地短暂的停留交替进行的过程。旅游者一般选择日游夜宿或夜行的方式。整个行为过程的安排比较紧密,给人总的感觉是疲惫。仅以对未知环境的感知为目的的观光游览,感知获得便是旅游目的达到。除非某地给旅游者留下难以忘怀的印象,否则旅游者绝不会故地重游。因此,这种类型的旅游者回头率极低。

(三)面状旅游空间行为

面状旅游空间行为也是由"行"和"游"两种行为所构成的。它与线状旅游空间行为的区别在于,行的轨迹不是一条线,而是以一点为中心向外辐射的一个面。即以常住地或暂住地为中心,以一日游的可能距离为半径,划定旅游的活动空间。整个空间行为过程在这个特定的区域内,通过数次向不同方向的一日游方式来完成。这种空间范围内的旅游通常称作中尺度旅游空间行为。从旅游行为层次来讲,中尺度的旅游行为既适应各个层次的单项旅游行为,也适应复合的多层次旅游行为。若仅从观光的角度来看,中尺度行为相当于大尺度行为中的每一个停留地的行为。其行为特征如下:在旅游目的地和旅游景点的选择上,不排斥等级高的,但又不局限于等级高的,而是追求新颖、奇特的。旅游线路采用中心放射、往返式节点状线路。旅行线路影响旅游效果。中尺度的旅游行为保持日游夜宿的正常生活规律。旅游者无论是行还是游都精力旺盛,往往有一定兴趣观看旅行路线附近的景色。因此,旅游效果受旅游线路的影响。

## 二、旅游者空间行为的实践意义

对于旅游者行为研究的意义,不仅局限于从行为理论上揭示旅游行为的规律,更重要的是用以指导旅游经营者的市场开发、旅游地开发、旅游产品设计以及宾馆选址等主要的经济行为。从旅游者行为规律的角度来分析上述三个方面中的一些问题。

### (一) 旅游地开发

任何一种经济活动的生命力取决于它的市场规模及其持续性。从旅游行为的角度来分析,旅游经营者的这一行为是在帮助旅游者决策,能否达到预期的效果,关键在于处理好以下几个问题:①定位是否准确。根据旅游者决策行为的基本原则,旅游市场定位应建立在对旅游者产生地的地理背景进行周密分析的基础上。这样才能做到准确无误地将宣传促销的费用、精力用在刀刃上。②宣传内容是否全面。宣传的目的是在于扩大旅游者对信息的感知面积,主动为其旅游决策提供应有的信息。从指导旅游者决策的目的来看,这些宣传资料应包括游和行两个方面的信息。

### (二) 宾馆选址

宾馆的位置对宾馆经营的成功具有决定性的意义。从宏观上看,宾馆的位置关系到能否综合协调发展的问题。从微观上看,选址不仅影响企业建设投资和速度,而且还影响宾馆建成后的经营状况以及员工的劳动条件和生活条件。若选址不当,还会给宾馆长期的经济效益带来不可估量的损失。

宾馆选址分为第一选址和第二选址。第一选址指的是宾馆建在哪个城市或地区,即宏观选址;第二选址指的是第一选址确定后,具体位置的选择,属于微观选址。受旅游行为规律影响的是宏观选址。

宏观选址主要考虑旅游者的空间行为规律。选址只有符合旅游者的空间行为规律,旅游者才愿意去住,宾馆才会有经济效益。从旅游者空间行为规律来考虑宾馆宏观选址,有以下几个原则。

(1) 在同一旅游区内,不适合在旅游资源较少的景区,或不是旅游中心城市选址。受大尺度的旅游空间行为的影响,旅游者到达目的地后,往往游览完高级别的旅游点或风景区后,一般不会继续在附近的较低级别的旅游点或风景区游览。因此,宾馆的选址适合在旅游中心城市或较高级别的风景区内。

(2) 在一日游范围内的旅游景点及旅游中心城市(或大居民点)与风景区(旅游景点)之间的小居民点不适合选址。正常情况下,进行一日游的旅游者,不在暂住地之外的任何地方居住。因此,不宜在这样的地方选址。

(3) 在节点状旅游区,只宜在旅游中心城市选址。在一个旅游区内,若旅游点分布在旅游中心城市周围一日游的范围内,称之为节点状旅游区。根据中尺度旅游行为的一般规律,旅游者的暂住地基本都选在旅游中心城市。

## 第三节　旅游者需求及流量预测

### 一、旅游者需求概念

国内关于旅游者需求的概念，张辉认为旅游者需求是指"在一定时间里，旅游者具备一定支付能力和余暇时间所表现出的对旅游劳务需要的数量"。谢彦君认为旅游者需求是"一定时期内核心旅游产品的各种可能价格和在这些价格水平上，潜在旅游者愿意并能购买的数量关系"。保继刚认为旅游者需求是"在一定时期内，一定价格上，旅游者愿意而且能够购买的旅游产品的数量，即旅游者对某一旅游目的地所需求的数量"。

上述定义是从经济的角度出发，将旅游需求定义为"价格与需求"的关系。我们认为随着社会的发展，各种形式的旅游业蓬勃发展，旅游需求有了新内容，比如"黑色旅游""体验旅游""体育旅游""事件旅游""探险旅游""毕业旅游""科技旅游"等新兴旅游方式，旅游需求应该兼顾社会方面的因素，将社会责任、民族性格等因素纳入旅游需求要素的分析中。

旅游需求是在满足基本生活之后，一种较高质量的生活方式体验。随着交通方式的日益改善，人们在旅游目的地逗留的时间相对拉长，因此旅游需求的真实性和需求内容的结构都得到全方位的体现。当前，旅游需求与旅游满足匹配度越来越趋于一致，这得益于旅游者预期和旅游目的地对旅游者偏好的把握走向精准化。

### 二、旅游者需求影响因素

国外研究旅游者需求主要运用旅游需求模型来探讨旅游需求影响因素，其分析的内容主要是以收入、价格、汇率等经济因素为研究对象。国内对旅游者需求影响因素研究通常按照层次，将旅游者需求的影响因素从自身因素和目的地因素两个层次来研究。而且大多从经济学的角度，从客观方面进行探讨（对个体旅游者），关注时间、旅游价格、心理偏好、旅游产品质量等方面，缺乏系统性和层次性。我们认为应该从多角度进行研究，随着游客需求的个性化和多样化的发展，新形式的旅游层出不穷，因此，除了经济因素，还应该加入一些社会文化因子，比如社会责任因素、民族性格因素等，以及客源地的政治制度、经济发展程度及人口特征。

特别是对旅游者的偏好的把握，过去的大众旅游形式其盈利已非常有限，于是对客源地旅游需求的整体把握是比较重要的，投其所好是通常的做法。面对小众市场，甚至私人定制的需求，旅游规划中的市场细分部分以及实际的接待工作都需要做出改变，走高端旅游路线可能是方向之一，其盈利效果可能更好。

### 三、旅游流预测

旅游需求会产生流动势能，即会产生旅游流动。旅游流是在一个或大或小的区域上，由于旅游需求的近似性而引起的旅游者集体性空间移动的现象。这个定义比较好地把握住了

形成旅游流的主要矛盾、特征和形成旅游流的内在机理,即旅游流主要指旅游者的流动,旅游流的特征是集体性的空间移动,旅游流的形成源于旅游需求的近似性。客流量的方向和大小决定旅游流的流向和流量。流向是指旅游者根据其旅游动机、经济能力及余暇时间等选择的旅游目的地,对流向规律的把握和预测,直接关系到旅游客源的多少和旅游业的成败,关系到旅游区旅游客流疏散的成效。流量则是某地旅游者在一定时间内选择该旅游项目的数量,流量是从数量、规模、等级上对旅游流进行考察。

旅游流是旅游学研究和地理学研究的交叉领域,同时也是旅游地理学研究的核心问题之一,在旅游这个系统中起到神经中枢的作用,体现了现代大众旅游中群体性的特征。狭义的旅游流指的是游客的规模性移动;广义的旅游流可以指与旅游相关或者随着旅游而产生的信息流、资本流、文化流等。

旅游流是一种具有主观能动性(游客群体)的空间存在。它在空间转移过程中会对其历经或涉及的空间产生一系列相应的影响和作用。根据旅游者流向的空间尺度可分为洲际流向和国家间流向,根据流量的变化,可分为稳定性流量和非稳定性流量。旅游流研究是在大量统计深入调查的基础上,采用经验判断和定量计算方法进行的,是制定旅游发展规划、确定客源市场、制定对外宣传策略的重要依据。

要预测旅游未来需求量,还得从历史数据说起,而数据从数据资料来获取,其途径有些较容易获取,诸如企业内部资料、旅游报纸、杂志、调研报告、统计年鉴、国际和区域旅游组织和专业旅游市场调研机构年报,以及其他资料等。这些资料一般是公开的,但同一类数据可能因调查目的、统计口径和计算方法的不同产生区域间的不一致,因此在采用之前一般要做评估。

不易获取的资料来源可通过调查法、观察法、实验法获取。调查法可以利用问卷、访谈进行抽样或重点调查,有条件的话可以实现普查。观察法有定点的直接观察和数字手段的全程监控两种。通过网络信息,采用大数据挖掘技术获取数据是当前较为流行的方法。

基于现有历史数据对未来旅游需求预测是通常的做法,但其方法多样,每一种方法对专业技术要求都不一样,其主要决定因素有数据的精确度、预测时段长短、计算机设施要求等。既有定性的预测分析,也有定量的预测,以后者为多。

在国外,学者从20世纪60年代开始关注旅游流,主要集中于旅游流模式、旅游流量定量分析和旅游流的影响方面。国内关于旅游流的研究比较晚,开始于20世纪80年代,研究内容以定性为主,借鉴国外的研究。随着现代数学统计方法的发展以及与地理学的结合,旅游流的研究发展形成定性和定量相结合的模式,取得了许多成果,提升了旅游学研究的实用性和应用性。

从研究空间尺度上来看,学者对旅游流时空分布特征的研究尺度主要分为全国、省级、市级三个尺度,分别取得了一定的研究成果。从研究内容上看,主要包括距离衰减规律和空间分布形态的研究。随着我国旅游业的快速发展,就全国范围来看,旅游流的时空分布呈现了一种不均衡的状态,这种状态对旅游目的地的经济、社会文化和环境都带来了不同程度的影响。表 3-1 所示为旅游预测技术与适用模型。

表 3-1　旅游预测技术与适用模型

| 预测类型 | 类型释义 | 适用模式适用模型 |
|---|---|---|
| 探研预测 | 趋势外推<br>寻求符合逻辑的变换方案 | 趋势组合：时间序列分析、回归分析、引力模型、历史类推法、情景预设、现象学分析 |
| 推演预测 | 事件发生概率的估计<br>决策过程中的内在期望 | 头脑风暴 |
| 标准预测 | 对希望达到的未来状态及引致该态势的途径的外在描述 | 标准情景预设<br>贝叶斯统计<br>模式化方法 |
| 综合预测 | 研究选项的暗示意义<br>建立已有各孤立预测的相关模式 | 投入产出模型<br>交叉影响分析<br>图形化方法 |

人工智能法近来在旅游需求预测中得到一定程度的应用。其方法主要是神经网络模型（ANN）包括 BP 神经网络、Hopfield 网络、ART 网络和 Kohonen 网络，其理论研究以 Law 和 Au(1999)、Kon 和 Turner(2005)为代表，模糊理论(Fuzzy Theory)以 Ao(2003)为代表，粗集理论以 Au 和 Law(2000、2002)、Carey 和 Rob(2003)为代表。

人工神经网络系统(Artificial Neural Network,简称 ANN)作为一种非线性动力系统，其模拟人脑的基本原理及其高维性、神经元之间广泛的互连性、自适应性等特点，使得神经网络具有大规模并行、分布式存储和处理、自组织、自适应、自学习的能力，特别适用于复杂的现代社会经济系统中的经济信息处理。人工神经网络模型一般由处理单元、激活状态、单元输出、连接模式、激活规则、学习规则六部分组成。一个多层神经网络中包含有很多个信息处理单元，分布于不同的层次中。根据每项输入和相应的权重获取一个综合信号，当信号超过阈值则激活神经元从而产生输出。各类影响因素和最终输出结果之间可以假定存在一种映射，即输出结果＝F(影响因素)。为了寻求最佳的映射关系 F,将训练样本集合和输入、输出转化为一种非线性关系，通过对简单非线性函数的复合，从而建立一个高度的非线性映射关系 F,最终实现输出值的最优逼近。

旅游业作为一个特殊的行业，影响旅游需求的变量是多样而复杂的，相比于其他的预测模型，人工神经网络预测模型具有并行处理、自适应、自组织以及逼近任意非线性的特征，它可以处理模糊的、非线性的、含噪音的数据和结构优化问题，分析中的权重并不带有太多主观的成分，在处理滞后变量和季节差变量上具有优势，这也正是旅游需求模型预测中较为重要的变量。

近几年旅游需求预测的历史数据基础面已经从小数据走向大数据，主要基于广大网民的搜索行为以及 LBS 数据，来分析预测游客的意愿、抵达交通方式、旅游停留时间、旅游购物消费等情况，一般只有大型企业才能做到，但涉及隐私，数据往往不公开，普通研究者则通过爬虫技术来获取有限数据，来分析旅游者的空间行为及需求预测。

## 案例3-1　　利用一元回归模型建立旅游流预测模型[①]

### 一、预测模型建立的条件

游客量的年际变化有明显趋势,预测一般以年为时间单位。游客量外推时间不宜过长,宜控制在4—5年内。

### 二、预测模型的数学表达式

最常用的数学表达式是一元线性回归方程式。时间是自变量,游客是因变量,数学表达式是:

$$y=a+bx$$

式中,$x$ 是自变量,代表时间;$y$ 是因变量,代表游客量;$a$ 是常数项;$b$ 是 $y$ 对 $x$ 的回归系数。通过数据的输入,计算 $a$、$b$ 的值,用相关系数 $R$ 检验二者之间拟合度。$R$ 取值为 $\leqslant 1$,$R$ 越接近于 1,游客和时间之间的相关性越强。

### 三、河南省国际游客旅游流预测模型分析

表3-2所示为河南省国际旅游者1995—2004年游客量变化表。

**表3-2　河南省国际旅游者1995—2004年游客量变化表**

| 年份/国际游客量 | 万人 |
| --- | --- |
| 1995 | 14.91 |
| 1996 | 15.82 |
| 1997 | 26.43 |
| 1998 | 33.34 |
| 1999 | 30.01 |
| 2000 | 32.50 |
| 2001 | 36.56 |
| 2002 | 41.00 |
| 2003 | 18.85 |
| 2004 | 45.00 |

如表3-2所示,通过1995年到2004年河南省国际游客量的变化情况,可以看出二者之间有明显上升趋势,可采用一元线性回归方程建模并预测未来年份游客

---

[①] 沈振剑.河南省旅游流时空变化的预测及发展趋势[J].经济经纬,2005(4).

量发展趋势。通过计算可以得出预测模型：
$$y=3.8618x-7692.6 \quad R^2=0.9491$$

经过相关系数 $R$ 检验，$y$ 和 $x$ 之间线性关系密切。如果当年国内、省内出现较大影响旅游发展的事件，实际游客量会和预测值有很大出入。例如2003年因非典原因，数据出现异常，实际值小于预测值。2008年，奥运会的举办使得国际游客量大幅增加。

以上是一元回归模型预测法的实例。回归预测法是对具有相互联系的现象，根据变量的大量的观察找出其关系形态，用一种数量统计方法选择合适的数学模型，近似地表达变量的平均变化关系的方法。这种数学模型称为回归方程。如果研究的因果关系只涉及两个变量，并且变量间存在着确定的线性关系形态，则称为一元线性回归。

应用一元线性回归进行旅游市场预测有以下几个主要步骤。

第一，确定预测目标和影响因素，收集历史统计资料数据。

第二，建立一元线性回归方程，即
$$y=a+bx$$

式中，$y$ 为因变量，即预测值；$x$ 为自变量，通常为时间标值；$a$、$b$ 为回归系数（$a$ 为直线截距，$b$ 趋势线斜率）。

第三，求回归系数 $a$、$b$ 可用最小平均法来求解。
$$b=\frac{n(\sum xy)-(\sum x)(\sum y)}{n(\sum x^2)-(\sum x)^2}$$

$$a=\frac{\sum y-b(\sum x)}{n}$$

第四，计算相关系数 $R$。$R$ 是用来测评回归线与数据之间符合程度的值，说明 $X$ 与 $Y$ 之间的线性关系程度，其计算方程为
$$R=\frac{n(\sum xy)-(\sum x)(\sum y)}{\sqrt{n(\sum x^2)-(\sum x)^2}\sqrt{n(\sum y^2)-(\sum y)^2}}$$

式中，$R$ 与回归线的斜率 $vb$ 是相同的；$R$ 为正，说明 $x$ 与 $y$ 之间的关系是正相关；$R$ 为负，说明 $x$ 与 $y$ 之间的关系是负相关；近似于零，说明 $x$ 与 $y$ 之间的关系零相关，即水平关系。$R$ 取值一般都在 $-1.00-1.00$，$R$ 越接近于1，其回归模型预测的误差性越小；反之误差越大。

第五，预测和检验。用回归方程进行预测，并对预测结果进行分析，一旦确定了回归模型，就可以选择一个反映未来预期状况的自变量，替代方程中的 $x$ 值，并解出 $y$ 值。

### 案例3-2

由江西省旅游集团主办,江西省旅游规划研究院、中国联通江西分公司、中国江西网联合发布了《2018年度江西旅游市场大数据分析报告》。报告指出,2018年,在宏观经济运行形势复杂的背景下,全省旅游产业发展运行平稳,旅游人次、旅游收入再创新高,全省全年累计接待总人数6.9亿人次,同比增长19.7%;旅游总收入8145.1亿元,同比增长26.6%;入境旅游、乡村旅游、红色旅游、全域旅游均实现突破。

报告从旅游市场分类、客源来源地、游客群体、出行方式、出行时间、旅游消费、游客满意度七个方面剖析了2018年江西旅游市场特征。全省旅游客源地域结构方面,"江西人游江西"占主导,省外客源市场占比提升;华东地区客源占比最大,西北地区客源增长最快;粤、浙、沪、苏游客较多,周边省份客源呈负增长。在游客特征方面,年轻游客成为出游主力军,携亲友出游成为新趋势;中等消费群体游客为主,高端消费游客持续增多。在游客消费特征方面,旅游消费方式实现迭代升级;游客花费集中于刚性消费需求;高品质旅游产品受欢迎。

2018年江西旅游市场依旧存在男性游客多于女性游客的情况,客源市场结构有待优化;一日游仍是江西旅游主体,假日经济占主导;游客出游最集中,淡旺季依旧明显等制约性瓶颈。2019年,得益于旅游体制机制的进一步完善、旅游市场的日益成熟、游客消费的理性度提升、产品业态的创新驱动以及科技的进步,全省旅游产业规模有望进一步扩大,游客的消费方式创新升级,旅游产品业态进一步夯实。

思考题:
1. 政府旅游市场预测数据一般通过什么方法获得?
2. 大数据的获取与旅游者信息的保护如何协调?

## 第四节 旅游经营者行为

### 一、旅游经营者决策行为

(一)旅游经营者定义及分类

1. 旅游经营者的定义

旅游经营者有许多不同的定义。旅游经营者是指从事生产、经营旅游产品或者提供有偿服务的法人、其他组织和个人。旅游经营者是以为旅游者提供一定的旅游产品而获取一定经营利润的企业。旅游者需求的满足是旅游经营者行动的方向。

《中华人民共和国旅游法》第十章附则第一百一十一条第一项规定："旅游经营者,是指旅行社、景区以及为旅游者提供交通、住宿、餐饮、购物、娱乐等服务的经营者。"根据本条对旅游经营者的规定,旅游经营者主要包含以下几个要素:一是从旅游经营者的主体类型看,旅游经营者包括自然人(公民)、法人或者其他组织,而不只是经工商注册登记的公司。但法律、法规对相关经营者有资质要求的,则应取得工商登记或相应的特别许可。二是从旅游经营者的经营范围看,主要是为旅游者提供旅游产品或者服务。旅行社是招徕旅游者,并为其提供产品打包及组织、接待、导游等服务;景区、交通、住宿、餐饮、购物、娱乐等经营者主要为旅游者提供吃、住、行、游、购、娱等服务。三是从旅游经营者的存在形态看,既包括实体旅游经营者,也包括网络旅游经营者。四是从旅游经营者是否以营利为目的看,既包括营利性的,也包括非营利性的。

2010年11月1日施行的《最高人民法院关于审理旅游纠纷案件适用法律若干问题的规定》第一条第二款规定:"'旅游经营者'是指以自己的名义经营旅游业务,向公众提供旅游服务的人。"《消费者权益保护法》中将旅游经营者界定为以营利为目的,从事旅游经营活动的公民、法人和其他经济组织。江西省2009年发布的《江西省旅游条例》第五十九条第三项表明旅游经营者是指依法取得经营资格,利用旅游资源和设施,从事旅游招徕、接待,为旅游者提供游览、住宿、交通、餐饮、购物、娱乐等服务的企业、个体工商户和其他组织。

我们认为旅游经营者是依法获取旅游经营资格,充分利用旅游资源或者相应的配套旅游服务设施,并且为旅游者提供组织、接待、吃、住、行、游、购、娱等旅游服务以及各类旅游商品的个体、组织或机构。这些组织或机构既可以是实体旅游经营者,也包括网络旅游经营者;既包括营利性的旅游经营者,也包括非营利性的旅游经营者。

2. 旅游经营者的分类

旅游经营者的分类有许多方式。按旅游经营者主体来分可以简单分为旅行社、旅游餐饮和住宿、旅游景区开发商等;或者将旅游经营者划分为住宿业经营者、餐饮业经营者、旅游商品经营者、古城区景点经营者、旅行社这五个类别。将旅游经营者按照经营能力、经营方式等方面的不同大致分为三类:创新型旅游经营者、跟随型旅游经营者和保守型旅游经营者。在跟随型旅游商品经营者中,我们又将之分为有条件跟随型旅游商品经营者和无条件跟随型旅游商品经营者。

我们认为旅游经营者可分为两种主要类型:主要经营者和辅助经营者。在旅游产业链当中,多种类型的旅游经营者是相互合作、相互联系的整体,或者说是上下游的配套关系。一个旅游经营者需要多个辅助经营者的协助,旅游活动才能有序地进行。无论是旅行社还是旅游景区开发商这样的主要旅游经营者,都需要配套的辅助经营者进行协作才能完成提供旅游服务的目标。旅行社在招揽旅游者的过程中需要广泛的宣传和必要的营销手段,这就需要与多方辅助经营者建立良好的合作关系,也需要拓展辅助经营者的范围。例如拓展线上配套服务系统的辅助经营,与导游培训组织建立合作,国内外旅行途中的地陪或全陪的资格审查和安全保障机构等多个方面都是主要旅游经营者需要协调和合作的一些辅助经营者。旅游景区开发商也同样需要多方的辅助经营者进行共同的旅游经营活动。例如景区内缆车承包商、景区内交通的负责方、安全保障设施的供应商、景区内小商店等都为景区的旅游经营提供了辅助作用。笔者将旅游经营者划分为主要经营者和辅助经营者两种类型，可以尽可能地概括旅游经营者的多种类别。

（二）旅游经营者决策行为及影响因素

1. 旅游经营者决策行为

旅游经营者为了满足旅游者出行的不同需求，通过了解多方实时更新的市场信息，并且对这些市场信息进行分析和整理，对旅游者的需求进行分析和预测；然后对旅游者进行精确的市场定位，找到不同类型旅游者所需的旅游产品；最后综合考虑各方面的因素做出市场决策，既让旅游者实现旅游体验的目的，又能满足旅游者的求新求异的心理并达到原先的旅游预期效果。

这样一个旅游经营者的决策过程，很好地立足于不同类型的旅游者，为实现旅游者的多种旅游需求而进行多方考虑做出决策，能有利于营造良好的市场氛围，使得旅游经营达到良好的效果。

2. 旅游经营者决策行为的影响因素

旅游经营者决策行为的影响因素有很多，既有外部客观环境的影响，也包括经营者内部自身因素的影响。外部客观环境包括旅游政策环境和市场经营环境，市场经营环境又包括市场竞争环境、市场供求与价格环境等。经营者内部自身因素包括对市场信息的感知能力、内部经营管理能力和对生态环境的态度等。旅游经营者的一切决策行为都是为了获得更大的经济利益，因此经济利益是影响旅游经营者决策行为的最重要因素。

（1）外部客观环境。

旅游政策环境。政府的旅游政策是影响旅游市场形成的一个重要因素，会影响旅游经营者的各项旅游决策行为。积极的旅游政策将鼓励旅游经营者采取各种措施满足旅游市场的需求，促进旅游市场的发育和形成；相反，消极的旅游政策则会抑制客源的增长。同时，政府通过对旅游市场有效的宏观调控和宣传促销，维护稳定的政治环境，推进旅游设施建设，促进科学技术成果在旅游市场建设中的运用等方面发挥作用，直接影响旅游经营者的旅游决策行为。

旅游市场环境。对任何一个国家、地区或旅游企业来说，旅游规划公司的旅游市场占有率直接关系到旅游经营的效益，故在开发建设旅游区及旅游经营过程中，旅游市场的调查、划分、开拓、预测十分重要。根据旅游经营需要，旅游市场有多种分类方法，如按旅游消费者划分的旅游客源市场分类；按地域范围分为国际和国内旅游市场；按旅游者的年龄和性别特征分为老、中、青、儿童和妇女旅游市场；还可按旅游者的社会地位、文化程度和经济支付能力划分。旅游经营者根据不同的旅游市场需求做出不同的决策。旅游市场环境具体包括旅游市场竞争环境、旅游市场供求与价格环境。

市场竞争环境。旅游市场竞争可以促使旅游经营者提高效益。竞争对于旅游经营者来说，是一种强制力量。它迫使旅游企业必须加强经营管理，消除浪费，降低成本，改进技术，充分调动企业职工的积极性并且不断提高劳动生产率，这样才能在激烈的旅游市场竞争中站稳脚跟，在旅游市场上取得一定份额。旅游市场竞争的实质是争夺旅游消费者。旅游市场竞争迫使旅游经营者把旅游消费者的需求和满足放在首位。在竞争中，旅游经营者为了赢得消费者,就必须不断提高旅游商品的质量,降低旅游商品的价格,加强旅游商品的宣传,推出新的旅游商品,这些做法对于满足旅游消费者的需求具有重要意义。

市场供求与价格环境。从旅游供求关系来讲,旅游经营者和旅游者分别是旅游供给和旅游需求的主体。作为旅游供给方的旅游经营者只有很好地了解旅游者的旅游动机,才能更好地满足旅游者需求。除实行政府定价和政府指导价的旅游商品和服务之外,旅游经营者有权根据市场需要,自主制定价格,即实行市场调节价格。比如,旅游旺季,潜在旅游者采取"购买"策略时,旅游经营者在市场环境的影响下会采取"高价"策略;旅游淡季,潜在旅游者采取"购买"策略时,旅游经营者的选择是采取"低价"策略。旅游者会根据旅游经营者的价格策略及旅游产品和服务的质量进行评判,旅游经营者在定价时会考虑到现实旅游者的满意度,因此会审慎定价。

(2)内部自身因素。

市场信息认知能力。就旅游经营者而言,对市场信息认知的能力、旅游产品的特征以及收集信息所需支付的大量成本都决定了旅游市场信息不对称的存在。信息不对称是指市场上买方和卖方所掌握的信息拥有量是不相等的,一方比另一方拥有更多的信息,而且双方都知道这种信息分布状态。在旅游市场活动中,旅游经营者面对的是一个庞大而复杂的消费群体。首先,消费者消费旅游产品的目的与动机是多样的;其次,影响消费者选择的因素是多样的。因此,旅游经营者对于旅游市场信息的认知能力是有限的。在旅游市场中,由于信息不对称的存在,旅游经营者在投资、生产、销售中无法做出最优的决策,导致旅游市场出现各种问题。

内部经营管理能力。旅游经营者在进行旅游经营决策的同时,必须考虑内部运营的可行性和运行效率。无论是旅游企业、旅游组织还是个人,都有其各自行之有效的内部经营管理模式,在开展旅游经营活动的过程中,不可避免地需要考虑内部经营的管理制度和执行效率。而旅游经营者内部经营管理能力的高低,则会影响旅游经营者做出不同的旅游决策。内部经营管理能力越强,越会综合考虑多方面的因素来做出决策,来实现旅游经营效益。

对生态环境的态度。不同的旅游经营者对生态环境的态度也会不同,从而导致他们选择了不同的旅游经营方式,做出了不同的旅游决策,获得了不同的旅游效益。一些旅游经营者在旅游项目开发和建设前,未经研究与规划就直接开始了建设,并且在建设过程中贪多求快,破坏自然环境,以环境的牺牲来换取当前经济利益。而那些秉承环境保护与开发相结合的旅游经营者有着可持续发展的经营理念,一方面关注旅游开发与建设,吸引更多的旅游者;另一方面又注重环境保护,限制游客量,在合理的旅游环境容量之内开展旅游经营。因此他们既获得了旅游经济效益,又获得了社会环境效益。

无论旅游经营者做出怎样的决策行为,都是围绕着自身的经济利益来进行的。因为经济利益是旅游经营者进行旅游经营的重要目的,而能否获得旅游经济利益则是影响旅游经营者做出旅游经营决策的重要影响因素。

(三)旅游经营者决策途径

旅游经营者是为旅游者提供一定的旅游产品而获取一定经营利润的组织或个人。首先,旅游经营者要充分了解市场信息和旅游市场需求,对市场竞争情况进行分析,以合理的价格策略为旅游者提供旅游产品。其次,旅游经营者要调整内部的经营管理方式。虽然旅

游经营者是为了获取更高的经济效益而做出不同的旅游决策,但是这些决策也要符合旅游经营者自身内部的定位和管理方式。既要满足旅游经营者内部经营的需要,也要符合社会主义核心价值观的要求。

旅游者需求的满足是旅游经营者行动的方向,因此,旅游经营者正确决策必须满足旅游者不同的旅游需求。旅游经营者进行决策必须注重满足旅游市场的需求,进行正当的市场竞争,以符合旅游市场要求的价格策略来为旅游消费者提供旅游产品。

旅游经营者在考虑内部经营利益的同时,也要考虑外部社会效益和环境效益。一方面要追求正当的旅游经营效益,支持国家的各项旅游政策,致力于推动营造良好的旅游市场经营环境;另一方面也要做到维护旅游者的消费权益以及树立保护环境从自身做起的良好意识,做到可持续经营。

## 二、旅游产业空间布局

### (一)旅游产业空间布局的定义、特征

1. 概念

旅游产业是以利用各类旅游资源为基础,由旅游六要素(吃、住、行、游、购、娱)所构成的一个完整的旅游经济系统,是由旅游经营者负责提供的一系列服务系统。

旅游产业空间布局就是从地域空间的角度,运用现代区划理论及方法对旅游业内部各产业进行合理的空间配置、功能分区和促进资源优化配置,从而处理好各地区之间的分工协作关系,确定不同区域旅游经济发展的目标与结构,妥善安排各种旅游投资项目,使之按生产力发展的要求而形成合理的空间分布。

2. 特征

(1)宏观分布的点网性。

就传统意义上的旅游资源来说,旅游产业布局在很大程度上依赖于旅游资源的分布。在全国这种大尺度范围内,旅游资源主要分布在北京、上海、杭州、南京、苏州、西安、桂林等著名旅游城市以及远离城市的一些著名旅游景区。若把这些旅游城市和旅游景区作为全国地理空间内的一个点来看待,那么,旅游资源在大尺度范围内呈点状分布。而旅游产业也以此为依托,形成全国范围的点网分布。

(2)中观布局的圈层性。

在旅游城市和旅游区(景点)范围的中观层次上,旅游产业的空间布局常常呈现出圈层式结构特征。组成旅游产业集群的旅游企业和部门常常布局在旅游城市的繁华地带或特定区域,这里庞大的客流量、完善的城建设施、畅通的信息、潜在的集聚效应等使得旅游产业能获得较大的发展空间和发展机会。

(3)微观选址的节点性。

旅游产业的微观选址具有节点性,这突出地体现在构成旅游产业的核心部分的旅游观赏娱乐业、旅行社业、旅游饭店业、旅游交通业、旅游商品经营业为了获得最大的经济效益在选址方面的特殊要求上。旅游观赏娱乐业的微观选址从资源的区位条件和客源市场的角度出发,主要集中于旅游区(景点)和旅游城市。为了便于和旅游者沟通、降低旅游宣传促销的

费用,特别是充分利用旅游城市在产品销售中的特殊作用,吸引更多的旅游客源,旅行社业的微观选址主要位于市场集中的旅游城市。为了更好地满足旅游者饮食服务的需要,旅游饭店的微观选址要综合考虑区位、客流、资源、环境等方面的因素,以获得最佳的经济效益。因此,其选址多位于旅游中心城市、旅游景区、旅游交通枢纽地带或旅游线路上。旅游交通业的选址主要考虑对旅游者的方便程度以及对城市环境的影响,因此,航空公司和轮船公司主要分布在城郊结合部,汽车运输公司位于市区内。旅游商品经营业选址的原则主要考虑游客市场的大小,销售点常常位于旅游景区、旅游城市中的客流量集中地带和交通枢纽处以利于商品的销售。

(二)形成机制

1. 自然条件与旅游资源的禀赋

自然条件和自然资源的不可移动性,导致传统意义上的旅游产业的布局多围绕旅游资源展开。旅游资源是旅游业赖以存在和发展的物质基础,其所具有的数量和质量不仅决定着旅游经济的发展规模及水平,而且决定着旅游产业的空间布局。不同地区旅游资源的品位、特点、分类及规模不同,各个地区要依据自身旅游资源的特点对旅游产业进行合理的空间布局。

2. 区位因素与集聚效益

区位因素是影响旅游产业合理布局的重要因素之一。通常优越的区位优势不仅为旅游经济活动提供有利的条件,如通达性、便捷性等,而且对旅游产品的形成及旅游产业的布局都具有重要影响。为了实现区位成本的最小化,旅游产业布局于景色优美、客流量大的旅游区和旅游城市。这种布局一方面减少了旅游企业的运输成本和旅游者的运输费用,同时,在成本一定的情况下,因游客的增多而导致的旅游收入的增加间接地降低了旅游产业的成本投入。不仅如此,众多旅游企业和部门在旅游城市、旅游区等优势区位的集聚常常形成旅游产业集群。产业集群的形成为旅游产业带来了巨大的集聚效益。

3. 经济发展水平

经济发展水平越高,越能为旅游产业的发展提供必需的基础设施、财力资源和服务管理等条件。城市较高的经济发展水平和日益增长的旅游需求促进了城市旅游产业的发展,也使得城市旅游开发的范围逐步扩大,城市旅游产业的空间布局也因此由点发展到轴带,再发展到成熟的网络,甚至可能发展为类似于城市连绵区的旅游板块。对于处在同一旅游资源区的不同城市,也有可能因为经济实力的不同,对类似的旅游资源的开发程度不同,从而形成的区域旅游产业空间布局也大不相同。随着经济和社会的发展,旅游产业的空间布局正在走出资源依托型产品的约束,而逐渐向资源脱离型产品的方向发展。

4. 旅游规划与开发

旅游规划与开发对旅游产业的空间布局具有重要的影响。旅游规划是对旅游产业的发展进行结构性筹划的过程,其宗旨在于实现旅游资源的优化配置与旅游系统的合理发展。在资源丰富的地区,旅游规划依据旅游资源的类型和特色,通过旅游资源与区域的科学整合,形成不同的旅游景区或旅游城市,直接影响着旅游产业的空间布局。在缺少旅游资源但经济发展水平高、交通条件便利的地区,通过资源脱离型旅游产品的开发,如建造各种人造

景观、主题公园、旅游设施及场所,在该地区形成一定规模的旅游产业集群,从而在空间上左右着旅游产业的地域布局。

5. 旅游市场需求

旅游市场范围的分布特征必然对旅游产业的空间布局产生深刻的甚至是决定性的影响。旅游市场是旅游产业发展的前提和基础,又是旅游产业发展的动力源泉,从而大大地影响着旅游产业的空间布局。一般说来,旅游客源市场范围的大小直接决定着旅游产业规模的大小。因财力、时间、距离的影响,旅游者的出游半径不可能无限延伸,总是以居住地为中心,呈现出由近及远的特征。受此影响,近客源地的旅游资源往往会率先得到开发,使旅游产业的布局和旅游者的出游半径构成某种对应关系。这种对应关系在中小尺度范围内表现得尤为明显。

6. 旅游产业政策

一个国家的旅游产业政策不但影响着旅游产业的发展方向、要素配置、结构的调整与升级,也影响着旅游产业的空间布局。为了促进地区经济发展的平衡,国家常常对不发达地区和次发达地区予以巨大的财政投入,扶持地方产业的发展。部分具有资源优势的欠发达地区的旅游产业由此获得率先发展的机会,一大批"旅游扶贫开发区"纷纷建立。在国家相关产业政策的鼓励下,我国也建立了众多的"生态旅游示范区""旅游度假区"等,从而影响了中国旅游产业的区域布局和分布。另外,国家为了提高旅游产业的国际国内竞争力,常常进行产业结构的宏观调控,促进产业结构的优化和升级,致使旅游产业的规模不断扩大,特别是一大批颇具规模的旅游企业往往以城市为中心,形成产业集群,在空间上实现了产业的集聚,带动着相关产业和地区经济的发展。

(三)布局模式及发展趋势

1. 旅游产业布局模式

(1)旅游产业空间布局的演化。参照区域旅游产业发展水平的进程,旅游产业空间布局演化可划分为生成阶段、发展阶段和成熟阶段。Dianne Dredge(1999)提出三个阶段分别对应三种不同的旅游空间规划布局模式,即单节点、多节点及链状节点布局模式。

(2)旅游产业空间布局主要模式。区域旅游产业空间布局因地而异,但在其发展过程中主要有三种布局模式,即增长极布局模式、点—轴布局模式和圈层布局模式。

增长极布局模式是增长极理论在旅游产业空间布局中的应用。增长极一般来说都是中心城市的中心旅游产业,由中心旅游产业带动周边地区的旅游产业的发展。最先发展起来的旅游景点由于具有丰富的旅游资源优势、区位优势而成为区域内的高级旅游节点。在起步阶段,高级节点一般较少,它是区域旅游目的地系统吸引旅游者前来旅游的主要动力。该模式一般形成于旅游产业空间布局的起步阶段,由单个发展较快的旅游产业带动配套产业的进一步发展。

点—轴布局模式中的"点"是指各级中心地,或由地区旅游经济要素集聚而形成的"中心节点",主要体现为旅游聚集体。"轴"是在一定方向连接"点"的旅游产业带,又称"发展轴线"。旅游产业布局的关键在于确立并重点发展"点"和"轴"。随着旅游资源的开发力度加大,旅游交通和旅游基础设施不断改善,旅游产业(景点、景区、旅行社、旅游酒店等)数量开始增多,增长极由中心地沿区域内的交通干线(即轴)向周边移动、扩散并在一定区位聚集形成新增长极,从而促进旅游产业空间布局模式的转变。该模式一般形成于旅游产业空间布局的发展阶段。

圈层布局模式下旅游产业是以中心地带向外,呈圆圈状不断扩展,各旅游地分布在由内向外扩展的圈层中,形成市场—资源共轭型的旅游地体系。如此形成的旅游产业圈是以旅游资源为核心,具有层次性、中心和边界等组成部分。这样的旅游产业空间模式还将继续发展,可能形成单中心模式直至多中心模式、网络状模式等不同的布局模式。

### 案例3-3　旅游产业空间布局特殊模式——以主题公园为例

2016年6月16日,被誉为全球主题公园最佳范本的游乐园区——上海迪士尼乐园开园迎客,通过对空间序列的合理设计为旅游者带来可控的完整游园体验,其空间布局模式可以称得上是主题公园布局的范本。它既以戏剧创造模式创造情境序列和用舞台布景手法创造情境空间,同时由于游客的行为和需求决定了主题公园的布局与内容,它以游客行为为基础,注重满足游客进行体验的需求。当然迪士尼乐园以营销策略为目的的,这一点与其他旅游产业布局的目标并无差别。

上海迪士尼乐园致力于关注情境序列,在剧本和故事舞台的基础上建立空间序列排布的原则,即通过不同空间的转换、穿插、并列,制造出既定的剧本路线。这一过程主要包括四重情境——氛围情境、舞台情境、渲染情境和演出情境。第一重氛围情境中将游园体验从园区内部延伸至园区外部,通过多个不同功能的乐园外部空间串联起园外情境,使得园外的游客对园内充满了兴趣和好奇心,让游客迈出第一步进入园内。园内既有延伸——城市交通系统中的乐园体验和专有主题酒店群的"+"体验,也有同乐——乐园公共区域的体验;园外是一个放射式的布局——入口位于园区中心,将人流集散集中地置于最中心位置,然后再分散到园内各个区域。与传统的旅游产业布局不同,迪士尼将人流混杂交叉,在去往一个游乐场所的途中,必定会途经其他的娱乐区,因而采取的是交叉式交通流向布局,有利于提高每个景区的游客量。

第二重舞台情境中主要利用的是空间设计中的分隔手法,包括园区内外的空间隔离——视线分隔,前场区域与后场区域的隔离——主题分隔和各园区中间的空间分隔——看不见的分隔。利用空间隔离的手法,分隔不同园区的故事舞台,可以使营造出的一个个虚拟主题世界相互独立,互不干扰。为便于园区与园区间的穿梭,迪士尼乐园采用花朵型的总体布局结构。奇想花园作为主入口与交通核心集散区域位于乐园的中心位置,而其他4个主题园区则像花瓣一样分布在花蕊的四周。

第三重渲染情境要求每个园区在空间结构上高度统一,这种结构上的统一被称为迪士尼乐园的"方程式",即每个园区在功能分布和结构上大体相似,只是被赋予了不同的主题和故事线。然而每个园区都会使用一套统一的模式,渲染出故事情境,使游客感受到身临其境的体验。将装有不同故事的园区拼盘组合在一起,能够最大限度地满足游客在乐园中的各项需求。

第四重演出情境是主题乐园的核心情境,也是游客最期待游览的场所——以大型游艺设施为核心的情境序列。迪士尼乐园通过精心的游线设计——"前秀(排队区)→大秀(游艺设施)→回味(照片售卖区)→情感联系(周边商品售卖区)→休整与观赏(餐厅与游艺设施结合)→另一个大秀(剧场演艺)",使游客按照预设的剧本游览,获得一次"Show"的完整体验。其中利用了单向线性原则、核心单体最远距离原则和潮汐性空间分布原则,为游客提供最好的体验。

(资料来源:节选自《基于情境序列串联体验的主题公园空间布局——以上海迪士尼乐园为例》.《规划师》.2016.(130-135).)

2. 旅游产业空间布局的发展趋势

旅游产业作为社会经济发展进程中的重要支柱性产业之一,其空间布局也受到多方面因素的影响和制约,旅游产业布局变化和发展趋势也逐渐显现出来。一方面,由于现代旅游交通和科学技术的发展,使得原来受自然资源禀赋影响较为明显的旅游产业布局发生了转变,如今旅游产业由资源禀赋地向城市和经济发达地区转移,城市的经济发展水平成为影响旅游产业布局的重要因素。

另一方面,旅游产业的发展需要强大的市场需求的支撑,有旅游需求和客源才能带动旅游的进一步发展。在经济发展水平相对较高但是自然旅游资源优势并不明显的地区,各种人造景观和创新的人文旅游资源也能够吸引广泛的客源,这必将导致旅游产业的空间布局进一步远离旅游资源而向客源地靠近,旅游产业的资源导向型发展模式将逐渐让位于市场导向型的发展模式。随着旅游交通的迅速发展,旅游城市和旅游景区之间的联系和互动性增强,在旅游者的多样化旅游需求的推动之下,使得旅游产业布局呈现区域化趋势,为了满足旅游者不同的旅游需求旅游产业布局进一步集中,甚至出现了旅游产业集群。在未来旅游产业的发展进程中,城市旅游产业集群也是研究旅游产业布局趋势的一个重要方向。

(四)旅游产业空间布局的合理布局途径

1. 努力构建点轴面三者结合的旅游地空间一体化发展格局

在对旅游资源、空间布局及对旅游资源开发利用导向的基础上,结合旅游地的地域特征、旅游资源发展情况、历史等因素综合分析,对旅游地的旅游空间布局进行分析优化整合,构建完善的旅游地系统。在空间布局中,应按照点轴模式与多中心布局模式,进行旅游地空间综合布局,推动旅游产业的空间布局一体化。

旅游产业的空间布局发展需要依靠政府、景区、旅游企业三者的共同努力,实施政府主导和市场导向相结合战略,为旅游产业空间布局合理化提供环境支持。在旅游产业发展中需要建立以政府为主导、景区为重点、旅游企业为基础的新型旅游产业发展模式,通过高位推动优化现有旅游产业空间布局,建立轴线型与多中心型旅游产业布局模式,积极发展旅游产业集群,提高旅游向心吸引力。

2. 积极打造旅游产业集群,发挥产业集聚优势

进一步开发和利用优势旅游资源,努力升级旅游产品,从而构建良好的旅游产业结构。

加快旅游相关基础设施的建设,以形成完善的旅游核心企业和集团,并且配套和健全旅游产业公共服务部门,从而扩大各地区旅游产业合作的规模。由此加强各地区的旅游产业之间的共同合作和良性竞合机制,密切彼此之间的经济和产业联系,明确企业和部门之间的分工,并开展旅游要素供应层和辅助层的企业之间的协调和合作,促进旅游产业集聚,最终打造成旅游产业集群。

3. 推动旅游产业实现功能分区,构建新型旅游产业格局

首先要明确旅游产业各个企业与部门之间的不同功能与层次,其为旅游业提供的产品或服务不同,所处的功能分区也各不相同。实现旅游产业的功能分区有助于促进各旅游企业与部门的协调与合作,同时有利于推动区域协调发展。以此推动旅游产业实现各部门的功能分区,使得旅游市场更加有序地运行。因各类旅游产业的功能种类繁多,既需要旅游市场推动旅游产业的功能分区,也需要国家进行宏观调控,所以,有必要为新型旅游产业的功能分区制定统一详细的标准。旅游产业功能分区逐步形成的过程,也是构建新型旅游产业格局的时候,由此将加快旅游产业一体化的进程。

## 本章小结

本章介绍了旅游者的概念及内涵,按照不同地域和不同群体分类的标准,划分了旅游者空间行为类型,并对旅游者需求的影响因素做了分析,旅游流的预测有多种方法,每一种方法有其适用条件。对旅游经营者及其产业的空间布局规律做了说明。

## 思考与练习

1. 何为旅游者,不同空间尺度旅游者行为有何不同?
2. 旅游流预测方法有哪些?
3. 何为旅游经营者,其产业的空间布局有何规律?

## 核心关键词

| | |
|---|---|
| 旅游者 | Tourists |
| 空间行为 | Spatial Behavior |
| 旅游流 | Tourism Flow |
| 旅游需求 | Travel Demand |
| 旅游经营 | Tourism Management |

## 案例分析

### 基于 Bernstein Copula 函数的中国入境旅游需求预测

研究人员收集了从 1998 年 1 月到 2015 年 12 月中国入境旅游的游客总量的月度数据（数据来源于中国国家旅游局，现国家文化和旅游部）。其中，以 1998 年 1 月到 2012 年 12 月的数据作为训练数据集，进行序列相关的结构分析，并确定预测模型的构成。2013 年 1 月到 2015 年 12 月的数据则作为验证数据集，进行样本外预测，以检验模型的预测精度。

预测步骤：首先要确保旅游需求序列是平稳序列，并检验其马尔科夫性；其次确定旅游需求序列的累积分布，并计算累计密度；再次，利用确定的累积密度观察旅游需求当期变量与滞后变量累积密度的散点图，分析序列相关结构；最后，利用确定的累积密度和 Bernstein Copula 函数，构建条件累积分布函数，通过二分法查找算法来实现对旅游需求的预测。

在确定序列满足平稳性要求和马尔科夫过程以后，则可以利用卡方检验确定旅游需求序列的累积分布。卡方检验的原假设是受测数据服从给定的分布形式。如果检验结果的卡方值大于对应的临界值，那么就会拒绝原假设，认为数据是不服从给定的分布形式的。对本研究的序列来说，正态分布对应的卡方值为 9.738，小于临界值。因此认为该序列服从正态分布，可以用正态分布函数求解累积密度。值得注意的是，当时间序列不服从正态分布的时候，也可以利用卡方检验来检验其他分布形式，并用确定的分布函数求解时间序列的累积密度。

确定了旅游需求序列的累积分布以后，可以通过观察旅游需求当期变量与滞后变量累积密度的散点图来获得对序列相关结构的直观认识。如图 3-2 所示，中国入境旅游需求的序列相关结构应该是一个非对称的结构，散点在图形中部以及右尾部（图形右上方）显得相对集中。而如果序列相关结构是线性的话，那么散点图应该呈现出对称的椭球体结构。因此，可以判断中国入境旅游需求序列相关结构的非线性性要更为突出。

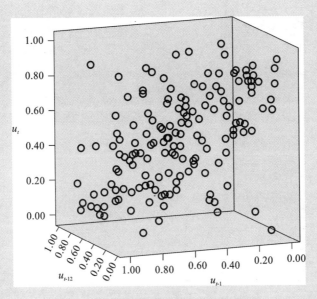

图 3-2　旅游需求序列累积密度散点图

(资料来源：朱亮，张建萍. 基于 Bernstein Copula 函数的中国入境旅游需求预测[J]. 旅游学刊，2017(11).)

**思考题：**

1. 基于历史数据的各种模型预测结果与网络引擎预测结果，哪个更接近真实？
2. 构建函数模型与仿真动力学模型在预测旅游流时有什么异同？

# 第四章

## 旅游交通

### 学习导引

旅游交通是旅游地理学重要的范畴，旅游交通线路的设计受旅游、交通、经济、文化、心理、美学、建筑等众多因素影响。本章主要学习旅游交通的类型、旅游交通线路设计的原则和方法。学习之后，对如何选取合理旅游交通方式出游以及如何组织景区内旅游线路都将有初步的了解。

旅游交通是从客源地可进入性及提高旅游效率来谋划的，体现了旅游地理学通道及安全疏散的潜在安排；旅游线路则主要是从旅游行为和旅游消费等角度对旅游交通加以提升和运用，但立足于旅游交通基础，更多是从抽象意义上提出的。本章着重探讨旅游交通的组织、规划和设计等。

### 学习重点

1. 掌握旅游交通含义、特点及影响旅游交通的因素。
2. 对景区内外的旅游交通特点及布置方法有基本的掌握。
3. 能运用所学知识对旅游交通在现实中运用有一个初步尝试。

### 案例导入

旅游交通便捷服务体系建设内容主要包括三个方面：旅游交通通道建设，由旅游风景道、游步道、无障碍通道、旅游专线专列、旅游观光巴士等组成；旅游交通节点建设，由旅游集散中心、旅游停车场、旅游站点、旅游码头、旅游机场（停机坪）组成；旅游交通服务建设，由车辆租赁、自驾车营地、自驾车加油站及维修呼叫服务组成。

例如，巴黎交通服务体系建设很好地支撑了城市旅游发展，其交通体系覆盖了全市的著名旅游景点，并为散客提供各种公共交通套票、免费提供城市"两图"等。巴黎交通管理局还参与到旅游当中，拓展巴黎城市旅游产品，比如提供与交通密切相关的"巴黎城市卡""城市护照"等旅游服务产品。巴黎交通部门与旅游组织各司其职、相互配合，体现了旅游产业的综合性特征，并证明了旅游产业需要相应的管理和配合制度。研究表明，能否方便快捷和节省地出行是散客在都市旅游中最关心的问题。在巴黎的旅游服务体系中，旅游交通建设已经纳入整个城市交通建设范畴，这是巴黎的重要特征和优势。

在中国，城市旅游交通近年来取得了较快的发展，不论从交通里程及交通结构及换乘的便捷性方面都有长足进步。当前，随着乡村振兴战略的推进，乡村"漫游"交通网络也在形成。位于乡村的铁路旅游产品、公路旅游产品、水上产品、低空飞行旅游产品、交通文化旅游产品不断丰富和完善。乡村风景道以及交通景观道不断涌现。部分地区已出台乡村旅游和交通融合的发展规划，比如《云南美丽公路旅游线规划》、吉林省《关于促进交通运输与旅游融合发展2018年实施方案》《盐城乡村旅游景观公路规划》等。

## 第一节　旅游交通概述

旅游交通在西方发达国家中较早引起重视。20世纪20年代，美国就开始在道路交通规划中使用旅游交通规划的概念。1923年纽约市郊的Bronx River Parkway将道路置于自然空间（森林）当中。20世纪90年代，在美国各级政府的交通规划中，旅游交通规划已经有着重要的地位。为了解决因旅游交通需求增加而发生的交通拥堵问题，德国联邦政府建立了夏季假日交通预测、预报信息系统，并在观光地周围采取增设交通标识来改善旅游交通状况。英国政府也有意识地在人口低密度的偏远地区推行自驾车，人流密集的地区鼓励使用公共交通工具或者私家车。

保继刚（1999）认为，现代旅游业的产生和发展与现代交通业的发展是紧密相连的，旅游交通便利程度（即可达性），不仅是开发旅游资源和建设旅游地的必要条件，而且是衡量旅游业发达程度的重要标志。旅游交通线路既是地方政府发展经济和旅游业的有意行为，也是旅游业发展到一定阶段的产物，是对传统旅游"食、住、行、游、购、娱"六要素的自觉实践和提升，进一步丰富了旅游业态，促进了旅游业的繁荣发展。2017年，交通运输部、国家旅游局等六部门联合印发的《关于促进交通运输与旅游融合发展的若干意见》提出："建立健全交通运输与旅游融合发展的运行机制，创新产品构建'快进慢游'旅游交通网络，使旅游交通产品供给能力明显增强，旅游交通服务功能和质量有效提升"。从中可以看出，我国对旅游与交通融合度的重视。

旅游交通学是20世纪90年代逐渐发展起来的一个介于旅游地理学和交通运输学之间的新兴边缘学科领域。旅游地理学中的旅游交通一般在旅游规划中多有涉及，是具体景区内部的游览线路安排，具体有游步道、索道、玻璃栈道、悬空栈道、水上通道、低空航行通道，一般有导引或固定的线路。交通运输学中侧重旅客的运输的部分和旅游交通相关，主要有航空、铁路、公路、水路以及其他形式的通道，是旅游者通向旅游目的地的桥梁。

## 一、旅游交通的概念

旅游交通是旅游者利用某种手段和途径，实现从一个地点到达另一个地点的空间转移过程。保继刚认为，旅游交通是指交通的某种用途，具体为旅游者，即游客由客源地和旅游目的地之间往返以及在目的地进行旅游活动而提供的交通基础设施。狭义的旅游交通指的是结合旅游资源和旅游产品分布特点，根据一定的原则、原理及相关的自然因素和人文因素，参照旅游流线进行交通方式的选择、交通线路的组织，交通节点的布置和交通人流的疏散等，从而形成的旅游交通线路和应急疏散线路组合。

旅游交通是旅游地理学中极为重要的研究对象和内容，具有极强的综合性，跨领域、跨部门的特征十分显著。旅游交通的规划设计，涉及了地理学、生态学、区域规划、经济学、社会学、人类学（尤其是道路人类学）、哲学、心理学、法学、系统科学、管理学等相关学科及对应的部门。

## 二、旅游交通的特点

旅游和交通的结合，不仅使交通带有旅游功能，也使某些交通本身就带有旅游休闲特色。旅游交通除了具有安全、通达、快速、便捷等一般的交通功能特性外，还具有以下旅游特点：

### （一）景区（景点）串联特性

旅游交通对沿线景点有着极强的串联作用。这种串联或隐或显，有意无意都带动了沿线旅游，推广了沿线旅游品牌。比如，"一带一路"倡议的提出，不仅联结了古老陆海丝路上重要贸易节点，也拉动了沿线各地如东南、西南、西北等地的旅游发展。沪昆高铁开通后，就把上海、浙江、江西、湖南、贵州、云南等省、市的旅游景点串联了起来，带活了沿途旅游，加快了沿途旅游观光体验路线布局。

对于一个景区而言，旅游交通线的优化组合，既带动了已有的精华景区，也使得一些受到忽视的景区景点被串联了起来。例如，著名的贵州省西江苗寨旅游景区游线，便带动了沿线各街道旅游发展，还有江西省南昌市沿江两岸旅游带的打造，通过旅游线路串活了旅游。

### （二）观光休闲特性

交通自身也具有旅游吸引物的某些特征。方百寿等（2007）提出旅游交通吸引物的开发模式。余青认为，风景道实现了道路从单一的交通功能向交通、生态、游憩和保护等复合功能的转变。优秀的旅游交通线路本身就是一道亮丽的风景，具有极强的观光休闲特色。例如，著名的港珠澳大桥修通以后，不仅联结和密切了珠海、香港和澳门三地的经济和文化交流，也使内地及港澳众多游客慕名争相一睹该大桥风采。另外，全国各地大中城市的城市游步道建设也有观光休闲的一面。还有一种专门为旅游增添色彩的交通线路,如近十多年来逐渐在各风景旅游区出现的观光缆车、观光小火车和玻璃栈道等。

(三)旅游服务特性

旅游交通线路往往需要突出旅游的服务特性,表现在交通游线中应做到可观可玩,还需要注重沿途的游憩性和服务性。这些例子比比皆是,例如,国内绝大多数的飞机场和高铁站就往往具有旅游休闲体验的同时,也具有许多方便游客的功能和特色,如高速公路中途服务区的旅游休憩和购物功能。景区观光线的观光车、观光休闲停歇点、旅游景区内商品销售服务等,都为游客提供了不少的贴心服务。在荷兰弗里斯兰省Jelsum村有条会唱歌的公路,提醒旅游者注意驾驶安全。中国河南省长葛市新区某生态小区的双向车道融合了物理学、声学、音乐相关技术。当车辆匀速驶过时,轮胎与路面切缝处接触时产生的空气冲击声,还有通过沟槽时产生的微震动,汇合成高低不同、节奏有致的音乐和旋律,演奏出相应的音乐。

### 三、旅游交通的类型

随着科学技术的发展和现代化交通工具的出现,旅游交通类型多样,既有通常意义上的水运、铁路、公路、航空,也有现代涌现的太空路、水上公路、缆车、观光火车、观光游轮等。根据不同的标准,可以有不同的分类。

第一,传统意义上,旅游学界按照涉及的空间大小划分旅游者空间行为尺度为大、中、小三种方法,旅游交通相应的也要划分为大、中、小三个层次。从大尺度空间来看,旅游交通涉及较大区域的旅游交通线路布置,如华东、华南、西北、东北、华北等地区的旅游交通;从中尺度空间来看,主要为省(含省级市和区)、市、县三级旅游交通线路(如江西省旅游交通、南昌市旅游交通);从小尺度空间来看,则为具体的旅游景区线路(如某一景区观光游线)。一般来说,旅游交通的层级越大,代表其所涵盖的空间也越大,交通方式也就越多,交通组合也越复杂。

第二,从旅游交通方式的选取上来看,则可分为铁路交通(含高铁、普快、地铁等)、公路交通(含高速、国道、省道、县道、乡道、城镇区道路及景区内的游线布道)、航空交通、水运交通(如观光游轮、旅游小艇)和其他(如景区内玻璃栈道、空中缆车)等。

旅游交通充分体现了地理学一般意义上的交通。同为铁路交通,首先根据其所在地上、地面和地下位置,可以分出一般铁路、空中轻轨、地铁等类型的交通工具。而同为铁路,根据其速度的不同,有普通铁路、高速铁路之别;高速铁路则有轻轨、地铁、高铁之分。其中,普通铁路和高铁构成了我国的铁路交通网络,地铁和轻轨只在某些城市里出现。至于观光小火车,其跨区域运输功能则进一步忽略,多表现在旅游观景功能方面。

在公路方面,人们根据道路的宽窄和汽车在其上行驶速度的快慢,同样又把公路分为高速公路和国道、省道、县道、乡道等不同等级。其中,国道和高速公路构成了我国的公路交通干线和网络。铁路和公路在全国范围内都有"三纵三横"的说法。而这些不同的交通干线、支线便是带动我国旅游发展的基本前提条件。

一般地,一地的旅游交通网络是综合的、立体的,存在多种出行方式的选择,这也是我国当前社会主义建设中的成就和魅力的充分体现。而从区域间的差别而言,东部的交通网络和中西部的交通网络有着极大的不同,其分布密度也是千差万别的,这既体现了地区地形地理位置的差异,也反映了社会经济文化发展的差异。高速公路、高铁、地铁、轻轨等的出现和飞机一样,都加快了现代人的节奏,为当今的"快旅慢游"和全域旅游的开展提供了基础条件。

第三,从交通在旅游中发挥功能的程度上来看,可把旅游交通分为纯粹为旅游服务的交通(如景区观景长廊及游步道、景区内小火车游线和景区空中缆车等),具有旅游功能的交通(如沪昆高铁、贵广高铁等以及景区各景点的连接通道等)和为旅游者提供疏散和应急功能的辅助交通(如景区疏散道路、会展中心疏散道等)。单纯就功能而言,在此种分类中,纯粹意义上的旅游交通进一步体现了现代人出游的个性化和休闲体验特点。第二种交通则是具有一般交通迅速位移功能的便捷交通,为旅游的深入发展提供了条件。第三种交通则体现了景区交通线路中的科学性和人性化,为游客及景区工作服务人员提供了安全保障。

### 四、旅游交通系统

随着经济迅速发展,特别是旅游业发展,现代旅游交通的立体化、多元化和层次化越来越强,旅游的要素也越来越多,甚至有些旅游交通线路往往就是旅游目的地的亮点,例如,目前在许多大中城市流行的人车分流的非机动车道和人行道,以及过街天桥往往本身就是都市的一道道亮丽的旅游景观,如图 4-1 所示,深圳南山春天天桥,其形状就宛若一朵美丽的玫瑰花朵镶嵌在城市里。

图 4-1 中国广东深圳南山春天天桥

一个地区的旅游交通线路及节点相互组合、交织就形成了旅游交通系统。例如,南昌市旅游交通系统就是一个包括公路、铁路、地铁甚至观光游轮等在内的交通系统。其中,公路又分高速、国道、城市内交通等。

由于地域大小不同,旅游交通系统也有复杂和简单之别。总体而言,区域越大,旅游交通系统越复杂;反之,则越简单。图 4-2 所示的北京城区交通线路图中就有城区交通线路,地铁和铁路干线等组织起了一个城市综合交通系统。

区域旅游交通系统和线路布局,不仅受其地形地貌、地文水文等自然因素影响和制约,

图 4-2　北京城区交通线路

更受该地的社会经济发展程度、地域文化因素等的制约。其中，对交通布局起直接制约作用的是该地的社会经济发展状况和旅游业发展状况。沿海和内地的旅游交通系统就有很大不同，北方和南方的旅游交通系统也有很大区别。同在一个省区内，区域发展的不同也会影响其路网路线的设置。

## 第二节　景区外旅游交通

景区外旅游交通一般分为旅游地区域性交通和旅游地进入性交通。区域性交通主要指国际旅游者和国内远程旅游者进入旅游地交通枢纽所必需的交通线路。进入性交通主要指远程来的旅游者经过区域性交通枢纽而进入旅游地的交通途径。由于现代旅游行为和商业休闲等活动越来越频繁，一般的交通线路也就承载了旅游功能。当前，景区外的交通线路，除了传统意义上的火车、轮船、飞机以及公路系统的国道、省道、县道和乡道外，高铁和动车扮演越来越重要的角色。游轮和小火车则在"快旅慢游"中成为奢侈品和高档次旅游代表。

旅游交通往往和一般交通有许多相通之处，在过去，它形成的最初目的往往是发展地方经济，方便当地人的出入。传统社会里的茶马古道、走西口、闯关东、下南洋、大运河等传统交通线的形成，在当时都是为了方便人们的生计生活。中华人民共和国成立后，我国许多交通骨干线路的形成也是出于发展当地经济、方便人们生活而考虑，那时由于交通的修通而带动的旅游发展，大都是不自觉形成的，如京广线、京沪线、陇海线、浙赣线等交通骨干线。但其修通后，对旅游业发展的带动也是显而易见的。

21 世纪以来，全国各省都在大力发展交通，该时段的交通线路的选址和修建就越来越注重旅游业的发展了，如京九线、青藏线、贵昆线、沪昆线等线路选取和停靠点的选取都有发展旅游从而带动当地经济发展的考量。现在全国各地支线机场的修建，除少数服务于国防需求外，大部分也是为了发展当地旅游而修建的，如江西的井冈山机场、明月山机场。

## 一、景区外旅游交通

景区交通线路通常即其一般的交通线路,只是旅游学角度下围绕某一地区的景区景点和游客出行线路等进行分析研究的交通线路。从旅游角度来说,一般从方位上把进入景区的交通线路从东西南北中五个方向来进行区分。就江西省而言,就有赣东北旅游线路、赣北鄱阳湖旅游线路、赣北庐山旅游线路、赣西北仙女湖—明月山—武功山旅游线路、赣西井冈山旅游线路、以南昌为核心的赣中旅游线路、赣南旅游线路等提法。从交通线主干道的名字上来大概划定某一旅游范围:如京九、京沪、京广、沪昆、陇海等旅游线路等,这样就把某一条线路上的旅游景点给串起来了。

## 二、影响因素

在讨论旅游交通线路形成的制约因素时,很显然需要把旅游因素也兼顾进来。综合一般交通线路的建设,我们认为,旅游交通线路的建设主要受到以下因素的影响。

### (一)地理环境因素

一个地区的旅游交通线路的设计首先需要考虑该地的地形地貌、水文气候及地理位置等因素。例如,京九铁路在线路设计时就充分考虑到了沿途的平原、丘陵、河流、高山、农田等自然因素。港珠澳大桥在设计时则充分考虑到近海环境中复杂的海洋因素,包括沿途海底的地形地貌、海洋的潮汐、海水的腐蚀等因素。还需注意到,地理环境因素在技术条件越来越成熟的情况下,其制约性有所降低。但无论何时,地理环境因素在线路布置之前及修建过程中都是需要充分考虑的因素。

### (二)经济发展因素

由于交通线路在现代经济发展中的地位凸显,在线路设计过程中需要考虑一个地区的经济发展状况。特别是在当前我国经济迅速发展的情况下,往往考虑更多的是如何让经济欠发达的地区迅速脱贫的问题,例如,我国最近十多年来在广大中西部地区开展的高速公路和高速铁路的建设都充分考虑到了地区间经济发展和区域经济平衡问题。

在旅游成为当前经济发展的热点和当前对地区经济发展越来越注重环境的背景下,旅游业的发展往往成为经济发展中的重头戏,因此,某一地区交通线路布局往往又会充分兼顾旅游业的发展。例如,贵广高铁和沪昆高铁在线路和站点选择上便充分考虑到了沿途的旅游业发展状况,开通后则对沿途的旅游特别是西部的旅游发展起到了强有力助推作用。

### (三)政治和国防因素

在我国,交通的布局需要充分考虑政治因素和国防因素。如我国目前所布置的高铁路网和高速公路网,在带动沿途经济发展、方便沿途地区民众的同时,也是政治因素和国防因素作用的结果。最典型的是我国西南地区高铁和高速公路的发展和国家发展西部地区,与推动"一带一路"地区经济发展密切相关,也和我国的国防政策相关。如图4-3所示,在民航机场选址方面,在统筹国防因素的同时,在和平时期则成为发展旅游的重要交通方式。

### (四)社会文化因素

交通会拉近一个地区的人员交流交往,从而带来地区社会文化的变化和发展。旅游交

**图 4-3　中国民航机场空间布局**

(图片来源：中国民用航空局，《全国民用机场布局规划》.)

通线路选择在布局设计时便要充分考虑该地的社会文化因素。传统民族风俗资源富存度较高的地区往往也是经济欠发达、交通设施相对落后、环境相对闭塞的地区。但在现代化发展、旅游成为时尚的背景下，如何挖掘和保护地区的旅游资源成为当前的一大课题。

（五）技术因素

随着我国经济发展和科技水平的不断提高，基础交通建设方面的技术越来越成熟，但仍有一些技术障碍制约着交通及其配套的基础设施建设。例如我国进藏铁路规划建设青藏、川藏、滇藏、疆藏四条铁路线，但受技术因素制约，目前仅青藏铁路实现通车。

总之，旅游交通的形成受自然环境因素、社会人文因素和科技发展因素共同影响。需要注意的是，一个地区旅游交通的形成要服从于该地区的战略规划和整体设计的考虑。宏观处，需要考虑全国性战略；微观处，需要考虑市县方面的整体战略和规划。

## 三、景区外旅游交通特点

结合当前旅游火爆、旅游人数大增、旅游逐渐普及等现象，从旅游者的角度考虑，可以发现，当前旅游交通选取上越来越呈现出种类多样、时间集中、距离多为中短途等特点。

旅游交通的形成对旅游景区的可进入性有着重要的作用，可以方便景区与外界的联系。一个著名的旅游景区往往有不止一条或一种旅游交通与其对接。这样既方便游客到来和进入，也有利于游客的疏散。在此，仅结合当前交通建设情况，对景区外旅游交通在旅游发展的背景下进行分析。

（一）因地制宜

因地制宜性是交通线路设置中的一般特点，也就是要根据地形地貌等因素来设置交通线路，如重庆的复杂地貌就不便于发展地铁，但有利于发展轻轨交通。开封在地下古城重叠

的现实下也不利于发展地铁。贵州多山的地形，使得高速公路的发展成为县市区域内交通最优选择。

从旅游者角度，因地制宜还包括满足旅游者出行方式的适宜性、经济性和出行个性。往往会根据旅游目的地选择合适的出行方式。如上海游客去贵州安顺看黄果树瀑布，便往往会选择飞机或者高铁加汽车的出行方式。外地游客去观赏福建省福州市的三坊七巷景区便往往会选择高铁加地铁的出行方式。这是游客心目中的"因地制宜"，即根据距离的远近和去该地的便捷性来选择合适的交通方式。因此，旅游线路的设计，要力求兼顾游客的需求。

（二）"一线串珠"

一条交通线路，特别是主要交通线路，在设计时常常会考虑诸多因素，但不可否认的是，现代的交通线路在其前期的设计动因中往往把自然或人文的旅游资源因素包括进去。比如，单从区域角度而言，沪昆高铁和贵广高铁，就把途经的贵州省黔东南州苗族、侗族的重要景点兼顾到了，从而形成"一线串珠"的特征。

（三）"快旅慢游"

当前随着全国各地动车、高铁、高速公路、民航以及城市地铁、轻轨等的迅速发展，区域之间人员来往越来越便捷，促进了旅游人群的迅速转移。因此，在从一地到另一地旅游过程中，人们花费在旅途中的时间越来越短，从而缩短了"行程"，能腾出更多的时间来从容游览、欣赏旅游目的地景致。例如，同样是从南昌到北京，现在除了传统上的普通列车和汽车之外，人们有了高铁和飞机的出行方式选择，而后二者则大大缩短了旅途中所花费的时间。因此，旅游者在长假或者小长假中，能腾出更多时间游览北京的著名景区景点。

（四）"物美价廉"

随着大众出行方式的多样性和综合立体性，以及交通电子地图和旅游线路产品销售平台的使用和推广，游客们的出行方式也有着更多样的选择，物美价廉的旅游交通线路成为大众旅游首选。比如，同样去北京旅游，海南的游客往往会选择航空，而河南的游客则往往会选择高铁的出行方式。

（五）时间集中性

旅游交通受旅游者出游时间的影响，往往双休日、节假日旅游交通线路繁忙，这体现了旅游交通的时间集中性特征。因此，在旅游交通设计时，需要综合权衡客流来源、客流峰值、客流过大时的应急和疏散等问题。

## 第三节　景区内旅游交通

景区内旅游交通线路，如前所述，除了一般的游步道、索道、消防和疏散通道外，还有当前流行的玻璃栈道、观光小火车、游艇等，甚至有些景区还出现小型飞机。这些新型的交通工具在景区内本身就是一种旅游产品，满足了游客的体验需求。

景区内交通线路重点突出旅游性，主要是从"怎样更让游客接受"这个角度考虑，同时兼顾应急疏散及消防通道功能。因此，此处对景区旅游交通的探讨侧重于旅游角度。

景区旅游交通要注意和旅游线路区别:旅游线路是旅游产品重要组成部分,旅游交通则主要侧重于景区交通的设置,二者有交集,需注意区分。

## 一、影响景区旅游交通设置的因素

景区内影响旅游交通线路设置的因素比较集中,这些因素主要包括以下几个方面。

### (一)景区客观存在的现状

主要包括景区所处的地理位置、景区内景点及其他功能分区等因素,这些因素是客观存在的。因此,在布置旅游交通线路时要充分尊重其发育机制,做到从客观实际出发进行交通线路布置。

### (二)景区开发中的因素

主要包括政府、社区居民、企业及规划者各方的意愿汇合。旅游交通线路的选取中,政府和企业的意愿往往占主体地位。而社区居民的意愿在现今人文景观为主体的景区打造过程中也越来越受到重视。规划者对旅游交通线路规划的专业意见则往往影响政府和企业的意愿。

### (三)游客因素

游客的出游习惯和行为、出游的消费心理,无形中影响着景区景观线路的设计。这方面的作用,在现今科学旅游规划中也越来越受到重视。这一点在城镇旅游规划中往往更为明显,如福州三坊七巷,就为凝聚人气专门设置了大体呈南北走向的南后街,该街道既起着连通景区的作用,又是福建各地特产的集中展示区域,吸引着众多游客在此购物。

## 二、景区内旅游交通设置原则

### (一)因地制宜原则

景区内旅游交通线路的设计不仅要考虑到地形地貌、水文地文等环境因素,更要充分考虑旅游资源的富集性和旅游景区容量的合理性。景区内旅游资源往往呈现出多样性特点,因此,景区旅游线路在设置时要注意从实际出发,兼顾景区特点。一般而言,不论是人文景观为主的景区还是自然观光为主的景区,都有一定的历史沿袭性,其道路的设置都要在遵循原有线路的基础上加以调整和改变。比如,庐山、井冈山、张家界、九寨沟等著名的景区线路设计都要遵循原有的交通线路,如图 4-4 所示为张家界旅游交通线路。这些景区新加的索道、玻璃桥等旅游交通线路,也充分兼顾了原有的旅游线路。

### (二)"穿针引线"原则

"穿针引线"就是要以旅游交通为纽带,引导游客在景区内进行游览时,既兼顾亮点、特色,又能游览到某些非亮点的景点。景区内旅游交通道路的布置,首先需要把亮点、次亮点凸显出来,进而带动非亮点景点,最终盘活整个旅游景区。因此,景区内旅游交通线路的设计要注意其游线组织的科学合理。

### (三)"讲活故事"原则

每个景区都有自己的"故事",也有自己的特色。布置景区内旅游交通游线,其实就是在

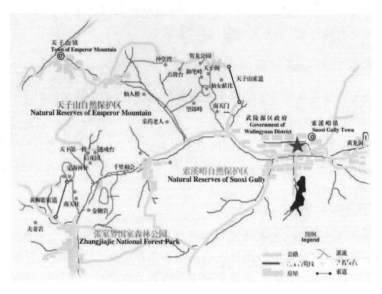

图 4-4 张家界旅游交通地图

"讲景区故事"——在旅游交通线路中逐步展示出景区景点,让游客在不知不觉中进入状态。因此,在布置景区旅游交通要按"讲故事"的原则来进行,即一条旅游交通上要有旅游故事的开始、发展、高潮和结尾。当然,高明的旅游规划者,一般不会把景区的高潮部分直接展示给大家,而是通过曲径通幽、互相呼应或逐级暗示的形式,逐步把景区的点点滴滴通过游客自身的体验和观察表达出来。比如,贵州省著名的西江千户苗寨,其进入景区的交通线路就有两条,其中从西门进入的旅游交通线是主线路,游客从下车开始,气派的寨门和隆重的苗舞迎客仪式就呈现眼前,然后,游客乘观光车经过 1.5 千米左右的进寨公路。可以想象,如果没有进寨门的隆重仪式,苗寨景色将会逊色很多。进入苗寨后,通过游线的组织,让游客既可以到对面观景台俯瞰苗寨全景,又可以通过其他交通线路直接进入苗寨观光,大大提升了游客观光体验。

（四）互补交叉原则

不同景区有不同的形态,因此,一个景区内旅游交通往往不止一条,布置也不是千篇一律的。有些景区布置的游线往往是相互交叉的。此时,在布置景区内各旅游交通线时需要兼顾各个旅游交通线路的衔接,尽量避免或者减少重复游览的情况,从而也可避免出现某些景点因区位或本身的资源禀赋缺失受到冷落的现象。

（五）游憩兼顾的原则

景区旅游交通首要的就是要从游客角度考虑,因此,每一条旅游线路要注意游赏和休憩的结合,也就是要在沿途合适的位置设置必要的停歇点。一般情况下,一条景区交通游线,每 200 米左右要设相应的停歇点或者其他相关服务点,如厕所。

（六）安全第一、及时疏散原则

旅游交通把安全放在首位。国外许多学者曾对此展开了研究,如 Jeffrey 等以澳大利亚国际游客与道路安全问题为例,在分析游客发生交通事故原因的基础上,提出应建立一个指导地区政策和规划的全国研究和管理机制。Stephen等关注游客安全和健康问题,在分析了游客事故规律和原因基础上,提出了相应的管理措施,并检验了其有效性。从中可以看出,旅游业的发展需要把人的安全放在第一位,这个安全首先就是要保证游客进得来、出得去,即遵循安全第一、及时疏散原则。因此,景区内游线和入口往往不止一个,以应对出现紧急事情时,游客有逃生通道,发生火灾时有消防通道。过去,在许多传统村落或者少数民族旅游村落,因火灾而出现的事故比比皆是,其中一个重要的原因就是传统的村落布局限制了旅游通道的拓宽或者数量的增加。

三、景区内旅游交通设置方法

景区类型和形态多样,各景区的交通机理一般都有着自身的特点。本节主要结合景区的类型和特征、地理交通的特点和景区交通线路所呈现形态,在此列举出以下几种旅游交通类型。

(一)"一条龙"法

景区内旅游交通布置,主干道首尾不相接,往往也只有一条主干交通要道和若干交通支线相连接。这种方法往往在自然景观为特色的大型景区中最为常见。如,泰山(见图4-5)、华山、井冈山、龙虎山(见图4-6)等景区就是如此。

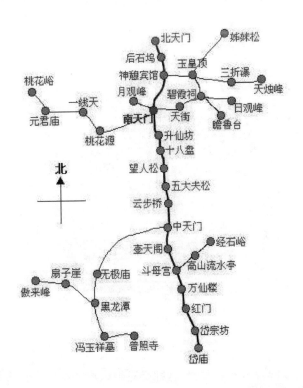

图 4-5 泰山登山游线

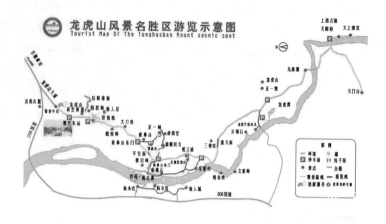

图 4-6　龙虎山旅游交通

（二）网格法

景区内旅游交通主次不是很分明，旅游节点由若干互相串联的交通线路组成，这种布置适合景区内景点比较集中、空间联系比较方便的景区。如道教名山江西省三清山，其旅游交通线路就呈网络状。另外，许多历史文化古城、古镇也往往呈此种分布，如北京故宫、丽江古城（见图4-7）、大理古城、乌镇等都是如此。

图 4-7　丽江古城地图

（三）环线法

景区内旅游交通呈环岛型，首尾相接，这种交通组织形式主要在许多呈块状或团状分布的景区中，如庐山、黄果树瀑布就是如此（见图4-8和图4-9）。另外，现在兴起的某些旅游小镇也往往采取这种分布形式，城市中心许多观光休闲体验公园就是如此。

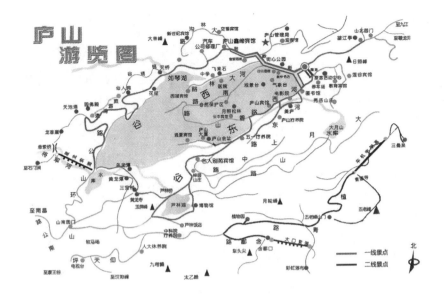

图 4-8　庐山旅游交通线路

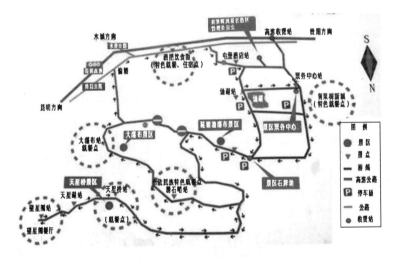

图 4-9　贵州黄果树瀑布游线

（四）综合型

由于现在景区内玻璃栈道、缆车、观光小火车等的使用，景区在布置旅游交通线路时往往趋向于复合化，而不是局限于其中一种。如前述的华山景区和井冈山景区，它们以前都只有一条干道通往主景区，现在由于缆车的使用使其旅游交通线路不再首尾不顾，而是呈网格状或块状了，另一个典型案例是杭州西湖景区旅游地图（见图 4-10）。

总体而言，国内诸多旅游景区大都已经定型，在旅游交通的打造过程中，一定要遵循其客观存在的肌理和科学布局交通游线的原则。

特别值得一提的是，小火车、观光缆车、玻璃栈道、小型飞机等新型交通方式的出现，不仅使景区丰富了旅游产品内涵，让旅游体验实实在在走入游客心中，某些景区也因此获得新

图 4-10　杭州西湖旅游交通地图

生,引爆新的旅游增长点。例如,张家界的玻璃栈道就起到了这样的作用,客观上也增强了景区可进入性及交通综合性。

### 四、景区内旅游交通的其他功能

景区内旅游交通趋向于多功能化,即旅游交通平时在为游客服务的同时,也承担着许多潜在的功能,如游客疏散、消防应急或景区设施抢修等功能。在布置这些线路时,应该充分考虑复合功能的要求和规范,特别是对于某些著名的 4A 或者 5A 级旅游景区,更应该充分考虑线路的设计等级标准,做到防患于未然。

另外,从当前旅游开发的趋势上考虑,对著名的旅游景区而言,出入的交通线路和景区内部游线设计还需考虑游客的淡季、旺季的问题。

## 第四节　旅游交通的发展

当前,旅游交通多种多样,在传统的旅游交通如铁路、公路、航运、水运的基础上,新的交通方式不断涌现。如高铁、地铁、高速公路、小型飞机、观光游艇、索道、玻璃栈道等层出不穷,使得现在的旅游出行方式趋于多元化和多样化,为旅游者提供便捷、多样的交通方式的同时,也进一步促进了旅游的发展。

### 一、高速公路

1885 年,德国人 K. 本茨发明了内燃机作为动力的汽车,这标志着现代公路运输的诞生。20 世纪 30 年代,发达国家出现高速公路。1945 年后,部分国家出现较为完善的现代化公路网,高速公路有较大占比。

中国高速公路起步较晚，发展较快，现已形成了四通八达的快速公路运输通道。1988年10月，239公里的沈大高速公路建成通车（沈大高速公路除了建成中间段108公里一级公路外，还已建成沈阳至鞍山、大连后盐至三十里堡南北两段共131公里全立交、全封闭、全部控制出入口的收费高速公路），实现了我国高速公路零的突破。到2018年12月，中国高速公路通车总里程突破14万公里，居世界第一。

我国有两种类型高速公路，一种是指中国标准的高速公路级别公路，其建设技术标准等级高于一级公路。另一种是指中国政府统一编号标识的全封闭或半封闭的高等级公路，它包括符合相关公路技术标准、交通流量需求和经济政治意义等的高速公路和一级公路（含部分城市或城际快速公路），这些高等级公路被统一编排形成独立路网，即中国高速公路网。日常生活中提到的高速公路一般指国家高速公路网。中国国家高速公路网有统筹规范的命名编号和路牌标识，以便指引司机顺利抵达目的地。

公路旅游交通的优点主要有：灵活性大，可深入景区景点内部，实现"门对门"的运送；对自然条件适应性强，一般道路都能行驶汽车；能随时停留，可任意选择旅游点，能把旅游活动扩大到面上，是铁路与航空运输的向外延伸。作为公路的主要代表，高速公路网的完善，极大地推动了我国旅游业的发展，特别是带动了自驾游的发展，促进了旅游目的地的旅游业的发展。在此背景下，各省的中心城市纷纷推出1小时、1.5小时经济圈，极大地推动了区域经济发展。

当前，修建从旅游集散地到著名景区、著名景区之间的高速公路成为旅游发展重要推动力。国家交通运输"十二五"规划中提出《国家公路网规划（2013—2030年）》，具体有9射11纵18横、6环线16并行线104联络线。截至2018年，有10个省级行政区，县县通高速。拓宽乡村通道、硬化乡间小路成为乡村旅游发展首要举措。

## 二、高速铁路

1825年，英国人乔治·史蒂芬森负责建造了世界上第一条铁路。随后，多个国家开始修建铁路，到1950年，就有19个国家建有铁路，并投入运营。1964年，日本建成了世界上第一条时速达210公里的高速铁路——东海道新干线。此后，法国、英国、原联邦德国分别于1967年、1976年、1987年相继建成高速铁路。

高铁在不同国家、不同时代以及不同的科研学术领域有不同规定。中国国家铁路局将中国高铁定义为设计开行时速250公里以上（含预留）、初期运营时速250公里以上的客运列车专线铁路，并颁布了相应的《高速铁路设计规范》文件。国家发展和改革委员会将中国高铁定义为时速250公里及以上标准的新线或既有线铁路，并颁布了相应的《中长期铁路网规划》文件，将部分时速200公里的轨道线路纳入中国高速铁路网范畴。

中国高速铁路一般采用无砟轨道，也有少部分采用有砟轨道。中国高铁线路统一运营构造速度达250km/h以上的电力动车组列车，车次分G、D、C字母开头三种，车辆分CRH和CR系列车型。2012年12月26日，世界里程最长的高铁——京广高铁正式全线通车；2014年12月26日，世界上一次性建成里程最长的高铁——兰新高铁全线贯通；2017年9月21日，世界上高铁商业运营速度最快的高铁——京沪高铁"复兴号"实现350公里时速运营。

高速铁路的修通,极大地方便了游客出游,如沪昆高铁全程仅需10小时35分钟,而以前的普通铁路则需要35小时34分钟,缩短了25小时。从而为沿线的旅游发展带来了新的机遇和活力。例如,位于贵州省黔东南州的镇远和西江千户苗寨自沪昆高铁开通以后,每年游客都呈井喷状态。

高铁作为旅游交通工具,其舒适、安全、方便、快捷、视野开阔等优点凸显。但火车需沿轨道行驶,路面铺设受地形起伏、地面连续等地理条件的限制大,因此修建铁路的工程造价高,修筑工期长。如果仅仅是为了发展旅游而修建铁路,从经济原则上看不宜大规模修建。当然,在经济条件较好的国家和地区不受经济因素限制,为发展旅游业铺设旅游铁路。中国铁路部门近年来开辟了旅游专列。

### 三、地下铁路

地下铁路是铁路运输的一种,指在地下运行为主的城市轨道交通系统。此类系统为了配合修筑的环境,并考量建造及营运成本,可能会在城市中心以外地区转成地面或高架路段。地铁是涵盖了城市地区各种地下与地上的路权专有、高密度、高运量的城市轨道交通系统,中国台湾地铁称之为"捷运"。除地下铁路外,地铁还包括高架铁路或路面上铺设的铁路。世界上最早的地铁是建于1863年的英国伦敦的大都会地铁。

地铁优点主要有:减少干扰。地铁的行驶路线不与其他运输系统(如地面道路)重叠、交叉,因此行车受到的交通干扰较少,可节省大量通勤时间。节约能源。在全球暖化问题下,地铁为大众交通运输工具。地铁行车速度稳定,节省通勤时间,民众乐于搭乘,从而减少开车所消耗的能源。减少污染。一般的汽车使用汽油或石油作为能源,而地铁使用电能,没有尾气的排放,不会污染环境。地铁有运量大、准时、速度快等优点。诸如此类优点都是支撑旅游发展的部分。

但是地铁也存在缺点,比如建造成本高、前期时间长、出现水灾、火灾和地震风险较大。如,2003年2月28日,韩国大邱广域市的地铁车站因为人为纵火而产生火灾,13辆车辆被烧毁,192人死亡,148人受伤。这次火灾产生如此严重死伤的原因除了车辆内部装潢采用可燃材料之外,车站区域内排烟设施不完善也是重要因素,加上车辆材质燃烧时产生了大量的一氧化碳等有害物质,导致不少人中毒死亡。因此,轨道交通安全预警系统的建设以及旅游者对安全提醒的自觉遵守都变得十分重要。

截至2019年6月30日,中国内地有37个城市建成投入运营城市轨道交通线路6128.8公里,其中地铁占70%,较好地服务了城市的日常通勤及旅游发展。

### 四、民用航空

航空交通是现在旅游的主要交通方式,包括定期航班和包机服务两种。航空交通快捷,飞行线路短,能跨越各种自然障碍,乘坐舒服,安全性能好。也存在价格高、容易产生噪声污染、存在最小飞行距离的限制,只能实现点对点旅行,不能开展面上的旅行,易受天气状况影响等缺点。尽管如此,航空旅游交通的优势是任何交通方式都不能替代的。

世界上第一驾飞机是1903年在美国由莱特兄弟试制成功。1919年2月,德国开办了柏林至魏玛的民用航线,这是世界上第一条民用航线。同年3月,法国巴黎至布鲁塞尔之间开通了世界第一条国家民用航线。1949年以后,英苏美相继研制出第一代喷气式飞机。1959年,第一条从洛杉矶到纽约的喷气式飞机航线开通,使用的是波音707。20世纪60年代—70年代,第二代喷气式飞机诞生。1970年,引进了巨型喷气机,能装载350人,接着出现的是长距离飞行只需加油一次的远程巨型机。大型喷气式客机的使用,缩短了客源地与目的地的时间距离,也缩短了空间距离,为远距离的国际旅游提供了条件,航空客运已经成为远距离旅游的主要交通方式。2004年,480座—660座的大型飞机如空中客车密集地出现在洲际航线中。

航线是指航空器飞行的路线。它确定了航空器飞行的具体方向、起讫与经停地点,规定了飞行高度和宽度,以维护空中交通秩序,保证飞行安全。航空器包括人造的各种能在空气中飞翔的飞行物体;飞机是航空器中的一种。根据航线起讫地点及经停点地理位置的不同,可将民航的航线分为国际航线、国内航线和地区航线三大类。

民用机场,是指专供民用航空器起飞、降落、滑行、停放以及进行其他活动使用的划定区域,包括附属的建筑物、装置和设施。受航线最小经济半径的影响,如果在500公里范围内已有机场的,不宜再规划新建机场,只能增开航线。一些省份,特别是中西部省份依托旅游景区建设支线机场,提高了景区的可进入性,如湖北的神农架、十堰近年来相继开通支线机场,为神农架、武当山乃至整个鄂西地区旅游的发展都提供了重要支撑。此外,重要旅游区可规划中短距离的直升机航线、航空俱乐部、滑翔机、水上飞机、热气球等空中交通方式。

## 五、景区新型交通

(一)玻璃栈道

玻璃栈道是由钢化玻璃凌空高架在悬崖峭壁上形成的旅游观光悬空透明玻璃栈道。玻璃栈道可以同步观测游客在景区行走的轨迹,景区因玻璃栈道挑战性而成为重要吸引点。国内以海南三亚全海景玻璃栈道、湖南张家界云天渡、广东清远古龙峡空中玻璃栈道、湖南九龙江水幕玻璃栈道最为出名。

(二)游艇与游轮

游艇是指仅限于游艇所有人自身用于游览观光、休闲娱乐等活动的具备机械推动力装置的船舶。游艇通常有休闲艇、商务交际艇、赛艇、钓鱼艇之分。

休闲型游艇,此类游艇大多为家庭购买,为家庭度假所用。设计时考虑家庭使用的方便性,装潢时以烘托家庭氛围为卖点。商务游艇,大尺寸的游艇,里面装潢豪华,一般被用于大型企业集团法人及总裁购买,多用于商务会议、公司聚会等方面。

游轮是用于搭载乘客从事旅行、参观、游览活动的各类客运机动船只的统称。游轮由邮轮延伸而来。游轮通常不会横渡海洋,而是以最普遍的绕圈方式行驶,起点和终点港口通常是同一港口。世界游轮客源主要在北美,目的地主要沿中美地峡两岸及加勒比海、地中海地区。近年来,东南亚沿海地区也吸引不少豪华游轮进来。世界邮轮公司以嘉年华游轮集团和皇家加勒比游轮集团为著名。

近几年,加勒比海航线、地中海航线游轮旅游最成熟、客源多,中日韩航线最年轻,发展前景好。正在成为游轮旅游热点的极地航线,如夏威夷、美墨、美加、南亚、非洲等航线。目前，国际上主要的远洋环游航线主要有两条：纽约—欧洲—贝鲁特—开罗—新德里—孟买—香港—日本—檀香山—旧金山—纽约，悉尼—毛里求斯—约翰内斯堡—里约热内卢—圣地亚哥—复活节岛—塔希提岛—悉尼。

1980年以来，我国游轮业发展起来，内河以长江游轮发展为典型。2010年长江上有120多艘中高档游船，达到年接待能力90多万人次。近几年短途海上游轮业开始起步，如从广州到珠海口岛屿的游轮，烟台长岛、芝罘岛、养马岛等近海的游轮。除了近海、内河游轮，近来中国也积极发展远洋游轮。

（三）索道

索道是由驱动机带动钢索绳牵引客厢或货厢，在距离地面一定高度的空间运行的交通方式。索道交通的构成包括三个硬件部分，即运行路线——由支架架设在空中的承载钢索，运载工具——悬挂在钢索上运载客、货的车厢和吊椅，两级分别位于线路两端的始、终点站。按支持及牵引的方法，索道分为2种：单线式（使用一条钢索，同时支持吊车的重量及牵引吊车或吊椅）和复线式（使用多条钢索，其中用作支持吊车重量的一或两条钢索是不会动的，其他钢索则负责拉动吊车）。按照索道行走方式可分为往复式和循环式，往复式索道上只有一对吊车，当其中一辆上山时，另一辆则下山。循环式索道上有多辆吊车，拉动钢索的是一个无极的，套在两端的驱动轮。循环式又分为固定抱索式和脱钩式。索道具有对自然地形适应性强、爬坡角度大、基建费用省、缩短运输距离等优点，被广泛应用于地形复杂地区的客货运输。

早在1894年意大利就建有索道。20世纪60年代，索道在全球得到普遍采用。客运索道多用于依山跨水的城市、风景游览区和滑雪运动场。中国于1979年在辽宁铁岭矿区为职工上下班建有专用索道。1982年自行设计制造的北京吊椅式客运索道和福建三明循环式客运索道先后投入使用。1983年从国外引进全套设备的第一条大型往复式客运索道——泰山索道投入运行。此后，在名山大川、名胜景点、旅游城市陆续建起游览索道。

位于湖南张家界的天门山索道是世界最长的高山客运索道，索道共有轿厢98个，索道支架57个，采用法国POMA公司原装进口设备。索道全长7455米，高差1279米，中站到上站之间的局部斜度高达38度，世界罕见。

在旅游地，索道建设与否曾备受关注，颇有争议。索道可以缓解客货运输压力，不自觉也会造成风景区自身面貌受到不同程度的破坏。因此，布局索道，一定要考虑成本和与景观的协调度。

除了索道、游艇，还有更多的特种交通方式（见表4-1），按其驱动方式可分为机械类、自然力类、畜力类、人力类等。它们主要功能不是载客运输，而是将娱乐、个性、时尚、刺激等内容附加于交通方式中。

表 4-1 特种交通类型

| 类　　型 | 驱 动 原 理 | 示　　例 |
|---|---|---|
| 机械类 | 机械传动驱动 | 缆车、索道、观光客车、观光电梯、摩托车、电瓶船、游艇、机动游船 |
| 自然力类 | 依靠风力、水力推动或凭借坡度滑行 | 帆船、漂流皮筏、滑雪板、滑沙板、雪橇、溜索、荡索 |

续表

| 类　型 | 驱动原理 | 示　例 |
|---|---|---|
| 畜力类 | 畜力驱动 | 畜力坐骑、畜力车 |
| 人力类 | 人力驱动 | 自行车、三轮车、黄包车、独木舟、竹排、牛皮船、羊皮筏、乌篷船、滑竿、轿子 |

## 第五节　旅游交通的空间布局

如前所述，旅游交通在当前经济日益发展，人们的旅游追求、消费观念多样化，旅游产品多样化的背景下，交通因素越来越显示出其重要性，而旅游交通也涉及景区内外各种主次线路和各种类型的交通布局问题。但如何科学实现旅游交通的整体空间布局，如何优化已有旅游交通线路，则是摆在旅游部门和交通部门面前的重大课题。

线路的布局最终体现旅游交通整体的空间分布情况。如，国家层面的航空布局、高铁布局、高速公路布局等，以及各省市层面的综合交通线路的优化都与交通空间布局有关，并影响到包括旅游在内的所有行业的发展。而单纯从一个景区的旅游来看，交通线路整体布局，又最终与区外的交通线路和区内的旅游线路布局有关。

### 一、旅游交通空间布局的概念

旅游交通空间布局是依据一定的原则和方法，对一定区域内的铁路、公路、航空和水运等的线路安排和节点位置进行全盘考虑、战略谋划和统筹安排，从而呈现出来的综合性、立体性、多层面的格局。

旅游交通空间布局是一个整体性、系统性工程，它不仅涉及旅游业的发展，还涉及政治和国防因素、经济因素、自然因素和文化因素。因此，不仅旅游交通空间布局本身呈现立体综合特点，而且在空间布局的整体谋篇和规划设计的过程中，需要事先把这些因素宏观统筹考虑进去。不仅考虑现状现实因素，还需从未来的可持续发展角度来进行旅游交通布局。

### 二、旅游交通空间布局的原则

#### （一）遵循旅游经济运行规律

旅游业的发展有其规律，从纵向上看要遵循旅游景区的生命周期规律，从横向上看，相邻各地旅游的发展存在竞合和强弱关系，因此，旅游交通空间布局在这些方面要有所侧重。而从旅游市场角度看，旅游交通空间布局会影响到旅游者对目的地的选择，从而最终影响到旅游业态的成长。例如，江西省宜春市明月山温汤景区旅游的迅速发展就与当地的高铁、高速公路和航空的整体布局有着极强的关系。而江西省抚州市乐安县流坑村虽然为江西省较大的传统村落，景观具有典型特征，但由于旅游交通的不便，其旅游业发展业绩平平。

从宏观层面来看，旅游交通空间布局的谋划中需要充分考虑各景区在地域中的发展因

素。而从微观层面来看,一个景区内的旅游交通更是需要科学合理的空间布局,做到突出重点、兼顾全面,尽量避免在景区各景点中存在阴影效应。同时,还需考虑景区内各功能分区,如商品区、观光区、休闲区、体验区等的交通空间要求,做到线路活、节点精,玩得尽兴、游得开心,在有松有弛、快旅慢游中给人以舒心的旅行。这些方面,可以参照国内目前较著名也较先进的游乐城——华侨城的做法。

### (二)提高旅游交通运行效率

旅游交通空间布局由于是涉及全局的高瞻性谋划,因此,必须从本地的交通优化运行角度着眼,这需要从速度、成本、市场效益等角度来综合考虑。

旅游交通空间布局需综合考虑自然地理环境、土地利用情况、社会经济发展情况、旅游业发展等因素,基本原则是能使游客尽快进得来,景区内则慢游慢赏,离去时亦不觉得拥堵。景区外的迅速位移,既能让游客满意,也可以提高旅游的运行效率,尽量减少因交通不便带来的游客流失,减少交通运行成本。

### (三)形成区域旅游交通网络

条条大道通罗马,而今天的旅游交通布局,就是要形成各种交通工具综合使用,既为游客提供多样化选择,也可以形成铁路、公路、航空、水运联通的各种交通形式和综合交通运输网络,从而最大限度方便游客游玩。而现在新交通工具层出不穷,也一定程度上要求旅游交通布局中要注意各种交通形式之间的衔接问题。

### (四)促进旅游的可持续性发展

旅游业本身就是绿色产业,而旅游要持续发展离不开游客。因此,在旅游交通空间布局中,也要考虑旅游的可持续发展问题,从而让景区的生态、文化得到科学、合理的保护,使景区的环境承载力和游客容量控制在合适的范围。当然,要科学合理的布局,也要使景区资源尽可能得到利用,而不至于出现产品空闲、无人问津的情况。

## 三、旅游交通空间优化

### (一)旅游区域综合运输网络建设

旅游交通空间布局要得到优化,首先需要科学规划,注重新旧交通线路的兼容、衔接问题,注重交通线路和节点的科学布局问题,关注景区的未来发展。从而最终促进旅游路网的形成。

总体而言,交通从古至今都是非常重要的,它对社会经济、文化交流、社会稳定起着重要的作用,因此,在旅游交通空间布局中,需注重各种功能的兼容,做到景区外方便快捷,景区内赏心悦目,整个区域旅游交通顺畅、高效。

### (二)旅游景观空间优化

旅游既是时代的宠儿,也是时代的风向标。最近十多年来,各种形式的旅游层出不穷,如自驾游、穷游、探险游、森林旅游、水上游等;各种形式的旅游交通工具也迅速发展,房车、旅行车、索道、观光小火轮、玻璃栈道等都不断涌现。而在景区内出现了专门的名词,比如生态廊道、景观廊道等。旅游逐渐向全域化、全民化、大众化、体验化、度假型等方向发展。因此,旅游景区也需要优化和设计其景观布局,从而让旅游交通布局与景观特色紧密结合。

具体而言,旅游景观空间优化,需要注重三个方面的问题。

一是注重游客的需求和诉求的实现。游客需求和诉求是人们在景观空间优化中必须首先考虑的要素。其实就状态来说,旅游景点一般都处于静态,但通过交通布局的调整,往往便会活化景区景点的生存和发展状况。例如,桂、云、贵三省旅游资源丰度非常高,但由于交通布局因素制约而成为"养在身闺人未识"的状态,但是随着西南交通布局的整体改观,旅游景观空间也得以优化,从而使西南地区的旅游魅力和张力得以释放,形成了全国的旅游热点地区。

二是注重景区景点的盘活。如张家界的玻璃栈道的修建,就是在遵循原有的景区交通格局的基础上,在两山狭窄处用玻璃栈道进行桥接,从而盘活了整个景区的旅游,成为一处吸引游客游玩的景观。

三是注重景观整体空间布局的科学合理。这就需要充分尊重原有的道路空间肌理和地形地貌机理,在此基础上,进行科学合理的调整。例如,2016年开通的沪昆高铁和2014年开通的贵广高铁,就极大地改变了贵州交通的整体格局,大大促进了贵州旅游业的发展。而在这两条高铁修建过程中,所经过的少数民族地区都是经过了反复论证,最后才敲定现有的行进方案的,充分展示了贵州的旅游资源魅力。

在旅游景观空间优化过程中,景区要注重加强整体的规划布局工作,不能随心所欲。已有景区则需要在尊重其景区肌理发育的基础上进行科学提升。

## 本章小结

1. 介绍了旅游交通的定义、特点,在不同标准下对旅游交通类型进行了划分,简单分析了旅游交通系统内涵。

2. 分析了制约景区外旅游交通的因素,以及进而归纳出景区外旅游交通的特点。

3. 提炼了景区旅游交通的制约因素,以及景区旅游交通特点,进而分析景区旅游交通布置的方法。

## 思考与练习

1. 旅游交通的定义是什么?请就你所在的城市谈谈对此的理解。

2. 请就你所知道的景区旅游线路,谈谈景区内旅游交通样式有哪些?并简要说明一下它的布置原则。

3. 你对"快旅慢游"如何看?与它们相关的交通样式各有哪些?

4. 当前旅游新兴交通有哪些？请就你熟悉的某一种交通工具说说对旅游发展的影响。

5. 请对你所熟悉的某个著名地区或者某个热门景区的旅游交通情况做一个简单的调查，分析一下它的旅游交通情况。

 **核心关键词**

| 旅游交通 | Tourist Traffic |
| 景区外旅游交通 | Tourism Transportation Outside Scenic Spots |
| 景区内旅游交通 | Tourism Transportation in Scenic Spots |

 **案例分析**

### 案例一：高铁助推旅游发展①

中国高铁助推旅游业发展、助推中国经济发展是不争的事实。对中国市场来说，高铁网络就是这样的一种基础设施，当然更是一种组织工具。现在，密密匝匝的高铁网已经成为一种"市场之手"，它正在把从未向全国洞开的偏远或者贫困地区的诸多资源，托举到全国市场中。由此一来，在中国这样一个统一的大市场，总体商品品类怎么会不增多？总的市场交易规模怎么会不扩大？偏远贫困地区怎么会不富裕？作为一种财富的赋能工具，随着高铁线路的延伸，我们欣喜地看到，偏远与贫困正在逐渐消失。假以时日，这两个词很有可能只会存在于语言里。

一、江西老区搭乘高铁经济列车"跑"全国

近年来，在中部省份江西，风驰电掣的高铁让越来越多的贫困山村和旖旎风景走向全国市场，开放型经济"跑"得越来越快。

（一）高铁带来了机遇和人气，也带火了大山里的经济发展

五府山地处江西省上饶县最南边，是中华蜜蜂的发源地，自然风光优美，生态条件优越。但受交通条件制约，五府山地区经济发展一度较为缓慢，四十八镇更是多年来当地扶贫工作的重点乡镇。

2015年6月，合福高铁的开通使这座远离尘嚣的山乡小镇直接迈入了"高铁时代"，引着当地居民脱贫致富奔向小康。

---

① 来源：http://www.sohu.com/a/220965325_162522。

何金文是五府山的一家农家乐老板,高铁给他带来了源源不断的游客,在他家吃土菜、品蜂蜜,体验世外桃源的生活。随着农家乐规模越来越大,老何今年还成立了金溪农业有限公司,不仅提供山区特色吃喝玩乐一条龙服务,还兼卖山货特产,一年下来,收入可达二十万元左右。

五府山车站不仅是老百姓出行的窗口,更是融入了当地人民的生活。村民们经常会到那里去跳广场舞,或者闲话家常。这个全国最小的高铁车站让村民们感到亲切,感到自豪。

如今的四十八镇,即将摘除贫困村的帽子,越来越多的村民坐上高铁走出了大山,也通过搭乘"高铁经济列车"过上了幸福的生活。

(二)一条高铁线与一条旅游经济带的重新发现

独特的山水自然风光和丰富的历史文化,为赣北地区赋予了别样的诗意气质:"枫叶荻花秋瑟瑟"的浔阳城、"四望空无地,孤舟若在天"的鄱阳湖、"陶舍重重倚岸开"的景德镇……而2017年年底正式开通的九(江)景(德镇)衢(州)铁路宛如一条金丝带,将散落的名山、名湖、名城、名村串联了起来。家住福州的李杨,是一个陶瓷爱好者,对景德镇陶瓷情有独钟,过去他去景德镇游玩坐火车得花10多个小时。李杨介绍说,九景衢铁路开通后,福州到景德镇只需两个半小时左右,一个月内他已经3次带家人去景德镇游玩了。

高铁改变了旅游客源市场的空间格局,"江西风景"借高铁加速驶往全国。以婺源县为例,九景衢铁路是继合福高铁后第二条途经婺源的高铁线路,当地交通区位进一步得到改善。婺源县2017年接待游客约2100万人次,同比上年增长20%。

借力高铁东风,九景衢铁路沿线地区正加快完善配套设施建设。以鄱阳县为例,当地正加强产业集群公共服务平台建设,完善产业聚集区基础设施建设,升级改造接驳公路,规划建设火车站新区、火车站客运枢纽。

(三)一张高铁网与一个中部省份的开放发展

近年来,江西高铁建设奋起直追,向莆、赣瑞龙铁路,沪昆、合福高铁等陆续通车,一改过去江西"高铁环绕省"的窘境。

2017年9月,武九高铁开通运营,打通了江西北上出省高铁通道,拉近了环鄱阳湖生态经济圈与武汉都市圈的时空距离。当年底,九景衢铁路建成通车,在赣北铁路网补上了"一横",并与昌九城际和沪昆、合福高铁共同构建成"环鄱阳湖动车圈"。

交通一通,一通百通。借助日益成网的高铁,江西毗邻国内最活跃两大经济圈"长三角""珠三角"的区位优势逐渐得到发挥,对接产业转移的能力进一步增强。

得益于高铁拉近江西与"两角地区"的时空距离,住在上海、广东,工作在江西日益成为现实。在赣北湖口县,一家高新材料有限公司聚集了30多名博士、100多名硕士。职业经理人的港台腔、广东腔、浙江腔,也早已让江西人司空见惯。

数据显示,2017年1月到10月,江西引进省外项目资金5192.83亿元,其中,来自长三角、珠三角和福建的项目资金占比达65.63%。

## 二、渝贵高铁把偏远山区拉入全国市场

2017年1月25日上午7时34分,D8592次列车驶出贵阳北站,历时2小时20分钟到达重庆,标志着渝贵铁路全线正式开通运营。

贵州地区多为山地和丘陵,加上典型的喀斯特地形地貌,交通建设的难度超出常人想象,渝贵铁路全线桥隧比更是高达75.4%。

"山门"打开,新机遇到来。对沿线群众来说,这条高铁的开通,不仅使重庆至贵阳的平均旅行时间从过去10小时缩短至2个多小时,也为西南贫困地区脱贫致富开辟了希望之路。

作为连接贵州和重庆的"桥头堡",夏季气候凉爽、空气质量好和原生态农特产品成为贵州省遵义市桐梓县吸引重庆人的三大法宝。

在桐梓县马鬃苗族乡龙台村,村民杨杰将家里自建的三层楼改建成家庭旅馆,一楼自己住,二三楼腾出六间房十个床位给游客使用。"去年5个月净赚近2万元,今年要把房间再升级改造。"杨杰说。

看中高铁开通后避暑经济再井喷的趋势,桐梓县的一家民营企业也把目光投向了马鬃苗族乡,投入资金4亿元实施苗族风情旅游产业扶贫示范项目,以期能带动当地仅剩的108户贫困户脱贫。

## 三、秦巴山区进入"高铁时代"

高铁带来的不仅是速度的改变,也让沿线的贫困山区迎来了发展机遇期。

秦巴山是秦岭和大巴山的简称,是中国集中连片的特困地区之一。

2017年年底,起于陕西西安,终至四川成都的西成高铁,经过五年高难度建设后正式开通运行。这条被外界誉为"中国最穿越"的高铁,将沿线的诸多贫困地区串联起来,一步跃入高铁时代。

位于陕西西南部的洋县,是西成高铁的停靠站点之一。在离傥水河不远的朱鹮湖果业专业合作社里,48岁的车玲彦正和工友们忙得不可开交,她一边向榨油机里添加菜籽,一边叮嘱丈夫用油槽接油、用桶收集废渣。而在另一处厂房里,工人们手底下也一刻不停,紫米、黑米等农特产品已包装好,堆放成山。

## 四、高铁加速云南贫困山区脱贫步伐

高铁昆明南站10余公里外,亚洲最大的鲜花交易市场——云南省昆明市呈贡区斗南花卉市场,夜间交易每晚8点半准时开市。鲜花买卖双方涌入占地约1.5万平方米的卖场,原本安静的卖场变得人声鼎沸,热闹非凡。

2016年年底,沪昆高铁贵阳至昆明段、云桂铁路百色至昆明段通车运营,标志着云南正式迈入高铁时代。云南省农村贫困面大、贫困人口多、贫困程度深,是全国脱贫攻坚的主战场之一。高铁的开通,不但为云南省带来了新一轮发展机遇,也加速了贫困山区的脱贫步伐。

位于普者黑风景区核心区内的仙人洞村,过去是一个贫困落后的彝族村寨,1993年以前人均年收入仅为300多元。村里有一个叫刘宝华的村民,以前赶马车是他的

"副业"。云桂铁路开通后,随着大量游客纷至沓来,现在拉游客看风景成了刘宝华的"主业"。有着30年马车"赶龄"的刘宝华做梦也没有想到,进入花甲之年的他通过赶马车脱了贫,致了富。

在云南文山州的贫困县富宁县,由于过去交通闭塞,年轻人大都被困在大山里,现在高铁开通后,这些年轻人有了到外面"闯一闯"的机会,打工经济逐步成为云南偏远农村地区经济的重要来源之一,助力贫困家庭脱贫致富。

据云南省富源县工信局局长李二荣介绍,富源县拥有71万人口,农村劳动力32万余人,富余劳动力近14万人,占劳动力总数的43.75%,同时,每年还新增农村劳动力8000人左右。

2017年以来,富源县依托高铁修到"家门口"的优势,累计转移就业36万人次,新增劳动力转移就业6.29万人次,其中建档立卡贫困户1.68万人次。"在家里盘田种地一年到头只能勉强糊口,现在到上海建筑工地干活,每天能赚200多块钱,来去都是坐高铁,又快又舒服。"曲靖市富源县中安镇多乐村村民苏亮乐呵呵地说道。

五、高铁穿越蜀道激活"盆地"潜力

过去几年,被峻耸高原和横断山脉围困的人口和经济大省四川,渐次突破"高铁孤岛"的困局,全面融入全国高铁圈层,书写出高铁经济学的"盆地范式"。

2014年12月20日,我国西部地区首条城际高速铁路客运专线"成绵乐客专"正式运行。运营3年多来,沿线密布的电子信息、先进制造、现代农业和特色旅游等四川"拳头产业"增强资源互动,协同发展成效明显。

实际上,围绕成都这一特大城市,涵盖德阳、绵阳、眉山、乐山等中小城市的成都平原经济区,是西部自然禀赋最好的地区,利用高铁激活并凝聚这一区域的发展活力,成为四川盆地发力"高铁经济"的先手棋。

作为成都北上出川的"大动脉",2017年年底开通的西成高铁开进了秦巴山集中连片贫困地区,让西部人民看到了追赶时代脚步的希望,迸发出全面决胜小康的新激情。

西成高铁被沿途许多地方视为脱贫奔小康的最大机遇。许多山区县招商部门的工作人员感慨万千:过去企业考察往往没有下文,如今来咨询的应接不暇,各地都憋足了劲找项目。

这是高铁经济带动欠发达地区加速发展的一个缩影。西南财经大学成渝经济区发展研究院首席专家杨继瑞认为,随着西部高铁闭环通道的形成,不仅做实了涵盖成都、重庆、西安的中国"西三角"经济圈,更加速构建"成渝西昆贵"钻石经济圈,在西部培育出一个更强劲的区域开发开放发展新极核。

毫无疑问,作为解决不平衡、不充分发展的一项基础性工程,高铁将在新时代的西部大开发中发挥战略性作用,不断推动四川盆地及周边城市之间的合作,引领内陆地区站上开发开放新起点。

### 六、兰新高铁串起丝绸路上珍珠带

寒冬时节，车窗外风号雪舞，车厢内温暖如春。银白色的兰新高铁动车组穿梭于古老的丝绸之路上，将天山与河西走廊紧紧串联。

兰新高铁开通三年多来，用速度和便捷改变了西北各族老百姓的出行方式，打破了地域经济发展的不均衡，加快了西北边陲贫困地区脱贫致富的步伐。

新疆南部四地州贫困人口多，是全国14个集中连片深度贫困地区之一。近年来，兰新高铁在推动沿线城市经济发展的同时，也给生活在塔里木盆地的老百姓带来了"红利"。

凭借特有的光热和气候条件，"色彩斑斓"的林果基地在新疆大地快速扩张，全疆林果种植面积达2200多万亩，年产值850亿元，各色果品源源不断销至海内外市场，成为南疆地区老百姓致富的"摇钱树"。

如今，兰新高铁的运营使既有的兰新铁路货运能力得到提升，越来越多的新疆林果品、农副产品搭乘货运专列驶向全国各地。

来自阿克苏苹果核心产区新疆生产建设兵团第一师5团的职工周丽丽说："通过冷藏集装箱班列输运林果，更多果农将受益于高铁发展带来的红利。"

不仅如此，新疆是旅游资源富集区，且开发势头正猛，高铁的开通也是为新疆旅游发展注入了新动能。兰新高铁开通运营后，将甘肃、青海、新疆三省区带入了高铁时代，串起西部沿线最美的风景。

据最新统计数据显示，2017年新疆共接待国内外游客1.07亿人次，同比增长32.4%，旅游综合消费实现1822亿元，增长30%。这也是新疆游客接待数量首度突破1亿人次，各项指标均创历史最高水平。

在带动旅游业发展的同时，高铁沿线许多城市以高铁为依托重构了各自的"经济版图"，激发了城市发展的潜力。

2015年，乌鲁木齐高铁片区还是一片荒滩戈壁。如今，这里已吸引超过426亿元的重点项目落户，成为新疆最具有发展活力和潜力的区域之一。

**请思考**：高铁时代为什么会对区域旅游带来巨大的变化？

## 案例二：绿色崛起中的江西旅游交通

### 一、江西省概况

江西省地处长江中下游南岸，古称"吴头楚尾，粤户闽庭"，政治区位上处于华东地区，经济上处于中部省份。不沿海、不沿边，长江在北部边缘穿过。东部、南部、西部边分别有武夷山、南岭和罗霄山脉等分布。多山丘陵和山间小盆地、小平原分布广。地势呈周高中低、南高北低的走势。境内有赣、抚、信、修等较大的河流及鄱阳湖等水域。

### 二、丰富多彩的旅游资源

多山，多水，间有丘陵、平原、盆地等多样地形使得江西历史上有"人杰地灵"之称谓，也造就了其悠久灿烂的历史，著名的原始社会万年县吊桶环遗址，商代新干大洋洲商墓、樟树吴城遗址,西汉时南昌海昏侯墓,唐宋时期禅宗"一花五叶",宋代以后的兴盛不息的书院文化和道教文化,明清时江右商帮万寿宫文化及著名市镇——景德镇、樟树、吴城等都曾盛极一时,以及著名的自然与文化大山——庐山、龙虎山、三清山、井冈山等既凸显了江西省悠久的历史,也证明了江西在传统农耕社会中的辉煌,当然也在江西省内留下了大量的自然与文化旅游资源。

当前,江西省力图以绿色兴赣、旅游兴赣、文化兴赣,以众多生态绿色资源和历史文化资源吸引海内外众多游客。

三、综合立体的旅游交通

当前,江西省正力图中部崛起,高铁、高速公路、机场在境内遍布,与原来的国道、省道和县道,以及赣江、袁江、信江修水、鄱阳湖等的水运组合成了立体综合交通网络。这些交通线路网的建成不仅对社会经济和文化具有极大的作用,而且在布置时也兼顾了旅游功能。

四、遍布全省的高速公路

江西作为中部地区省份,高速公路网越来越完善,逐渐形成了所辖大部分县市都有高速公路经过的局面,对江西的绿色崛起起了很重要的带动作用。

总体上说,江西的交通布置上突出了省会南昌的中心地位,重视其大南昌的辐射作用。形成了省会一小时高铁圈、大南昌经济圈、昌九经济走廊、环鄱阳湖文化圈、赣西经济区、赣南交通圈等。拟建设以南昌全国性综合交通枢纽为中心,九江、上饶、赣州和鹰潭区域性综合交通枢纽为次中心,其他地区性综合交通枢纽为支撑的综合交通枢纽体系,促进各种交通方式无缝衔接。

在突出省会南昌地位的基础上,江西逐步形成了省内和周边对接的"三纵三横"的交通网络布局。具体而言,"三纵",自西向东主要为:赣西地区经过宜春、吉安的咸宜吉高速公路轴线,赣中地区的昌九赣高速公路轴线,赣东纵贯景德镇、鹰潭、黎川、瑞金等县市的高速公路轴线。规划中,还有以南昌为起点,经过乐安、于都、定远的纵向高速公路,"三横",自北向南主要为:赣北地区的以九江为中心的高速网;赣中南昌、抚州为中心的路网;赣南以赣州、上犹为中心的路网。规划中还有从南昌向西出发的经过高安、上高、万载、上栗的高速公路。

五、注重突出旅游功能

如前所述,江西具有丰富多彩的自然和文化旅游资源,也形成了绿色崛起的战略思想。高速公路修建时,将名山大川、江河湖泊、人文资源等充分考虑进去,是一大特色。因此,在布置交通线路或交通点时江西非常注重对当地经济和旅游的带动性,仅就江西赣西宜春地区而言,当前该地就在原来普通铁路和国道的基础上,近十几年来逐渐增加了高速公路、高铁和明月山机场。极大地带动了江浙旅游群体来明月山风景旅游区出游的便捷性,拉动了赣西旅游的发展。

**请思考:** 你觉得江西的旅游交通发展受到哪些因素的制约?

## 案例三：桂林山水及旅游交通线路

桂林,世界著名的风景游览城市和中国首批历史文化名城,享有"桂林山水甲天下"的美誉。是联合国世界旅游组织/亚太旅游协会旅游趋势与展望国际论坛永久举办地。"世界最美赛事"的世界女子九球锦标赛于 2014 年在桂林举办。桂林是中国首个以城市为单位建设的国家旅游综合改革试验区,2012 年,桂林国际旅游胜地建设上升为国家战略。

桂林市属山地丘陵地区,为典型的"喀斯特"岩溶地貌,遍布全市的石灰岩经亿万年的风化侵蚀,形成了千峰环立,一水抱城,洞奇石美的独特景观。桂林市属亚热带气候,气候温和,雨量充沛,年平均降雨量为 1900 毫米,全年无霜期 300 天左右,年平均日照 1550 小时以上,平均温度 19°C,冬无严寒,夏无酷暑。

### 一、桂林景区外的交通线路简介

桂林北接湖南贵州,西面、南面与柳州市相连,东面与贺州市毗邻,区位条件非常优越。桂林地处广西东北部,是桂东北地区的政治、经济、文化、科技中心。贵广高铁和湘桂铁路建成后,与长沙、南宁、贵阳、广州等距 3 小时经济圈,将成为连接湘、桂、黔、粤 4 省区乃至西南、中南、华南地区的交通枢纽(见图 4-11)。

图 4-11　桂林及其周边主要交通线路图(来源:百度地图)

### 二、不断拓展桂林旅游景区和景区交通

桂林两江四湖景区是指桂林市中心区的漓江市区段、桃花江市区段、榕湖、杉湖、桂湖、木龙湖等水域所组成,并且将其相互连接而构成环城水系的总称。

其中,榕湖、杉湖、桂湖都为宋代遗留下来的护城河遗址,后经历史不断变迁,形成现在的内湖;而木龙湖景区原址曾是"铁佛塘水域",因历史原因逐渐消失,后经人工开凿形成今天的木龙湖。四个内湖连接漓江和桃花江,实现活水循环,使桂林城区包容在一个连江接湖的水系之中,若乘船游览可观赏漓江段上的叠彩山、伏波山、象鼻山等;桃花江上的舍利塔、虹桥坝、朱紫牌坊、独脚亭;榕湖上的古南门、玻璃桥、湖心岛、近千年的大榕树;杉湖上的日月双塔、李宗仁官邸;桂湖上的老人山、香樟树、异国风格的园林建筑;木龙湖的东镇门、木龙塔、李济深故居及仿宋式建筑群。尽显青山碧水之风韵、园林花卉之典雅、历史文化之丰富、异国风情之点缀,加上沿途造型各异的特色桥梁,两江四湖的景色可谓美不胜收,令人流连忘返。特别是在夜晚的艺术灯光映衬下彰显出五彩缤纷、无限遐想的高雅意境。感悟城市与山水园林的和谐统一,品味城在景中、景在城中的幽美画卷。

桂林的水上游览兴于唐代、盛于宋代,当时的桂林城湖塘密布,水系发达,乘一叶小舟就可尽览城中诸多风景名胜,但是随着历史变迁,江湖隔断,水上游览随之衰落。如今伴随着两江四湖游的发展,桂林城的水上游览又将恢复昔日的兴盛,必将成为桂林又一条黄金水道;欢迎中外游客舟行两江四湖,饱览水上桂林,感受"东方的威尼斯"。

### 三、桂林全境的旅游态势

随着桂林旅游持续发展,在建设珠江—西江经济带和桂林国际旅游胜地两大国家战略优势下,桂林将旅游发展推到新高度,提出了实现城市功能提升、城乡协调发展、旅游龙头带动、产业全面振兴等新要求。近年来,桂林市在漓江生态保护、临桂区建设、区域性交通枢纽建设等方面成绩显著,旅游业发展环境不断提升。国际旅游胜地建设也给予桂林旅游产业用地改革试点、外国游客过境72小时免签与入境停留144小时免签、鼓励发展低空飞行等系列优惠政策。

现在桂林充分利用多种文化资源汇聚,构成桂林文化城数千年的文化积淀,着力发挥其三大世界级潜力资源:中国丹霞——资源国家地质公园、中国稻作大观——龙胜梯田、中国统一符号——灵渠。四个国家级潜力资源:平乐红帆船家文化、恭城水墨山村、永福福寿之乡、灌阳瑶族世外桃源,与桂林山水共同构成八张享誉国内外的旅游名片。当前,桂林市旅游资源呈现全域化分布格局,山水洞、文城特、村镇寨、民俗情结合紧密,构成真实的中国山水田园梦境,奠定打造世界顶级山水文化名城的资源本底。

**请思考:** 请谈谈出入桂林的主要交通样式和线路有哪些?

# 第五章

## 旅游资源与旅游产品

**学习导引**

旅游资源是旅游地理学重要内容之一。旅游资源是旅游产品开发的主要凭借,也是产生旅游吸引力的主要方面。旅游资源分布广,类型多,在调查之前首先要进行分类,基于分类的调查才更有针对性。采用适宜的评价方法评价目的地旅游资源是旅游产品开发的基础,评价主要涉及资源本身和开发的外在条件;不同的旅游资源有不同的评价方法,但也有共同的综合评价法。旅游产品是旅游资源的自然延伸,其空间布局的合理性直接影响旅游者的旅游满意度。

**学习重点**

1. 掌握旅游资源和旅游产品的概念和内涵。
2. 了解旅游资源的特点、分类。
3. 掌握旅游资源的评价方法。
4. 认识旅游产品的类型。
5. 掌握旅游产品空间布局规律。

**案例导入**

### 从多样旅游资源到 IP 旅游产品

中国旅游资源在全球具有明显优势,有巨大吸引力。中国国土广袤,山川锦绣,历史悠久,民族众多,在漫长的历史中和辽阔的国土上,形成了无比丰厚的旅游资源,为中国旅游业的发展提供了雄厚的潜力。中国的旅游资源主要具有以下特点:

一是多样性。中国是世界上旅游资源最丰富的国家之一,资源种类繁多,类型多样,具备各种功能。中国拥有类型多样、富有美感性的、不同尺度的风景地貌景观,这在世界上是独一无二的。从海平面以下155米处的吐鲁番盆地的艾丁湖底,到海拔8848.86米的世界第一高峰——珠穆朗玛峰,绝对高差近9004米。中国不仅有纬向地带性的多样气候带变化,还有鲜明的立体气候效应,尤其在横断山脉地区,即所谓"一山有四季,十里不同天"。中国不论南北东西都有繁花似锦的美景,不仅有类型多样的海滨、山地、高原、高纬度地区的避暑胜地,而且还有银装素裹的冰雪世界,以及避寒休闲度假胜地海南岛。多样的风景地貌和多功能的气候资源,为生物界提供了优越的生存栖息环境,使自然景观更加多姿多彩。

不论是从旅游资源供给的角度还是从旅游消费的角度看,中国拥有世界旅游活动的各种资源和要素,可以开发成为适合现代旅游趋势的各种旅游产品。很少有像中国这样的国家具有如此多样和复杂的旅游资源系统,这一方面是由于中国的国土辽阔,地质复杂,气候多样,另一方面也与中国历史悠久、文明发达有关。资源种类的丰富度和多样性是中国旅游资源的一大重要特征。

二是丰厚性。中国旅游资源拥有各种规模、年代、形态、规制、品类的资源特征。不论是古代建筑、古城遗址、帝都王陵、禅林道观、园林艺术、民俗风情,还是自然山水风景、海湖河流、山川原野,都多姿多彩,不可胜数,其资源之丰厚足以位于世界各国前列。以花岗岩山景为例,既有节理发育又经风雨剥蚀塑造的,以奇峰怪石、辟天摩地而著称的黄山;也有因断层发育使巨大花岗岩体突兀凌空,以险称绝的华山;还有因花岗岩主峰特性而导致球状分化,由其形成的造型奇异的各种小尺度的风景地貌散见各地。

三是古老性。中国是古人类的发源地之一,也是世界文明的发祥地之一,流传至今的宝贵遗产构成了极为珍贵的旅游资源,其中许多资源以历史久远、文化古老、底蕴深厚而著称。古老的华夏文明是中华民族各族人民共同的精神财富,既有各兄弟民族文化融合的结晶,又吸取了世界各民族文化之长。中华人民共和国成立以来发现的旧石器时代遗址数不胜数,遍及32个省、自治区、直辖市。云南开远小龙潭的古猿化石分属于森林古猿和腊玛古猿;云南禄丰石灰坝发现的古猿化石,据测定距今有800万年历史。在众多的古人类遗存中,以元谋人历史最早(距今170万年),周口店龙骨山的古人类遗物最丰富,龙潭洞猿人化石的一具头盖骨最完整。中国旅游资源的古老性还表现在,远在数千年之前,中国的先人就开发和发明了一系列的工艺艺术、宏大建筑,在世界文明史上留下了辉煌的一章。仰韶文化、半坡遗址、安阳殷墟、咸阳秦城、京杭运河、万里长城、秦兵马俑坑等,无不以古称胜。

四是奇特性。在自然奇观方面,有一年一度的大理蝴蝶泉的蝴蝶盛会,洱源的万鸟朝山的鸟吊山奇景,能发出不同音符鸣叫的峨眉弹琴蛙,每届中秋的钱塘大潮,西藏高原上的周期性的水热爆炸泉,吉林松花江边的雾凇等。人文方面的奇景更是丰富多彩,秦始皇陵兵马俑坑和铜车马被誉为世界第八奇迹,已建成的兵马俑博物馆每年吸引上百万游人。长沙马王堆汉墓的完整女尸和大量帛书,江陵凤凰山汉墓保存

完好的男尸,满城陵山汉墓的金缕玉衣,丝绸之路上的楼兰古城和众多古迹,徐州的汉墓,这些墓葬地和出土文物珍品成了吸引旅游者回溯历史的最佳场所。

2019年4月16日,中国旅游协会在北京香山饭店举行《中国服务旅游十大创意案例》丛书第一季发布会"暨2019'中国服务'·旅游产品创意案例及'工匠精神'案例征集启动仪式"。故宫博物院、高德地图、碧水湾温泉度假村、腾讯微信支付、中国金钥匙、美团点评、莫干山民宿、一嗨租车、新荣记和诚品生活苏州等服务故事受到关注。以故宫博物院为例,据中国政府网数据显示,截至2015年年底,故宫共研发文创产品8700种,营业额突破10亿,其中"朝珠耳机""朕亦甚想你"折扇等文创产品把古老的宫廷元素和当代的时尚潮流结合起来,一经推出即成为网络上疯抢的"爆款"。另一方面,旅游目的地在线路设计上加入了更多主题体验内容。如杭州宋城以"过一把穿越瘾"为体验亮点;古城丽江打出了"发发呆""享受慢时光"的情怀牌;乌镇更是在吃、住、行、游、购、娱方面打造全方位的"江南水乡"感觉。(经《中国旅游报》、中国旅游信息网、搜狐网整理)

## 第一节 旅游资源概述

### 一、旅游资源的概念

资源是一个重要而又复杂的概念集,还可以对它进行拓展,比如人力资源、文化资源等。在经济学中,资源是指能够开发利用、制造产品和带来价值的一系列事物,包括天然的、社会的和文化的。旅游资源属于资源的范畴,是旅游活动的载体,是开发旅游产品和发展旅游业的基础和前提。

在中国,随着旅游业的快速发展,旅游资源一词已被学术界和行业所认同。许多学者对旅游资源的概念进行了有益的探讨,但是到目前为止还存在着争议。国内较早对旅游资源进行定义的有陈传康、郭来喜、保继刚、谢彦君、李天元等研究者。

陈传康认为,旅游资源是在现实条件下能够吸引人们产生旅游动机并进行旅游活动的各种因素的总和,它是旅游业产生和发展的基础。郭来喜认为,凡能够为旅游者提供游览观光、知识乐趣、度假疗养、娱乐休息、探险猎奇、考察研究以及友好往来和消磨闲暇时间的客体和劳务,就是旅游资源。保继刚认为,旅游资源是指对旅游者具有吸引力的自然存在和历史文化遗产,以及直接用于旅游目的地的人工创造物。谢彦君则认为,旅游资源是先于旅游而客观地存在于一定地域空间并因其对潜在旅游者所具有的休闲体验价值而可供旅游产业加以开发的潜在财富形态。李天元认为,凡是能够造就对旅游者具有吸引力环境的自然因素、社会因素或其他任何因素,都可构成旅游资源。

《旅游资源分类、调查与评价》(GB/T 18972-2017)将旅游资源定义为自然界和人类社会凡是能对旅游者产生吸引力,可以为旅游业开发利用,并可以产生经济效益、社会效益和环境效益的各种事物和现象。

西方学者使用的是旅游吸引物(tourism attraction)的概念。Velvet Nelson认为,旅游吸引物是满足旅游者兴趣、吸引旅游者前往的各种场所及其各种要素(Tourism attractions are aspects of places that are of interest to tourists and provide a pull factor for the destination)。

综合上述观点可以看出,不同学者对旅游资源的表述不一,但有一点共同之处是都强调旅游资源对游客的吸引性,即对游客具有吸引力或能激发旅游者的旅游动机。此外,多数学者也承认旅游资源的经济性,即能被人为地开发利用,能带来经济、社会和环境效益。

我们结合上述学者的相同和差异之处,把旅游资源的概念定义为:凡是能吸引旅游者产生旅游动机,并能被利用来开展旅游活动,能产生经济效益、社会效益和环境效益的各种自然、人文事物和其他因素。关于旅游资源的概念,可从以下方面来理解:①旅游资源的核心是旅游吸引力;②旅游资源的内涵是逐渐扩展变化的;③旅游资源的状况是可以改善的;④旅游资源的价值是需要发掘的。

## 二、旅游资源的特性

旅游资源是一个由汉语界原创并被广泛使用的词语,对其概念较难把握。正确理解旅游资源的特性有助于更好地认识旅游资源,对合理利用旅游资源和健康发展旅游业具有重要作用。

### (一)体验性

体验是指游客在旅游过程中获得的旅游需要的满足程度,这种满足程度是游客动机和行为与旅游地所呈现的景观、产品以及旅游设施与服务相互作用的结果。而旅游资源是满足游客体验的基础。例如,当登临岱顶时,旅游者会产生一种"会当凌绝顶,一览众山小"的审美体验。

### (二)多样性

旅游资源在地球上分布十分广泛,可以说在世界上每一个区域都有旅游资源。在陆地上,不同的区域分布着不同的自然和人文景观;在海洋上,有各种游轮和观光设施;城市里有古代建筑、现代旅游设施和公园;乡村里有丰富的田园民俗风光。即使是无人定居的南极,近些年来也开始成为热门的旅游地。

### (三)区域性

旅游资源有着明显的区域性特征,受不同气候、地形、水文、历史、政治等自然和人文因素的影响,旅游资源在不同区域有着不同的特征。从千里冰封到热带海洋,从高山峡谷到沙漠,从吊脚竹楼到黄土窑洞,都与一定的区域地理环境密切相关。

### (四)季节性

自然旅游资源易受到自然因素的影响,常常具有季节性、周期性的变化。不同的气候、季节,其自然景观也是不同的。比如,牡丹花的花期是固定的,所以赏花只能出现在一定时期内。赏红叶、冰雪旅游等旅游活动也具有周期性。旅游资源的季节性特点也会反映在旅

游业上,出现了旺季和淡季现象。因此针对这个现象,不同季节的旅游价格也有所差别。

（五）不可移动性

旅游资源带有明显的区域性特征,并且分布在与之相适应的地理环境中。正是这些明显的地方色彩和区域特征造就了旅游资源的特殊性,离开了当地的环境,旅游资源的内涵和吸引力就会大大降低。比如,仿造的埃及金字塔,尽管可以以假乱真,但是在追求原真性的游客心中,仍然认为仿造的旅游景观没有旅游意义。

（六）潜在性

旅游资源的潜在性是指原本不为人所知的自然、人文客体或因素,可以通过开发等手段转化为旅游资源的属性,这个过程可以称之为旅游资源显性化过程。比如,由于地理位置偏远,开发条件不成熟,致使一些自然风光、文物古迹没有得到利用,直到交通条件改善和旅游业发展,才由潜在的旅游资源转化为显性旅游资源。

（七）文化属性

文化内涵是旅游资源的灵魂所在,一般的旅游资源都有与之相对的文化内核。无论是高山大川、奇峰异石,还是文物古迹、园林建筑,除了外在表征外,在其内部还蕴藏着文化内核。旅游活动本质上是一种文化交流活动,旅游者通过旅游,体验、观赏、参与各种旅游活动,可以获得各种知识和美的享受,提高旅游者的文化修养和丰富精神世界。

## 第二节　旅游资源的分类与评价

### 一、旅游资源的分类

旅游资源分类是开展旅游资源调查和评价的基础,了解旅游资源的不同分类方案,认识不同方案之间的差异性,无论是从专业研究还是实践需要都具有重要意义。

旅游资源的分类,是根据旅游资源的差异性和相似性原则,对具有一定从属关系的旅游资源进行归并和划分出不同等级类别的过程。由于旅游资源的多样性和随时代的扩展性,目前学界对旅游资源尚没有统一的分类标准和分类方法;研究者从不同的角度提出了多种多样的分类方法,本教材按照旅游资源的属性不同、功能不同、旅游动机不同、级别不同和开发程度不同分别划分。按照旅游资源的成因和属性,可以将其分为自然旅游资源和人文旅游资源两大类,这也是目前最普遍、最基本的一种分类法。在此基础上根据每类内部的差异性,还可将其细分。郭来喜(2000)在两分法的基础上添加了服务性旅游资源。另外,马耀峰(2000)还提出了以下分法:按旅游资源的功能,可分为参与型旅游资源、观光型旅游资源、购物型保健休疗型旅游资源、文化型旅游资源、情感型旅游资源。按旅游动机类型可分为怀旧型旅游资源、心理型旅游资源、经济型旅游资源、健康型旅游资源、精神型旅游资源、知识型旅游资源。按旅游资源的级别有国家级旅游资源、省级旅游资源和市县级旅游资源。按开发程度,可以分为已开发、正在开发和潜在的旅游资源。

除了学术界提出的旅游资源分类外,国家规范性质的分类方案也已经在2003年发布。

由国家质检总局(现国家市场监督管理总局)和国家标准化管理委员会发布,由国家旅游局(现文化和旅游部)提出的中华人民共和国国家标准《旅游资源分类、调查与评价》(GB/T 18972-2003),明确界定了旅游资源的类型体系、调查规范和评价方法等实用技术路线,为便于应用,对旅游资源类型的释义也做了简要说明。2003版《旅游资源分类、调查与评价》总体上内容全面、技术规范、便于操作,是一部应用性较强的技术标准。但是在旅游资源分类和评价方法上明显存在不足,对个别旅游资源类型的释义也不够准确,各地在应用的过程中也发现其存在诸多问题。

2017年,国家质检总局(现国家市场监督管理总局)和国家标准化管理委员会发布了《旅游资源分类、调查与评价》(GB/T 18972-2017)(见表5-1),2017版的《旅游资源分类、调查与评价》充分考虑2003版颁布以来,旅游界对旅游资源的含义、价值、应用等多方面的研究和实践成果,重点对旅游资源的类型划分进行了修订,使标准更加突出便于实际操作、突出资源与市场的有机对接以及对旅游资源及其开发利用的综合评价,更加适用于旅游资源开发与保护、旅游规划与项目建设、旅游行业管理与旅游法规建设、旅游资源信息管理与开发利用等方面的工作。

2017版的《旅游资源分类、调查与评价》代替了2003版。在内容方面,2017版的旅游资源分类表做了继承性修编,分类层次和类型进行了简化;旅游资源主类的排序和名称做了调整。将原主类的第五类"遗址遗迹"和原主类的第六类"建筑与设施"前后移位,分别改为第六类和第五类;"水域风光""遗址遗迹""旅游商品"分别修改为"水域景观""历史遗迹""旅游购品"。旅游资源亚类设置了23个,比原亚类总数减少8个,主要改变为取消重复类型、同类归并,名称也随之做了相应调整;旅游资源基本类型设置了110个,比原基本类型总数减少了45个,主要改变为同类归并,科学吸纳和整合相关物质和非物质遗产类资源,名称也随之做了相应调整。

表5-1 旅游资源分类(GB/T 18972-2017)

| 主 类 | 亚 类 | 基本类型 | 简要说明 |
| --- | --- | --- | --- |
| A 地文景观 | AA 自然景观综合体 | AAA 山丘型景观 | 山地丘陵内可供观光游览的整体景观或个别景观 |
| | | AAB 台地型景观 | 山地边缘或山间台状可供观光游览的整体景观或个别景观 |
| | | AAC 沟谷型景观 | 沟谷内可供观光游览的整体景观或个体景观 |
| | | AAD 滩地型景观 | 缓平滩地内可供观光游览的整体景观或个别景观 |
| | AB 地质与构造形迹 | ABA 断裂景观 | 地层断裂在地表面形成的景观 |
| | | ABB 褶曲景观 | 地层在各种内力作用下形成的扭曲变形 |
| | | ABC 地层剖面 | 地层中具有科学意义的典型剖面 |
| | | ABD 生物化石点 | 保存在地层中的地质时期的生物遗体、遗骸及活动遗迹的发掘地点 |

续表

| 主类 | 亚类 | 基本类型 | 简要说明 |
|---|---|---|---|
| A 地文景观 | AC 地表形态 | ACA 台丘状地景 | 台地和丘陵形状的地貌景观 |
| | | ACB 峰柱状地景 | 在山地、丘陵或平地上突起的轻状石体 |
| | | ACC 垄岗状地景 | 构造形迹的控制下长期受溶蚀作用形成的岩溶地貌 |
| | | ACD 沟壑与洞穴 | 由内营力塑造或外营力侵蚀形成的沟谷、劣地,以及位于基岩内和岩石表面的天然洞穴 |
| | | ACE 奇特与象形山石 | 形状奇异、拟人状物的山体或石体 |
| | | ACF 岩石圈灾变遗迹 | 岩石圈自然灾害变动所留下的表面痕迹 |
| | AD 自然标记与自然现象 | ADA 奇异自然现象 | 发生在地表一般还没有合理解释的自然界奇特现象 |
| | | ADB 自然标志地 | 标志特殊地理、自然区域的地点 |
| | | ADC 垂直自然带 | 山地自然景观及其自然要素(主要是地貌、气候、植被、土壤)随海拔呈递变规律的现象 |
| B 水域景观 | BA 河系 | BAA 游憩河段 | 可供观光游览的河流段落 |
| | | BAB 瀑布 | 河水在流经断层、凹陷等地区时垂直从高空跌落的跌水 |
| | | BAC 古河道段落 | 已经消失的历史河道现存段落 |
| | BB 湖沼 | BBA 游憩湖区 | 湖泊水体的观光游览区与段落 |
| | | BBB 潭池 | 四周有岸的小片水域 |
| | | BBC 湿地 | 天然或人工形成的沼泽地等带有静止或流动水体的成片浅水区 |
| | BC 地下水 | BCA 泉 | 地下水的天然露头 |
| | | BCB 埋藏水体 | 埋藏于地下的温度适宜、具有矿物元素的地下热水、热汽 |
| | BD 冰雪地 | BDA 积雪地 | 长时间不融化的降雪堆积面 |
| | | BDB 现代冰川 | 现代冰川存留区域 |
| | BE 海面 | BEA 游憩海域 | 可供观光游憩的海上区域 |
| | | BEB 涌潮与击浪现象 | 海水大潮时潮水涌进景象,以及海浪推进时的击岸现象 |
| | | BEC 小型岛礁 | 出现在江海中的小型明礁或暗礁 |

续表

| 主　类 | 亚　类 | 基本类型 | 简要说明 |
|---|---|---|---|
| C 生物景观 | CA 植被景观 | CAA 林地 | 生长在一起的大片树木组成的植物群体 |
| | | CAB 独树与丛树 | 单株或生长在一起的小片树林组成的植物群体 |
| | | CAC 草地 | 以多年生草本植物或小半灌木组成的植物群落构成的地区 |
| | | CAD 花卉地 | 一种或多种花卉组成的群体 |
| | CB 野生动物栖息地 | CBA 水生动物栖息地 | 一种或多种水生动物常年或季节性栖息的地方 |
| | | CBB 陆地动物栖息地 | 一种或多种陆地野生哺乳动物、两栖动物、爬行动物等常年或季节性栖息的地方 |
| | | CBC 鸟类栖息地 | 一种或多种鸟类常年或季节性栖息的地方 |
| | | CBD 蝶类栖息地 | 一种或多种蝶类常年或季节性栖息的地方 |
| D 天象与气候景观 | DA 天象景观 | DAA 太空景象观赏地 | 观察各种日月、星辰、极光等太空现象的地方 |
| | | DAB 地表光现象 | 发生在地面上的天然或人工光现象 |
| | DB 天气与气候现象 | DBA 云雾多发区 | 云雾及雾凇、雨凇出现频率较高的地方 |
| | | DBB 极端与特殊气候显示地 | 易出现极端与特殊气候的地区或地点,如风区、雨区、热区、寒区、旱区等典型地点 |
| | | DBC 物候景象 | 各种植物的发芽、展叶、开花、结实、叶变色、落叶等季变现象 |
| E 建筑与设施 | EA 人文景观综合体 | EAA 社会与商贸活动场所 | 进行社会交往活动、商业贸易活动的场所 |
| | | EAB 军事遗迹与古战场 | 古时用于战事的场所、建筑物和设施遗存 |
| | | EAC 教学科研实验场所 | 各类学校和教育单位、开展科学研究的机构和从事工程技术试验场所的观光、研究、实习的地方 |
| | | EAD 建筑工程与生产地 | 经济开发工程和实体单位,如工厂、矿区、农田、牧场、林场、茶园、养殖场、加工企业以及各类生产部门的生产区域和生产线 |

续表

| 主 类 | 亚 类 | 基本类型 | 简 要 说 明 |
|---|---|---|---|
| E 建筑与设施 | EA 人文景观综合体 | EAE 文化活动场所 | 进行文化活动、展览、科学技术普及的场所 |
| | | EAF 康体游乐休闲度假地 | 具有康乐、健身、休闲、疗养、度假条件的地方 |
| | | EAG 宗教与祭祀活动场所 | 进行宗教、祭祀、礼仪活动场所的地方 |
| | | EAH 交通运输场站 | 用于运输通行的地面场站等 |
| | | EAI 纪念地与纪念活动场所 | 为纪念故人或开展各种宗教祭祀、礼仪活动的馆室或场地 |
| | EB 实用建筑与核心设施 | EBA 特色街区 | 反映某一时代建筑风貌，或经营专门特色商品和商业服务的街道 |
| | | EBB 特性屋舍 | 具有观赏游览功能的房屋 |
| | | EBC 独立厅、室、馆 | 具有观赏游览功能的景观建筑 |
| | | EBD 独立场、所 | 具有观赏游览功能的文化、体育场馆等空间场所 |
| | | EBE 桥梁 | 跨越河流、山谷、障碍物或其他交通线而修建的架空通道 |
| | | EBF 渠道、运河段落 | 正在运行的人工开凿的水道段落 |
| | | EBG 堤坝段落 | 防水、挡水的构筑物段落 |
| | | EBH 港口、渡口与码头 | 位于江、河、湖、海沿岸进行航运、过渡、商贸、渔业活动的地方 |
| | | EBI 洞窟 | 由水的溶蚀、侵蚀和风蚀作用形成的可进入的地下空洞 |
| | | EBJ 陵墓 | 帝王、诸侯陵寝及领袖先烈的坟墓 |
| | | EBK 景观农田 | 具有一定观赏游览功能的农田 |
| | | EBL 景观牧场 | 具有一定观赏游览功能的牧场 |
| | | EBM 景观林场 | 具有一定观赏游览功能的林场 |
| | | EBN 景观养殖场 | 具有一定观赏游览功能的养殖场 |
| | | EBO 特色店铺 | 具有一定观光游览功能的店铺 |
| | | EBP 特色市场 | 具有一定观光游览功能的市场 |

续表

| 主　类 | 亚　类 | 基本类型 | 简要说明 |
|---|---|---|---|
| E 建筑与设施 | EC 景观与小品建筑 | ECA 形象标志物 | 能反映某处旅游形象的标志物 |
| | | ECB 观景点 | 用于景观观赏的场所 |
| | | ECC 亭台楼阁 | 供游客休息、乘凉或观景用的建筑 |
| | | ECD 书画作 | 具有一定知名度的书画作品 |
| | | ECE 雕塑 | 用于美化或纪念而雕刻塑造，具有一定寓意、象征或象形的观赏物和纪念物 |
| | | ECF 碑碣、碑林、经幢 | 雕刻记录文字、经文的群体刻石或多角形石柱 |
| | | ECG 牌坊、牌楼、影壁 | 为表彰功勋、科第、德政以及忠孝节义所立的建筑物，以及中国传统建筑中用于遮挡视线的墙壁 |
| | | ECH 门廊、廊道 | 门头廊形装饰物，不同于两侧基质的狭长地带 |
| | | ECI 塔形建筑 | 具有纪念、镇物、标明风水和某些实用目的的直立建筑物 |
| | | ECJ 景观步道、甬路 | 用于观光游览行走而砌成的小路 |
| | | ECK 花草坪 | 天然或人造的种满花草的地面 |
| | | ECL 水井 | 用于生活、灌溉用的取水设施 |
| | | ECM 喷泉 | 人造的由地下喷射水至地面的喷水设备 |
| | | ECN 堆石 | 由石头堆砌填筑形成的景观 |
| F 历史遗迹 | FA 物质类文化遗存 | FAA 建筑遗迹 | 具有地方风格和历史色彩的历史建筑遗存 |
| | | FAB 可移动文物 | 历史上各时代重要实物、艺术品、文献、手稿、图书资料、代表性实物等，分为珍贵文物和一般文物 |
| | FB 非物质类文化遗存 | FBA 民间文学艺术 | 民间对社会生活进行形象的概括而创作的文学艺术作品 |
| | | FBB 地方习俗 | 社会文化中长期形成的风尚、礼节、习惯及禁忌等 |
| | | FBC 传统服饰装饰 | 具有地方和民族特色的衣饰 |
| | | FBD 传统演艺 | 民间各种传统表演方式 |
| | | FBE 传统医药 | 当地传统留存的医药制品和治疗方式 |
| | | FBF 传统体育赛事 | 当地定期举行的体育比赛活动 |

续表

| 主 类 | 亚 类 | 基本类型 | 简要说明 |
|---|---|---|---|
| G 旅游购品 | GA 农业产品 | GAA 种植业产品及制品 | 具有跨地区声望的当地生产的种植业产品及制品 |
| | | GAB 林业产品与制品 | 具有跨地区声望的当地生产的林业产品及制品 |
| | | GAC 畜牧业产品与制品 | 具有跨地区声望的当地生产的畜牧产品及制品 |
| | | GAD 水产品及制品 | 具有跨地区声望的当地生产的水产品及制品 |
| | | GAE 养殖业产品与制品 | 具有跨地区声望的养殖业产品及制品 |
| | GB 工业产品 | GBA 日用工业品 | 具有跨地区声望的当地生产的日用工业品 |
| | | GBB 旅游装备产品 | 具有跨地区声望的当地生产的户外旅游装备和物品 |
| | GC 手工工艺品 | GCA 文房用品 | 文房书斋的主要文具 |
| | | GCB 织品、染织 | 纺织及染色印花织物 |
| | | GCC 家具 | 生活、工作或社会实践中供人们坐、卧或支撑与贮存物品的器具 |
| | | GCD 陶瓷 | 由瓷石、高岭土、石英石、莫来石等烧制而成,外表施有玻璃质釉或彩绘的物器 |
| | | GCE 金石雕刻、雕塑制品 | 用金属、石料或木头等材料雕刻的工艺品 |
| | | GCF 金石器 | 用金属、石料制成的具有观赏价值的器物 |
| | | GCG 纸艺与灯艺 | 以纸材质和灯饰材料为主要材料制成的平面或立体的艺术品 |
| | | GCH 画作 | 具有一定观赏价值的手工画成作品 |

续表

| 主 类 | 亚 类 | 基本类型 | 简要说明 |
|---|---|---|---|
| H 人文活动 | HA 人事活动记录 | HAA 地方人物 | 当地历史和现代名人 |
| | | HAB 地方事件 | 当地发生过的历史和现代事件 |
| | HB 岁时节令 | HBA 宗教活动与庙会 | 宗教信徒举办的礼仪活动,以及节日或规定日子里在寺庙附近或既定地点举行的聚会 |
| | | HBB 农时节日 | 当地与农业生产息息相关的传统节日 |
| | | HBC 现代节庆 | 当地定期或不定期的文化、商贸、体育活动等 |
| 8 | 23 | 110 | |

注:如果发现本分类没有包括的基本类型时,使用者可自行增加。增加的基本类型可归入相应亚类,置于最后,最多可增加 2 个。编号方式为:增加第 1 个基本类型时,该亚类 2 位汉语拼音字母＋Z,增加第 2 个基本类型时,该亚类 2 位汉语拼音字母＋Y。

资料来源:《旅游资源分类、调查与评价》(GB/T 18972-2017)。

除了国家旅游资源标准,还有行业协会的旅游资源的分类标准。中国气象服务协会结合《旅游资源分类、调查与评价》(2003 版)中的气象类旅游资源分类做了补充和完善,形成《气象旅游资源分类与编码》(T/CMSA 0001-2016),主要有天气景观资源、气候环境资源、人文气象资源 3 个大类、13 个亚类、82 个子类(见表 5-2)。该标准是国内首个气象旅游资源分类与编码标准,该标准填补了中国气象旅游资源分类的空白,为我国开展气象旅游资源的普查、发掘和利用提供了依据。

表 5-2　气象旅游资源类型、释义、实例

| 大类 | 亚类 | 子 类 | 释义及实例 |
|---|---|---|---|
| 天气景观资源 (MSR) Meteorological Scenery Resource | 云雾 (CF) Cloud and Fog | 001 云海 | 平静气候条件下稳定的有较大面积的云积层。实例:黄山云海、峨眉山云海 |
| | | 002 云瀑 | 流动的云遇到山口或悬崖时,在垂直方向上的动态景观。实例:庐山云瀑 |
| | | 003 波涛云 | 云配合风力作用形成多层粗糙而松散的云浪 |
| | | 004 云幔 | 指成片的云翳。实例:"楼雨沾云幔,山寒著水城。" |
| | | 005 云絮 | 条状如絮片且颜色轻淡的云朵 |
| | | 006 云盖 | 状如车盖的云 |
| | | 007 云蔽山 | 云完全遮蔽山顶形成的景观 |
| | | 008 旗云 | 旗云由对流性积云配合山顶地形抬升和风力形成,因出现时其形如旗,故称为旗云。实例:珠穆朗玛峰的旗云 |

续表

| 大类 | 亚类 | 子类 | 释义及实例 |
|---|---|---|---|
| 天气景观资源（MSR）Meteorological Scenery Resource | 云雾（CF）Cloud and Fog | 009 彩云 | 由于日光折射而呈现的有色彩的云。实例：鸡足山彩云 |
| | | 010 雨幡 | 雨滴在下落过程中不断蒸发、消失而在云底形成的丝缕条纹状悬垂物，常见于密卷云下，俗称"附属云"。实例：美国怀俄明州雨幡 |
| | | 011 雪幡 | 雪晶在下降过程中不断升华、消失而在云底形成的白色丝缕状悬垂物。实例：布达拉宫上空出现的雪幡 |
| | | 012 朝霞 | 早上日出之时，如果大气中水汽与云较多，则阳光中一些波长较短的青光、蓝光、紫光被大气散射掉，只有红光、橙光、黄光穿透大气，天空呈现红橙色，形成朝霞。实例：葛岭朝霞、毕节东壁朝霞 |
| | | 013 晚霞 | 日落时分，地平线附近大气及云层上因日光斜射而出现的彩色光象或彩色的云。实例：鸡公山晚霞夕照、金佛山金佛万霞 |
| | | 014 雾霞 | 雾受到阳光照射形成霞光。实例：宏村雾霞 |
| | | 015 流霞 | 阳光照射在流动的云层时形成的浮动彩云。实例：观客流霞 |
| | 雨露（RD）Rain and Dew | 001 夜雨 | 夜晚连绵霏霏的细雨的景观。实例：巴山夜雨、潇湘夜雨 |
| | | 002 烟雨 | 指降水过程中雨滴直径很小，形成如烟雾状的细雨。实例：漓江烟雨、潇湘烟雨 |
| | | 003 雨霁 | 雨后初晴的景观。实例：云销雨霁，彩彻区明 |
| | | 004 露 | 是空气中水汽以液滴形式液化在地面覆盖物体上的景观 |
| | | 005 太阳雨 | 晴天时发生的降水现象 |
| | 冰雪（IS）Ice and Snow | 001 雪霁 | 降雪过后初晴的景观。实例：梁园雪霁 |
| | | 002 飘雪 | 降雪过程中雪片飞落的动态景象。实例：飞雪、响雪 |
| | | 003 霰 | 高空水蒸气遇冷凝结成白色不透明的近似球形（有时呈圆锥形）的小冰粒下降至地面的景观，多于降雪前出现 |
| | | 004 太阳雪 | 多指晴天时出现的降雪过程，是天气受冷空气影响形成降雪，同时高层云不足以遮住太阳，于是出现一边下雪一边出太阳的景观 |
| | | 005 雨凇 | 超冷却的降水碰到温度等于或低于0℃的物体表面时所形成玻璃状的透明或无光泽的表面粗糙的冰覆盖层，叫做雨凇。实例：庐山雨凇 |
| | | 006 雾凇 | 雾中无数0℃而尚未凝华的水蒸气随风在树枝等物体上不断积聚冻粘形成的景观，表现为白色不透明的粒状结构沉积物。实例：吉林雾凇、库尔滨雾凇 |
| | | 007 雪凇 | 降雪过程中，气温较高，部分雪花落到地面或树木上化成雪水，随后寒流来袭，气温骤降，雪就不再融化，雪花被树枝上的水珠粘住、冻结，形成雪凇。实例：黄山雪凇 |
| | | 008 霜 | 指在气温降到0℃以下时，近地面空气中水汽凝结形成的白色结晶 |
| | | 009 冰凌 | 水在0℃或低于0℃时凝结成的固体为冰，积冰为凌。实例：壶口瀑布冰凌 |

续表

| 大类 | 亚类 | 子类 | 释义及实例 |
|---|---|---|---|
| 天气景观资源（MSR）Meteorological Scenery Resource | 风（WD）Wind | 001 松涛 | 风吹松林，松枝互相碰击产生的涛声。实例：黄山松涛、庐山松涛 |
| | | 002 山谷风 | 山谷内与附近空气之间存在热力差异从而产生空气流动，白天风从山谷吹向坡面，称为谷风；夜晚风从坡面吹向山谷，称为山风，山风和谷风总称为山谷风 |
| | | 003 清风 | 干洁清新的山谷风。实例：川南清风 |
| | 光（SM）Sunlight and Moonlight | 001 日出 | 天气状况良好、空气透射率较高的情况下，太阳最初升出地平线的景观。实例：泰山日出、黄山日出 |
| | | 002 日落 | 指太阳徐徐落入西方的地平线以下的过程。实例：济南江波晚照、关中骊山晚照 |
| | | 003 日晕 | 日晕是日光通过云层中的冰晶时，经折射而形成的光现象，围绕太阳呈环形彩色状 |
| | | 004 月晕 | 是月光透过高空卷层云时，受冰晶折射作用，使七色复合光被分散为内红外紫的光环或光弧，围绕在月亮周围产生的环状光景 |
| | | 005 日华 | 日光通过与其波长相近的小水滴时产生的光强弱相间分布的衍射景观 |
| | | 006 月华 | 月光通过与其波长相近的小水滴时产生的光强弱相间分布的衍射景观 |
| | | 007 虹 | 大气中小水球经日光照射发生折射和反射作用而形成的彩色圆弧，称为虹景。实例：典型彩虹、月虹、环形彩虹、双彩虹 |
| | | 008 霓 | 彩色光带排列的顺序与虹相反的景观，红色在内，紫色在外 |
| | | 009 佛光 | 阳光照射穿过云中细小冰晶与水滴，经衍射和漫反射的同时有人、物阴影投射到云雾上，光线围绕阴影就形成独特的圆圈形彩虹，称为佛光景观。实例：黄山佛光 |
| | | 010 宝光 | 人在背向太阳时，从云、雾组成的背景中看到在自己影子周围产生彩色光环称为宝光。实例：峨眉宝光 |
| | | 011 幻日 | 阳光穿过空中半透明薄云里飘浮的整齐垂直排列的六角形柱状冰晶体，发生的非常规律的折射景观。此时肉眼一般可观察到多个太阳，常在太阳的左右方见到一抹七彩的光影 |
| | | 012 蜃景 | 是一种因光的折射和全反射而形成的自然景观，是地球上物体反射的光经大气折射而形成的虚像。实例：蓬莱海市蜃楼 |
| | | 013 日柱 | 指气温极低时太阳正好升起或落下，高层大气冰晶下落过程中反射的阳光近乎垂直，从而形成类似光柱的景观 |
| | | 014 极光 | 太阳发出的高速带电粒子与地球大气粒子碰撞，并使之带电辐射后激发的一种色彩瑰丽的大气发光景观 |

续表

| 大类 | 亚类 | 子类 | 释义及实例 |
|---|---|---|---|
| 天气景观资源（MSR）Meteorological Scenery Resource | 极端天气（EW）Extreme Weather | 001 雷电 | 云与云之间、云与地之间或者云体内各部位之间的壮观的放电现象及浑厚响声 |
| | | 002 龙卷 | 由快速旋转并造成直立中空管状的气流形成的景观。实例：水龙卷、火龙卷 |
| | | 003 台风 | 指形成于热带或副热带26°以上广阔海面上的热带气旋 |
| | | 004 沙尘暴 | 是指强风把地面大量沙尘物质吹起并卷入空中，使空气特别混浊，水平能见度小于1km的严重风沙天气现象 |
| | | 005 冰雹 | 指空气中的水汽遇冷液化并凝结成较大的冰团落向地面的现象 |
| | 奇特天象（PW）Peculiar Weather | 001 声雨 | 湿度大且有特殊的地理位置的地区，由于声波震动而带来降水的景象。实例：呼风唤雨石人湖 |
| | | 002 时钟雨 | 在特定时间周期中出现降水的景象 |
| | | 003 佛灯 | 出现于山中深谷里星星点点的萤光，满足一定气象条件后飞腾起来的景象。需满足的四个气象条件：雨后初晴；天空没有明月；山下没有云层；山顶没有大风大雨。实例：峨眉佛灯 |
| 气候环境资源（CER）Climatic and Environmental Resource | 气候养生（CP）Climatic Health Preservation | 001 避暑气候 | 指夏季温凉舒适、人们无需借助任何避暑措施，就能保证生理过程的正常进行、感觉刚好适宜且无需调节的气候条件 |
| | | 002 避寒气候 | 指冬季适宜避寒，人们无需借助任何防寒措施，就能保证生理过程的正常进行、感觉刚好适宜且无需调节的气候条件 |
| | | 003 四季如春气候 | 指冬暖夏凉，四季如春，全年平均气温约为15℃左右，一年四季皆宜旅游的气候资源 |
| | | 004 阳光充足气候 | 指日照充足和煦的气候条件 |
| | | 005 空气清新气候 | 空气质量好、负氧离子含量高，对治疗疾病、康复疗养有利的特殊气候资源。实例：负氧离子洗肺疗养 |

续表

| 大类 | 亚类 | 子类 | 释义及实例 |
|---|---|---|---|
| 气候环境资源（CER）Climatic and Environmental Resource | 气候体验（CE）Climatic Experience | 001 极端热区 | 年均气温高于一定阈值、极端高温日数多,降雨量少,蒸发量大,并造就相关的气象景观的区域。实例:"火洲"吐鲁番 |
| | | 002 极端寒区 | 年均气温低于一定阈值、天气寒冷,并造就相关的气象景观的区域。实例:"寒极"漠河 |
| | | 003 极端雨区 | 年均降雨日数和雨量高于一定阈值,降水日数多,雨量大,并造就相关的气象景观的区域。实例:雅安天漏 |
| | | 004 极端旱区 | 常年干旱、降水量极少,并造就相关的气象景观的区域 |
| | | 005 极端风区 | 年均极大风速大于一定阈值,并在此产生一定独特景观的区域。实例:阿拉山口 |
| | | 006 立体气候 | 在某一区域同时分布着从寒带到热带中的某些不同的气候类型的气候资源 |
| | 气候景观（CL）Climatic Landscape | 001 冰山 | 从冰川或极地冰盖临海一端破裂落入海中漂浮的大块淡水冰 |
| | | 002 冰川 | 极地或高山等气候常年寒冷地区地表上多年存在并具有沿地面运动状态的天然冰体 |
| | | 003 雪山 | 海拔较高、常年寒冷、顶部终年积雪的山体 |
| | | 004 季节雨 | 指气候原因造成的特定季节出现的雨。实例:清明杏花雨、江淮梅雨 |
| | | 005 凌汛 | 由于下游河道结冰或冰凌积成的冰坝阻塞河道,使河道不畅而引起河水上涨的景观 |
| | | 006 物候 | 指动植物适应气候条件的周期性变化,形成与此相适应的生长发育节律,其构造出的景观称为物候景观。实例:大雁迁徙 |
| 人文气象资源（CMR）Cultural Meteorological Resource | 气象与历史（MH）Meteorology in History | 001 气象灾害事件遗迹 | 因暴雨、台风等重大或极端天气过程给人类活动造成影响的历史事件遗迹。实例:75.8暴雨遗址、舟曲泥石流遗址 |
| | | 002 重大历史事件遗址 | 受天气原因影响或利用天气条件发生的重大历史事件的遗址。实例:赤壁借东风,草船借箭 |
| | | 003 气象文化遗产 | 与气象相关的节气、民俗、传说、史料等文化资源 |

续表

| 大类 | 亚类 | 子类 | 释义及实例 |
|---|---|---|---|
| 人文气象资源(CMR) Cultural Meteorological Resource | 人造景观(MS) Man-made Scenery | 001 冰雪雕塑 | 以冰或雪为主要材料来雕塑的艺术形式。实例:哈尔滨冰雕 |
| | | 002 人造彩虹 | 基于虹的形成机理人工制造出的彩虹景观 |
| | | 003 人造蜃景 | 基于蜃的形成机理人工制造出的海市蜃楼景观 |
| | | 004 人造雾 | 基于雾的形成机理人工制造出雾的局地景观 |
| | | 005 人造雨雪 | 基于雨雪的形成机理人工制造的雨景或雪景 |
| | 人造设施与建筑(MA) Meteorology in Architecture | 001 研究与学习场馆 | 指完成对气象学科门类进行观测研究、科普宣传、展览教育等功能的机构、建筑物或地点。实例:北极阁观象台、合肥气象科普馆 |
| | | 002 气象地标 | 指与气象学科相关的标志性建筑或设施。实例:蚌埠南北分界线、厦门气象雷达塔、上海外滩气象信号塔 |
| | | 003 工程与人居 | 人类为适应自然、改造自然、利用气象资源所建设的有观赏或实用价值的工程、人居建筑。实例:风力发电田 |

各类别数量:

| 大类 | 亚类 | 子类 | 释义及实例 |
|---|---|---|---|
| 3 | 13 | 82 | 82 |

注:如果发现本分类没有包括的子类或需要添加子类以外类别的内容,需报经标准起草、发布单位审核备案,方可增加。

## 二、旅游资源的调查

"国标"要求旅游资源的调查应充分利用现有的与旅游资源有关的资料和成果,完成统计、填表和编写调查文档等工作。在收集掌握现有的资料和研究成果的基础上,对旅游资源的单体逐个进行现场调查核实,包括实地观察、量测、记录、绘图、摄影和走访,并完成旅游资源单体调查表的填写。旅游资源调查的目的是摸清资源状况的家底,为旅游资源的评价提供直接的科学依据。

(一)旅游资源调查的原则

1. 可靠性原则

调查者必须以现场调查核实为主要调查方法,包括实地观察、量测、记录、绘图、摄影和走访,并且辅之以现有的文献、报告和图表等书面资料。特别是要到现场踏勘,以确认资源的真实性、完整程度以及未来开发改造的可能性。

2. 创造性原则

调查者要具有敏锐的旅游资源识别眼光和高度的审美能力,从别人不易发现的普通景观中发现美的存在,然后使之系统化、有序化。

### 3. 选择性原则

调查者在旅游资源识别过程中,要考虑社会背景、旅游风气、生态环境和文物保护等限定条件,有选择地认定旅游资源。旅游地应是一个展示传统文化、具有优美自然风光、娱乐身心、积极向上的优良场所。

### (二) 调查程序

**1. 调查准备阶段**

(1) 成立调查小组。可以由文化旅游部门或单位组成,如旅游委、文化部门、大学旅游院校等。要注意调查人员的学科多样性,一般应包括地理学、旅游学、环境保护、建筑学等。调查小组成员要有一定的野外考察能力,以应对野外突发事件。

(2) 制订调查计划。总体计划由负责人拟定,包括调查区域、调查范围、工作分工、设备使用、时间安排、调查预算等。

(3) 设计旅游资源调查表及调查问卷。根据"国标",结合调查区域旅游资源的分布、类型和数量的大致情况,设计旅游资源调查表和到相关社区进行社会调查的调查问卷。

(4) 资料收集与室内整理分析。收集调查区域的文字、地图、影像等,把握调查区域的整体情况,为实地调查做好准备。

**2. 实地调查阶段**

在完成二手资料收集整理后,调查人员的下一步工作需要进入调查地获取一手资料,具体调查方式及方法详见表 5-3 及表 5-4。

表 5-3 旅游资源调查方式一览

| 调查方式 | 主要任务 | 适用范围 | 优缺点 |
| --- | --- | --- | --- |
| 概查 | 对已知地点进行调查、核实、校正 | 特定区域或专门类型资源 | 周期短、见效快,但容易造成偏差 |
| 普查 | 全面调查整个区域的旅游资源状况 | 整个区域 | 周期长、耗资大、技术要求高 |
| 详查 | 测量、核对收集基础资料,对重点问题和地段进行主题研究和鉴定 | 小范围 | 目标明确、深入,但易脱离背景 |

表 5-4 旅游资源调查方法

| 调查方法 | 主要任务 | 方法要点 |
| --- | --- | --- |
| 野外实地调查 | 实地观察、测量、记录、摄像 | 善于发现,及时记录 |
| 访问座谈 | 召集当地居民召开座谈会,收集信息 | 尽可能收集不同类别调查对象的意见 |
| 问卷调查 | 发放调查问卷,回收 | 严格按照问卷调查程序,注意样本的容量和均衡 |

**3. 资料整理编制阶段**

总结调查所获得的资料和记录,撰写调查报告。调查报告包括前言、调查区域背景、旅游资源开发历史和现状、旅游资源状况和旅游资源评价以及旅游资源保护与开发建议。后

期应及时存档调查成果和调查资料,必要时需要建立旅游资源调查资料库。同时,需要把成果及资料录入信息数据库,为建立国家旅游资源信息系统做准备。

## 三、旅游资源的评价

### (一)旅游资源评价的概念及内容

旅游资源评价,即运用某些方法对旅游资源本身和其所处的环境等进行综合价值评估和鉴定的过程。旅游资源评价是旅游资源开发和旅游资源转化成旅游产品的前提。旅游资源评价包括两部分,一部分是对旅游资源本身的评价,如旅游资源的吸引力、质量、规模、价值、容量、组合程度和可开发性等;另一部分是对旅游资源所处的外部环境的评价,如旅游资源的位置、市场、投资状况、游客需求、政策状况、经济、社会、环境效益等。

旅游资源评价是一个系统工程,不同学科领域的专家从不同角度对旅游资源评价进行了研究,风景园林学者通过对旅游资源的审美评价来确定旅游资源的美学价值,地理学者擅长旅游资源的自然环境评价和旅游承载力评价,旅游学者则从旅游开发的角度对旅游资源的开发价值、开发条件和开发潜力等进行评价。我们将从旅游资源本身和外部环境两个方面分析旅游资源评价内容。

1. 旅游资源本身评价内容

(1)观赏体验性评估。

主要评价旅游资源给旅游者的美感体验程度,包括自然美感体验评估和人文美感体验评估等。通过体验获得精神上的愉悦是旅游的终极目的,无论是雄伟壮丽、鬼斧神工的自然美,还是历史悠久的人文美,都是这种美感体验的组成部分。对游客来说,旅游资源的观赏体验性越强,那么其旅游吸引力也越强。因此,观赏体验性应该是旅游资源评估的首要内容。

(2)规模和组合评估。

旅游资源的规模和组合评估,即评价旅游资源的丰度、集聚度、组合度。丰度包括旅游资源的种类、数量、面积等。集聚度则是在某区域内,旅游资源分布较为集中,具有鲜明的特色和较大的规模。组合度则是不同旅游资源之间的搭配状况。

(3)文化内涵及价值评估。

文化内涵及价值评估即评估旅游资源所蕴含的文化深度。旅游资源的文化内涵形成是一个历史积累过程,涉及与该旅游资源相关的重要历史人物、活动、作品等。旅游文化作为旅游资源吸引力的一部分,其产生的产业价值和延伸产品也是重要的评估内容。

(4)科学教育评估。

评估旅游资源的科研价值、科普教育价值、研学价值。旅游资源的科研价值为专业学者提供研究场所。在我国,许多知名旅游地不仅仅具有旅游功能,同时还是重要的地质、动植物研究场所。科普教育主要面对一般旅游者、生态旅游者等,激发对自然的了解和热爱,增加环保意识等。研学价值主要面向中小学生和大学生。

(5)稀缺性评估。

稀缺性评估即评价旅游资源的相对稀有性。"人无我有,人有我优",旅游资源的特色、个性是其吸引力的根本来源。

(6) 旅游环境容量评估。

旅游环境容量评估即评估旅游资源的最大承载容量,包括旅游感知容量、旅游活动容量、生态容量、基础设施容量、地区社会容量。评估旅游环境容量一是保护旅游资源,以免过多的游客对其造成破坏,二是保证游客的体验质量。

2. 外部环境评价内容

(1) 区位。

主要评估旅游资源的地理位置、交通条件、周围地域组合关系等。地理位置和交通条件决定了旅游资源的可达性,如果某地拥有优质的旅游资源,而地理位置相对偏远,交通不便,那么此地很难成为重要旅游目的地。

(2) 自然环境。

主要评估旅游资源所在地的地形、地质、气候、水文、土壤、植被等一系列的自然因素。一方面,这些自然因素也是对游客产生吸引力的组成部分,如适宜的气候、健康的水质。另一方面,评估这些因素分析其脆弱性,在预防自然灾害,保障游客生命安全方面也很重要。

(3) 客源市场。

主要评估旅游资源的客源地范围和市场潜力。一是评估旅游资源的吸引力范围、游客主要来源地,判断国际客源、全国客源和本地客源比例。二是评估主要游客群体、潜在游客群体以及细分市场。

(4) 外部经济环境。

主要包括旅游资源所在地和相关主体的经济状况,包括投资、地产、物产、劳动力、基础设施等。投资情况是旅游资源开发的最重要条件,资金来源的可靠性和稳定性是保障旅游开发进度的重要条件。

(5) 社会文化。

主要包括政治环境、社会治安、卫生条件、居民态度、旅游风气、法律、政策等,如评估当地社区居民对旅游开发的态度。

(6) 三大效益。

评估旅游资源开发后对经济、社会、环境的影响程度。如旅游业会对当时带来经济收入和工作岗位,也会抬高当地物价;对社会来说,外来旅游者会带来新的观念、生活方式等,但也会带来一些负面影响。

(二) 旅游资源评价方法

旅游资源评价方法主要包括定性方法和定量方法。在旅游资源评价初期,学术界及业界多采用直觉判断、描述、媒体评选等一系列的定性方法,比较有影响力的评价包括黄辉实的六字七标准评价法、谢凝高名山大川自然美评价法、卢云亭三三六评价法、一般体验性评价法和景观美学质量评价法。随着旅游业的发展,旅游资源评价方法逐渐从定性转向定量方法,如使用最多的层次分析法(AHP)、重要性-绩效分析法(IPA)、模糊数学评价法、灰色评价法、人工神经网络等。

1. 黄辉实六字七标准评价法

黄辉实从旅游资源本身和旅游资源所处环境两个方面做出定性的评价或分级。

美:旅游资源给旅游者的美感,包括自然美和人文美。
古:有悠久的历史,与重要历史人物和活动有关。
名:具有较大的名声或与名人有关的事物。
特:特有的、别处没有的或少见的稀缺资源。
奇:给人以新鲜奇特的感觉。
用:具有实用或应用价值。

对旅游资源所处环境采用季节性、环境污染状况、与其他旅游资源之间的联系性、可进入性、基础结构、社会经济环境、客源市场七项进行评价。

2. 谢凝高名山大川自然美评价法

(1) 自然山水的形象美。

形象美是名山大川等自然景观总体形态和空间形式的美,谢凝高将其概括为雄、奇、险、秀、幽、奥、旷等特点。

(2) 自然山水的视觉美。

视觉美是自然景观所表现的色彩,山色、水色、植被色、天气等均有不同的色彩。

(3) 自然山水的动态美。

动态美是指有些旅游资源在外力的作用下,表现出来的一种运动美,如千变万化的云雾、瀑布等。

(4) 自然山水的感官美。

感官美是指游客利用感官去感受大自然的美,山涧流水声是听觉美,桂花飘香是嗅觉美。

3. 卢云亭三三六评价法

三大价值:指旅游资源的历史文化价值、艺术观赏价值和科学考察价值。

三大效益:指旅游资源开发后的经济效益、社会效益、环境效益。

六大开发条件:指旅游资源所在地的地理位置和交通条件、景象地域组合条件、旅游环境容量、旅游客源市场、投资能力、施工难易程度等六个方面。

4. 一般体验性评价法

一般体验性评价法是由众多旅游者根据自己的亲身体验对某一旅游资源的质量进行评估,或者某些专业旅游机构或非专业媒体机构,采用调查问卷或专家访谈等方式进行的评价。《中国国家地理》曾组织评选我国著名旅游胜地。

5. 三项评价

吸引力评价:包括观赏价值、文化价值、科学价值、观赏内容、环境评价、季节要素、特殊价值和环境容量。

开发条件评价:包括地区经济条件、可进入性、依托城市、通信条件、地方积极性和已有服务设施情况等。

效益评价:包括投资与收入、客源预测和社会效益。

6. 景观美学质量

旅游资源美感质量评价一般是基于对旅游者和专家体验的深入分析,建立规范化的评价模型,评价的结果多具有可比性的定性尺度或数量值,其中对于自然风景质量的视觉美评估技术已经比较成熟。保继刚、俞孔坚等对其进行过介绍和总结。目前公认的有 4 个学派,每个学派都有自己的指导思想和评价标准(见表 5-5)。

表 5-5　景观美学质量

| 学　派 | 代　表 | 标　准 | 内容实例 | 优 缺 点 |
|---|---|---|---|---|
| 专家学派 | Litton | 基于自然风景的线条、形体、色彩和质地为基本要素,符合形式美原则的风景则有较高质量 | 美国林务局风景管理系统,苏格兰乡村委员会评估系统 | 实用性突出,易得出客观、可比性强的评价结果,但评价等级未细化 |
| 心理物理学派 | Daniel and Boster Buhyoff | 把风景与审美当作一种刺激—反应关系,并通过心理学检测方法评定风景质量 | 以风景照片为工具,获得公众对其的态度,然后确定照片的基本成分,建立数学模型评估风景质量 | 注意景观主客体感受联系,承认可量化评价景观,但通过照片评价缺少现场认知 |
| 心理学派 | Appleton Kaplan Ulrich | 强调人对风景的最初反应最为重要;判断人的景观审美过程 | 风景审美解释模型 | 注重现场认知、空间体验,但缺少社会文化评价,在主观感受—客观景观之间联系较弱 |
| 现象学派 | Lowenthal | 把人对风景的审美判断看作是其个性和文化历史背景、体验、志趣的表现 | 考证自然文学、名人游记,判断其审美背景,也可通过心理测量、调查访问等方法来获取某种风景所产生的环境和背景 | 过分依赖评价主体个性,难以得出普遍结论 |
| 景观环境科学 | Litton Lynch | 基于景观客体,关心客体形象在景观中如何体现,主要通过景观客体分类来描述景观 | 中国园林景观构成分析 | 缺乏景观文化内涵分析以及量化测定 |
| 风景文化艺术 | | 以历史文化角度考察景园发展 | 山水美学研究 | 缺乏系统性与现代景园文化 |

7. 定量评价方法

(1) AHP 层次分析法。

层次分析法最早是由美国运筹学家 T. L. Saaty 在 20 世纪 70 年代提出来的,它是一种定性分析与定量分析相结合的方法。大体思路是将一个复杂问题先看作是一个整体,然后再将目标分解为多个准则层,之后再将准则分解为多个指标层,最后计算专家矩阵并检验是否满足一致性,得出指标层的单排序(权重)和总排序,来优化多指标决策的系统方法。

层次分析法首先将要解决的问题按照总目标、准则层和指标层的顺序依次分解,然后获取数据构建专家矩阵,再通过数学上求解矩阵的办法,一步步求得各层次对应他们上一层次的元素权重,最后再加权算出评价指标对总目标的最终权重,并对它们进行层次指标总排序,其中权重最大者即排序为第一,便是针对该问题的最好方案。层次分析法比较适合用来分析一个既交错复杂、不易区分各指标,又难以用单纯的定量分析的复杂系统。层次分析法的一个关键点就是要构造专家矩阵,并根据各矩阵的列向量求出最大特征值,然后用代入求出所对应的特征向量 $W$,之后对特征向量进行归一化,最终求出各层次指标的权重值。

对一个总目标 $E$,各影响因子 $P_i(i=1,2,\cdots n)$ 的重要性分别为权重 $Q_i(Q>0)$,则 $E=\sum_{i=1}^{n}Q_iP_i$,$E$ 为综合评价值,$Q_i$ 为第 $i$ 个评价因子的权重,$P_i$ 为第 $i$ 个评价因子的评价值,$n$ 为评价因子的数目。本文选取两个案例来具体介绍 AHP 层次分析法。

①南昌市滕王阁文化旅游评价体系。

构建 AHP 模型。从旅游资源数量和质量等方面总结出影响滕王阁文化旅游资源价值评估的 3 个要素:旅游资源价值、环境条件和旅游开发条件(见表 5-6)。

表 5-6 评价指标层

| 总目标层 | 准则层 | 指标层 |
| --- | --- | --- |
| 滕王阁文化旅游资源评价 | 旅游资源价值 | 历史文化价值 |
| | | 观赏游憩价值 |
| | | 科学教育价值 |
| | | 艺术价值 |
| | 环境条件 | 环境容量 |
| | | 自然生态 |
| | | 气候条件 |
| | | 区域规模 |
| | 旅游开发条件 | 交通区位 |
| | | 基础设施 |
| | | 政策环境 |
| | | 客源市场潜力 |
| | | 地域组合 |

构建判断矩阵。首先构造层次结构模型,搞清各目标层与相应指标层之间的关系,然后构造判断矩阵,将指标层与其对应的目标层进行两两比较,然后参考层次分析法指标标定值写出合理的相对重要性值(见表 5-7)。

表 5-7 指标相对重要性

| 相对重要性 | 极其重要 | 非常重要 | 比较重要 | 稍微重要 | 同等重要 | 稍不重要 | 比较不重要 | 非常不重要 | 极其不重要 |
| --- | --- | --- | --- | --- | --- | --- | --- | --- | --- |
| 标定值 | 9 | 7 | 5 | 3 | 1 | 1/3 | 1/5 | 1/7 | 1/9 |

通过对专家、同学和游客的问卷调查,获得相关问题问卷数据后,再取数据平均值分别得到准则层对总目标层的判断矩阵,以及指标层对准则层的判断矩阵。然后计算出每层要素权重值,这时根据分层次思想,可求出指标层对总目标层的最终权重排序。

②江西省宗教场所旅游开发适宜性评价。

郭泉恩(2014)选取江西省宗教场所旅游开发适宜性评价。从性质、规模、品位、适游期和市场认知度等方面评价江西省宗教场所旅游资源,再从资源禀赋、城镇依托、交通可达性和人口经济基础等方面评价资源较好场所的旅游开发适宜性,最终根据其在评价子系统所得的分值划分出高适宜性、较高现实适宜性、较高潜力适宜性和低适宜性。

建立评价指标体系。通过征询相关专家,遵循实用性、科学性、代表性和综合性等原则,从性质、规模、品位、适游期和市场认知度 5 个方面构建江西省宗教场所的旅游资源评价指标体系,如图 5-1 所示。

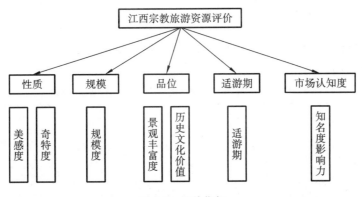

图 5-1 评价指标

根据 AHP 法构造判断矩阵。获得指标权重后,7 个指标从大到小排列依次是历史文化价值、奇特度、美感度、知名度影响力、规模度、景观丰富度和适游期,然后进行江西宗教旅游资源的开发适宜性评价。

(2)重要性—绩效分析法(IPA)。

IPA 分析法由马提拉和詹姆斯(Martilla and James)于 1977 年提出。20 世纪 90 年代初,IPA 分析法开始广泛应用服务性行业,其应用范围包含服务满意度、产品表现、地区竞争力(吸引力)和宏观旅游政策制定等。IPA 分析法要求受访者对指定调查对象的各项衡量指标从重要性和绩效表现两个方面来评价各测评要素。IPA模型架构是将重要性（重视度）列为横轴，绩效表现（满意度）列为纵轴，并分别以顾客对产品/服务属性重要性、绩效表现评价之总平均值作为X—Y轴的分割点，将空间分为以下4个象限。

A象限（继续保持区）：顾客非常重视并对业者表现的绩效感到满意的产品/服务属性。

B象限（供给过度区）：顾客不重视但对业者表现的绩效感到满意的产品/服务属性。

C象限（优先顺序较低区）：顾客不甚重视并对业者表现的绩效也感到不满意的产品/服务属性。

D象限（加强改善重点区）：顾客非常重视但对业者表现的绩效感到不满意的产品/服务属性（见图5-2）。

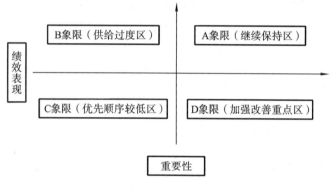

图5-2　IPA模型

（3）《旅游资源分类、调查与评价》(GB/T 18972-2017)中的评价方法。

旅游资源评价项目和评价因子用量值表示（见表5-8），资源要素价值和资源影响力总分值为100分。附加值中环境保护与环境安全，分正分和负分。每一评价因子分为4个档次，其因子分值相应分为4档。

表5-8　旅游资源评价赋分标准（GB/T 18972-2017）

| 评价项目 | 评价因子 | 评价依据 | 赋值 |
| --- | --- | --- | --- |
| 资源要素价值（85分） | 观赏游憩使用价值 | 全部或其中一项具有极高的观赏价值、游憩价值、使用价值 | 32～22 |
|  |  | 全部或其中一项具有很高的观赏价值、游憩价值、使用价值 | 21～13 |
|  |  | 全部或其中一项具有较高的观赏价值、游憩价值、使用价值 | 12～6 |
|  |  | 全部或其中一项具有一般观赏价值、游憩价值、使用价值 | 5～1 |

续表

| 评价项目 | 评价因子 | 评价依据 | 赋值 |
| --- | --- | --- | --- |
| 资源要素价值（85分） | 历史、文化科学艺术价值 | 同时或其中一项具有世界意义的历史价值、文化价值、科学价值、艺术价值 | 25～20 |
| | | 同时或其中一项具有全国意义的历史价值、文化价值、科学价值、艺术价值 | 19～13 |
| | | 同时或其中一项具有省级意义的历史价值、文化价值、科学价值、艺术价值 | 12～6 |
| | | 历史价值，或文化价值，或科学价值，或艺术价值具有地区意义 | 5～1 |
| | 珍稀奇特程度 | 有大量珍稀物种，或景观异常奇特，或此类现象在其他地区罕见 | 15～13 |
| | | 有较多珍稀物种，或景观奇特，或此类现象在其他地区很少见 | 12～9 |
| | | 有少量珍稀物种，或景观突出，或此类现象在其他地区少见 | 8～4 |
| | | 有个别珍稀物种，或景观比较突出，或此类现象在其他地区较多见 | 3～1 |
| | 规模、丰度与概率 | 独立型旅游资源单体规模、体量巨大；集合型旅游资源单体结构完美、疏密度优良；自然景象和人文活动周期性发生或频率极高 | 10～8 |
| | | 独立型旅游资源单体规模、体量较大；集合型旅游资源单体结构很和谐，疏密度良好；自然景象和人文活动周期性发生或频率很高 | 7～5 |
| | | 独立型旅游资源单体规模、体量中等；集合型旅游资源单体结构和谐，疏密度较好；自然景象和人文活动周期性发生或频率较高 | 4～3 |
| | | 独立型旅游资源单体规模、体量较小；集合型旅游资源单体结构较和谐，疏密度一般；自然景象和人文活动周期性发生或频率较小 | 2～1 |
| | 完整性 | 形态与结构保持完整 | 5～4 |
| | | 形态与结构有少量变化，但不明显 | 3 |
| | | 形态与结构有明显变化 | 2 |
| | | 形态与结构有重大变化 | 1 |

续表

| 评价项目 | 评价因子 | 评价依据 | 赋值 |
| --- | --- | --- | --- |
| 资源影响力(15分) | 知名度和影响力 | 在世界范围内知名,或构成世界承认的名牌 | 10~8 |
| | | 在全国范围内知名,或构成全国性的名牌 | 7~5 |
| | | 在本省范围内知名,或构成省内的名牌 | 4~3 |
| | | 在本地区范围内知名,或构成本地区名牌 | 2~1 |
| | 适游期或使用范围 | 适宜游览的日期每年超过300天,或适宜于所有游客使用和参与 | 5~4 |
| | | 适宜游览的日期每年超过250天,或适宜于80%左右游客使用和参与 | 3 |
| | | 适宜游览的日期超过150天,或适宜于60%左右游客使用和参与 | 2 |
| | | 适宜游览的日期每年超过100天,或适宜于40%左右游客使用和参与 | 1 |
| 附加值 | 环境保护与环境安全 | 已受到严重污染,或存在严重安全隐患 | −5 |
| | | 已受到中度污染,或存在明显安全隐患 | −4 |
| | | 已受到轻度污染,或存在一定安全隐患 | −3 |
| | | 已有工程保护措施,环境安全得到保证 | 3 |

注:"资源要素价值"项目中含"观赏游憩使用价值,历史文化科学艺术价值,珍稀奇特程度""规模、丰度与概率""完整性"等5项评价因子,"资源影响力"项目中含"知名度和影响力""适游期或使用范围"等2项评价因子。"附加值"含环境保护与环境安全1项评价因子。

资料来源:旅游资源分类、调查与评价(GB/T 18972-2017)。

根据对旅游资源单体的评价,得出该单体旅游资源共有综合因子评价赋分值,依据旅游资源单体评价总分,将旅游资源评价划分为五个等级。未获等级旅游资源得分小于或等于29分(见表5-9)。

表 5-9　旅游资源评价等级与图例（GB/T 18972-2017）

| 旅游资源等级 | 得分区间 | 图　　例 | 使用说明 |
|---|---|---|---|
| 五级旅游资源 | ≥90 分 | ★ | |
| 四级旅游资源 | 75—89 分 | ■ | 1. 图例大小根据图面大小而定，形状不变 |
| 三级旅游资源 | 60—74 分 | ◆ | 2. 自然旅游资源（表1中主类 A、B、C、D）使用蓝色图例 |
| 二级旅游资源 | 45—59 分 | ▲ | 3. 人文旅游资源（表1中主类 E、F、G、H）使用红色图例 |
| 一级旅游资源 | 30—44 分 | ● | |

注：五级旅游资源称为"特品级旅游资源"；五级、四级、三级旅游资源通称为"优良级旅游资源"；二级、一级旅游资源通称为"普通级旅游资源"。

## 第三节　旅游资源地理区划

自 20 世纪 80 年代以来，我国旅游资源分区研究随着旅游业的正式起步、发展而逐步展开。虽然国家尚未提出正式的区划方案，但不少学者出于教学和科研的需要，投入了大量的时间和精力，对我国的旅游资源进行分区研究，获得了很多研究成果，但也存在分歧，呈现纷繁复杂的局面。

### 一、旅游资源地理区划内容

旅游资源地理区划是区域旅游资源差异的一种外在表现形式。分析整合旅游资源区划的研究进展对旅游业发展具有重要意义，不仅可以掌握区域之间的差异性，还可以加快区域旅游合作的开展和区域旅游业一体化的实现。旅游资源区划是从旅游资源丰度和旅游资源的供给状况来进行的旅游区划（保继刚，1999）。中国地域辽阔，旅游资源地域差异显著，旅游业发展的社会经济条件千差万别。因此，旅游区划研究对旅游地理学科体系的完善，有着重要的理论价值，同时对确定旅游区划范围、性质、特征、地位及发展方向等均有指导作用。

### 二、旅游资源地理区划原则

（一）综合性和主导性同一原则

综合性原则是指针对旅游资源系统的复杂性与多样性，要尽可能全面地将影响旅游资源分布的主要要素涵盖在内，这包括旅游资源的自然成因、数量、属性、行政区域、历史人文、社会人口等；主导性原则是指在区划的不同层级，应选取每个层级划分的主要决定要素。例如在划分旅游资源大区时选择自然成因和历史人文作为主导因素。

（二）发生学与区域共轭原则

发生学原则，要求将每一个旅游资源区视为一个发生统一体。在这个统一体中，旅游资源在成因和演化过程上具有相对一致性。区域共轭原则，即保持区域完整性，按照这一原则进行旅游资源分区，要求划分出的旅游资源区在地域上应是连续和完整的，不能存在独立于区域之外而又从属于该区的单位。

（三）空间分布连续性与行政区划一致原则

在划分旅游资源大区和二级区时，遵循空间分布连续性与取大去小原则，将过度碎片化区域适度就近合并，以体现旅游资源地理区划的规律性和整体性。同时考虑现有的行政区划，尽量不拆分行政区域的范围。

（四）自然旅游资源与人文旅游资源相对结合原则

首先要考虑旅游资源单元内部地形地貌、气象气候、河流水文、自然景观等自然条件的相似性，将自然条件一致或相似的区域划归为一类旅游资源。在此基础上，考虑人文活动、民俗风情、文化遗产和民族集聚相类似的区域，在大区划分时突出文化要素的趋同性。

### 三、旅游资源区划

20世纪80年代初，我国开始对旅游区划进行研究，虽然各个时期、各个学者关于旅游区划的方案不同，但都反映了旅游业的发展趋势和指导思想，对旅游业的发展具有一定的指导借鉴意义（见表5-10）。

表5-10　不同学者对我国旅游资源的区域划分

| 学者 | 时间 | 分类特点 | 一级旅游资源区划 |
|---|---|---|---|
| 周进步 | 1985 | 具有中心—边缘特征 | 中央、东部沿海、川汉、华南热带景观、西南岩溶、西北丝绸之路、东北、北疆塞外、青藏高原 |
| 郭来喜 | 1988 | 按区域旅游资源禀赋和特点分类 | 京华古今风貌、白山黑水北国风光、丝路寻踪民族风情、华夏文明访古、西南奇山秀水民族风情、荆楚文化景观、吴越文化江南水乡风光带、岭南文化亚热带风光、世界屋脊猎奇探，以及中国台湾和香港海南岛风貌 |
| 雷明德 | 1988 | 区域特征 | 东北林海雪原、中原古迹名山、东部名山园林、华南热带风光、西南岩溶风光、川鄂湘名山峡谷、西北干旱景观、塞外草原景观、青藏高原 |

续表

| 学者 | 时间 | 分类特点 | 一级旅游资源区划 |
|---|---|---|---|
| 阎守邕 | 1989 | 结合区域自然地理特点 | 东北温带湿润景观旅游资源区,黄河中下游名胜古迹旅游资源区,长江流域山水风光旅游资源区,华南热带、亚热带景观旅游资源区,云贵高原奇山异水风土民情旅游资源区,塞外草原荒漠旅游资源区,西北丝绸之路旅游资源区,青藏高原世界屋脊资源旅游区 |
| 石高俊 | 1994 | 结合历史文化和区域特征 | 东北北国风光古迹名胜旅游资源区、华北黄土景观名城古迹旅游资源区、华东水乡风光名山胜迹旅游资源区、岭南南国风情革命旅游资源区、西南岩溶民族风光旅游资源区、横断山地峡谷风光名胜古迹旅游资源区、内蒙古草原风光蒙古族风情旅游资源区、西北瀚海景观丝绸之路旅游资源区、青藏高原风光藏族风情旅游资源区 |
| 杨载田 | 1999 | 结合旅游资源特点和区域文化 | 东北关东文化林海雪原火山风光、黄河中下游华夏文化名山沃原海滩风光、华东吴越文化山水园林、华中荆楚巴蜀文化峡谷湖山、东南沿海岭南文化亚热带风光、西南民族风情岩溶山水风光、青藏藏乡草原文化世界屋脊风光、西北丝路文化雪峰绿洲草原风光8个旅游区 |

## 四、我国各区旅游资源特点

### (一) 东北旅游大区

东北旅游大区既包括大兴安岭林海雪原、长白山综合自然景观旅游资源区,又包括三江、松嫩平原黑土耕作旅游资源区和内蒙古高原东部、呼伦贝尔草原民族风光旅游资源区。浩瀚无边的草原风光,神奇壮观的长白山地火山地貌,奠定了天高地远、欲穷千里目的北国风光基调。既有银装素裹、玉树琼花、雾凇、冰雕、雪橇、冰帆、溜冰、滑雪、温泉等独具魅力的冰雪、森林世界,又有蒙古、达斡尔、赫哲、锡伯、鄂温克、鄂伦春、朝鲜等独特的民族风情。

### (二) 华北旅游大区

华北旅游大区包括黄土高原历史建筑秦晋文化旅游资源区、京津冀燕赵古都建筑园林旅游资源区、齐鲁一山一水儒家文化旅游资源区。既有秦陵、汉陵、宋陵、明十三陵、清东陵、清西陵等不同朝代的古墓群,又有古长城、故宫、西安古城、赵州桥、晋商大院等古建筑群,避暑山庄、颐和园等大型皇家古典园林,西安、北京等著名古都,具有丰厚浓郁的文化旅游氛围。此外,还有泰山、华山、五台山等名岳文化遗产,以及北京、天津、青岛等现代都市景观。

### (三) 华东旅游大区

华东旅游大区包括长三角现代国际都市旅游资源区、江淮徽派古村落古建筑旅游资源区、典型江南水乡旅游资源区。典型的景观特征既包括典型的水乡古镇、锦绣园林,以水为路、以舟为车,水田稻作,吴语低喃,条条街巷傍水流,户户人家尽枕河。有徽派洁白古朴的村落,高高的马头墙和开拓进取的徽商文化,又有国际风范的上海、杭州大城市风光。

### (四)华中旅游大区

华中旅游大区包括江汉平原荆楚水乡泽国旅游资源区,中原历史文化旅游资源区,赣都道教名山红色记忆陶瓷文化旅游资源区,湖湘奇山名镇文学旅游资源区。既有嵩山、武当、匡庐、衡山、武陵源耸峙其间,一衣带水,又有黄鹤楼、岳阳楼、滕王阁等天下名阁;既有悠久的洛阳、开封古都历史,又有井冈山红色记忆。

### (五)华南旅游大区

华南旅游大区包括海南、台湾旅游岛,珠三角现代城市旅游资源区,粤东丹霞景观客家文化旅游资源区,岭南古建筑旅游资源区,桂林山水岩溶地貌旅游资源区。高温多雨的环境孕育了灵秀见长的丹霞,景色万千的武夷山水,又有海天一色、白沙细滩、椰风鼓荡、海韵扑怀的热带风光,又有相对完整的古代文化,经过与当地文化的融合,形成了浓郁的地方特色文化,再加上外来西方文化的影响,三位合一,铸成了以建筑景观为主要标志的别具一格的岭南文化。

### (六)西北旅游大区

西北旅游大区包括河西走廊丝绸之路旅游资源区、南疆沙漠瀚海绿洲古国旅游资源区、北疆高山盆地旅游资源区。飞沙走石、狂风呼啸、长河落日、大漠孤烟,有或如蘑菇,或如城堡,或如城墙,千奇百怪的雅丹地貌,有历史悠久的尼雅、精绝古城遗址,有壮观的火焰山、物产丰富的吐鲁番盆地,还有莫高窟、丝绸之路、月牙泉、千佛洞。

### (七)西南旅游大区

西南旅游大区包括川渝盆地巴蜀文化旅游资源区、云贵高原民族文化岩溶旅游资源区、秦巴山地旅游资源区、凉山民族旅游资源区。既有浓厚的民族风情,又有独一无二的地域特色。西南旅游大区是我国旅游资源较为丰富的地区之一。

### (八)青藏高原旅游大区

青藏高原旅游大区包括横断山脉中南部山地民族风情旅游资源区、极高山(海拔>5000 m)探险登山运动旅游资源区、藏北江源盐湖盆地旅游资源区、藏南河谷朝圣文化旅游资源区。有布达拉宫、萨迦寺、白居寺、多吉寺、塔寺等散布于各地的大大小小的寺庙,更使青藏高原具有浓厚的宗教色彩,保持着一份古老而神秘的魅力。广阔的高原、高山及连绵不断的雪山和草地,加上点缀其间的牦牛、羚羊等,构成世界屋脊特有的高原景观。

## 第四节 旅游产品

### 一、旅游产品

旅游产品是一个使用频度极高的词汇,也是旅游研究领域的重要范畴。同时,旅游产品在旅游营销中也占有重要的地位。

(一)旅游产品的概念

从生产者角度来看,旅游产品从旅游目的地的角度出发,旅游产品是指旅游经营者凭借着旅游吸引物、旅游交通和旅游设施,向游客提供的用以满足其旅游活动需求的全部服务。从游客角度出发,旅游产品就是指游客花费了一定的时间、费用和精力所换取的一段经历(林南枝,2000)。

在《旅游百科全书》关于旅游产品的定义中,旅游产品被分为整体产品和特定产品两部分。整体产品是指在旅游中能对游客经历或体验产生影响的一系列要素的组合。换句话说,整体产品是一种综合概念,包括游客出门旅游至回家期间所有涉及的设施与服务所构成的综合体(Middleton,1998)。而特定产品是旅游企业向旅游者提供的物品,比如交通、住宿和吸引物。

《旅游业基础术语》(GB/T 16766-2010)也对旅游产品进行了定义:为了满足旅游者旅游需求所生产和开发的物质产品和服务的总和。

(二)旅游产品的层次

1. 核心性产品

核心性产品是顾客真正购买的服务或利益,核心产品代表了旅游者的核心利益,是能反映旅游者核心需求的基本效用或利益,也是旅游者核心价值的诉求。在不同的旅游产品中,旅游者追求的利益或价值有所不同,对度假旅游者而言,寻求身心放松与非常态生活是他们的核心需求;对观光旅游者而言,增长见识,观赏体验新颖事物是他们的旅游目的。

2. 一般性产品

一般性产品是顾客使用核心产品时必须存在的产品,比如旅游产品的质量、美感、特征、形式等。在度假旅游产品中,游客关注的是环境适宜、娱乐放松、安全舒适等,而在观光旅游产品中,游客的焦点在于景观的美感、个人的身心体验。

3. 期望性产品

期望性产品是针对核心性产品所追加的代表额外利益的产品。期望性产品体现产品特色、产品品质和细分功能的层次,达到这一层次就能够实现顾客满意。比如,在旅游中,都要涉及住宿、餐饮、交通等要素产品,但不同类型的旅游者对舒适度、服务质量的要求是不一样的。

4. 附加性产品

附加性产品是增加的利益和产品。比如,优惠的价格,增加的服务,更具吸引力的产品组合方式,顾客与服务机构、活动项目、其他游客之间的互动性和参与性。在旅游产品体系中,向游客提供的旅游产品种类越多,游客对旅游产品的可选择性就越多,游客的惊喜度和满意度也会提升。

5. 潜在产品

潜在产品是提供全新的附加产品价值或服务。

林南枝、李天元认为服务是产品的核心利益,外形部分包括产品的质量、特色、风格、声誉、组合方式等,优惠条件、付款条件及推销方式等是产品的延伸部分。李经龙将旅游产品分为三个层次：一是核心因素，旅游资源是旅游产品的核心因素，游客最注重旅游产品背后的旅游资源。比如，观光型游客注重自然、人文景观。二是组合要素，组合要素构成了旅游产品的基础内容，包括餐饮组合、住宿组合、交通组合、游览组合、购物组合、娱乐组合以及其他组合。三是质量因素，质量因素决定游客的体验，包括旅游服务、旅游地形象和当地社区的支持度。

此外，谢彦君从三个利益展开，认为旅游产品的核心利益是旅游愉悦，旅游本质上是一种体验，而游客所关注的是精神上的愉悦和身心的放松；展现利益是游客直接接触到的因素，包括旅游产品的价格、声誉、区位、质量；追加利益包括交通、餐饮、住宿、购物。

（三）旅游产品的特性

1. 组合性

组合性表现为某一项旅游产品不能单独为旅游者提供服务，而是以此项旅游产品为核心，加上其他旅游产品的辅助所形成一系列旅游产品网络。每一个旅游产品都离不开相关旅游产品。

2. 无形性

旅游者在旅游活动中购买并消费的旅游产品大部分是接待服务和导游服务，所购回的除了消耗少量有形物质产品之外，总体上并不是一件具体的实物，而是一次完整的旅游经历，从而获得一种精神上的满足。这种旅游产品购买是旅游者在旅游准备阶段、旅游过程中、旅游结束后延伸过程中与旅游产品提供者所发生的互动关系，这种互动关系使旅游者获得了经历与感受，但没有得到实体结果。

3. 季节性

如同旅游资源，旅游产品也具有季节性，存在旺季和淡季现象。旅游产品季节性波动对旅游地的经济、社会、生态等子系统及游客感知效果都会产生巨大影响。旅游产品受自然季节性因素和社会季节性因素的影响。自然季节性因素包括旅游气候舒适性、海水温度、降水分布、热带气旋活动等；社会季节性因素主要包括法定节假日、居民出游习惯等。

4. 不可重复性

旅游产品具有不可重复性特征，生产与消费同时发生，如观光型旅游产品，其表现为一次性消费经历，游客所获得的是一次性感官体验。不同于一般消费品，这种消费经历或体验是不可储存的，也是不可替代的，比如，泰山游览体验不能代替黄山游览体验。

（四）旅游资源—旅游产品转化

虽然旅游资源与旅游产品存在着较强的联系，但是旅游资源不等于旅游产品。两者之间并不是简单的一对一的关系，同一种旅游资源可以开发出多种旅游产品，一种旅游产品也可以在多种旅游资源的基础上建立（吴必虎，2010）。旅游产品所面向的对象是旅游者，必须根据旅游者的需求对原始、粗糙的旅游资源进行选择、改造乃至进一步创造。

吴必虎（2010）总结了旅游资源—旅游产品转化有三种模式，分别是共生模式、提升模式和伴生模式。共生模式是指旅游资源与旅游产品是同时产生的，在这种情况下的旅游资源就是旅游产品，不需过多的开发即成为旅游产品，而且旅游资源的自然、人文价值较高，具有较强的吸引力。这些旅游产品主要是以独特的自然景观和著名的历史文化景观为主的遗产类旅游资源,如北京故宫、西安城墙、张家界自然风光等。这些旅游资源由于本身就是具有较强吸引力的旅游产品,只要完善旅游基础设施和旅游服务,不需要经过长时间的修建或改造,即可推向旅游市场。提升模式是指需要投入大量的资金将价值较低的旅游资源进行开发改造,以获得符合旅游者需求的旅游产品,这种模式具有"高投入、高风险"特征。由于旅游资源知名度较低或吸引力不强等因素,如果不符合市场需求,很可能会导致旅游产品的失败,比如以名人故里为主要吸引力的旅游产品。伴生模式是具有一定旅游功能的自然景观或建筑场所。2008年北京奥运会场馆除了举办体育赛事外,还具有一定的旅游功能,成为外来游客的游览景点。吴承照(1998)将现代城市建筑景观、大型水利设施、大型桥梁建筑工程、中心商业区、大型文化场所归为伴生模式。

甘枝茂(2000)认为,应该根据旅游资源的属性和影响因子来确定开发何种旅游产品。首先,根据旅游产品的属性分析其旅游产品的开发适宜性,如自然旅游资源可以开发为观光游览型旅游产品、休闲度假型旅游产品、探险型旅游产品和医疗保健型旅游产品。其次,根据旅游产品的影响因子来确定开发何种旅游产品,如观光游览型旅游产品的主要影响因子为美学观赏性,休闲度假型旅游产品的主要影响因子为舒适度。

## 二、旅游产品类型

### (一)旅游产品分类

旅游产品是一个具有开放性和动态性的系统,随着现有旅游资源和潜在旅游资源的进一步开发,以及在游客的喜好和经济社会环境变迁的影响下,旅游产品存在着增加和减少的状况,所以对旅游产品进行精确分类是比较困难的。目前,许多学者根据旅游产品的属性、功能等方面进行分类,由于篇幅限制,现介绍吴必虎旅游产品树、米德尔顿资源导向分类法和大众旅游—替代性旅游两分法三种分类方法。

1. 吴必虎旅游产品树

吴必虎(2010)在"旅游产品谱"的基础上进一步提出"旅游产品树"的概念,即以树状的形式来展现旅游产品的种类以及变化,这种方法更能体现旅游产品的复杂性、交叉性和动态性。在"旅游产品树"中,树干代表整体旅游产品,树根则由旅游吸引物、旅游基础设施和旅游服务组成,5个主树枝则是五大旅游产品的类型:基于资源的观光益智旅游产品,基于休闲、娱乐和度假的旅游产品,基于利益发展的商务旅游产品,主题专项旅游产品,特殊旅游产品。在五大主树枝上,则有各种具体的旅游产品形式。

2. 米德尔顿资源导向分类法

米德尔顿(1998)针对资源导向型旅游吸引物提出供给谱的概念,将其划分为4种主吸引物旅游产品,20种次级吸引物旅游产品。一是以乡村/沿海资源为基础形成的具有风景、社会、生态价值的吸引物,包括国家公园、海岸保护区、风景遗产地、古代纪念地与遗址、历史建筑物、传统村落和乡村工业与手工业品等。二是一度以资源为基础形成的场地、建筑物、物品与收藏类吸引物,包括古城墙、宫殿历史建筑、宗教场所、历史行政场所、城市景观、博物馆与画廊、园林等。三是与文化、历史表演主题有关的吸引物,包括节日、戏剧、音乐、舞蹈、庆典游戏、嘉年华和节庆等。四是与遗产有关的零售公园。

### 3. 大众旅游—替代性旅游两分法

大众旅游是较早的旅游方式,开端可以追溯到1841年托马斯·库克带领570人前往拉巴夫勒参加禁酒大会。特别是二战以来,大众旅游开始普及,带来了旅游业的繁荣。然而,到了20世纪70年代,大众旅游带来的负面影响逐渐被人们意识到。同时学者还指出,需要一种对地球环境和人类社会更负责的旅游形式来代替大众旅游。与大众旅游相对,学者们提出了"替代性旅游"的说法(Dernoi,1981)。与大众旅游者不同,替代性旅游者有以下特点:游客以自助旅游为主,主要旅游动机是寻求知识、探索当地自然人文环境,重视环境责任,寻求身心解放,具有较强的旅游地"原真性"诉求,渴望深入当地社区等。从旅游产品来看,替代性旅游产品主要有生态旅游产品、人文旅游产品、文化遗产旅游产品等。

### (二)旅游产品类型

吴必虎、俞曦在《旅游规划原理》中详细介绍了旅游产品类型(见表5-11)。

**表5-11　旅游产品分类表**

| 主类 | 亚类 | 基本类型 | 详细介绍 |
|---|---|---|---|
| 基于资源的观光益智旅游产品 | 自然观光益智旅游 | 国家公园 | 为保护自然景观、动植物的生态保护区域,同时为公众提供游憩机会,如美国黄石国家公园,优胜美地国家公园 |
| | | 森林公园 | 具有自然景观优美、人文景观丰富特征,并且具有科教、休闲、游览、生态保健功能的森林空间 |
| | 人文观光益智旅游 | 遗产旅游 | 以自然遗产和文化遗产为主要吸引物的旅游活动 |
| | | 城市观光益智旅游 | 以活动空间和休闲设施为主要因素,以支持设施为辅助要素,以旅游基础设施为条件要素构成的城市旅游产品 |
| | | 文学影视旅游 | 与文学作品、影视等相关的旅游产品,如横店影视城、新西兰《魔戒》拍摄地 |
| 基于休闲、娱乐和度假的旅游产品 | 休闲活动与运动休闲旅游 | 一般休闲旅游 | 以休闲、放松为目的旅游方式,通常在城市绿地或城郊,如换乘游憩带 |
| | | 运动休闲与体育旅游 | 以体育为基础,在有限的时间内外出旅游的活动 |
| | | 赛事体育旅游 | 受体育赛事吸引,观众前往赛事举办地进行参观并参加当地赛事活动的行为,大到奥运会,小到常规体育活动 |
| | | 自驾车旅游 | 在完备的公路系统、住宿餐饮和旅游设施的支持下,游客乘私家车进行与旅游相关的活动 |
| | | 高尔夫旅游 | 高尔夫爱好者的休闲活动 |
| | | 野营旅游 | 依托休闲、度假、野餐等综合功能区和服务设施,在气候适宜的草地、森林、海滨、湖滨等地区开展的户外休闲活动 |

续表

| 主 类 | 亚 类 | 基本类型 | 详细介绍 |
|---|---|---|---|
| 基于休闲、娱乐和度假的旅游产品 | 娱乐旅游 | 普通娱乐旅游活动 | 涉及音乐、舞蹈、健身、游泳、游戏、酒吧等一系列的常规娱乐场所和活动 |
| | | 主题公园 | 建筑、文化、表演围绕一个主题而建的公园,比如迪士尼乐园、环球影城等 |
| | | 旅游演出 | 面向游客的文化、艺术、民族歌舞表演,如张艺谋《印象·刘三姐》 |
| | | 非主流娱乐旅游 | 以博彩、赛马等限制性活动为主要吸引物的旅游活动 |
| | 度假旅游 | 海滨、游轮度假 | 依托阳光、海洋、沙滩、码头、游轮等为主要场所,进行的一系列活动 |
| | | 温泉医疗旅游 | 旅游去往环境优美、医疗发达地区进行的一系列活动,比如温泉、疗养院 |
| | | 山地、滑雪旅游 | 以山地为主要场所,开展休闲、滑雪、野营、登山、徒步等活动 |
| | | 乡村度假旅游 | 农户为旅游者提供旅游服务,旅游者以乡村环境为旅游对象的一系列旅游活动,比如享受乡村田园风光和美食、体验种植、民俗等活动 |
| 基于利益发展的商务旅游产品 | 商务旅游 | 商业公务旅游 | 以商业洽谈、投资考察为主的一系列旅游活动 |
| | | 商业会议旅游 | 参加会议而产生的一系列旅游活动 |
| | 会展奖励旅游 | 会展旅游 | 为宣传和展览产品而举办的会议,此展览会产生大量的参观者和举办者,因此产生旅游餐饮、交通、游览服务 |
| | | 奖励旅游 | 多以旅游团形式举行,员工激励和企业目标结合在一起的旅游方式 |
| | 事件旅游 | 特殊事件 | 一次性的事件旅游,发生在日常生活之外,为游客提供休闲、社交的机会 |
| | | 节庆 | 通过举办节庆,吸引游客,比如民间节庆 |
| | | 标志性事件 | 重复举办的事件,而且与举办地融为一体,如电影节、音乐节、狂欢节 |
| | | 重大节事 | 重大社会意义和名声的事件,比如,奥运会、世界博览会 |

续表

| 主 类 | 亚 类 | 基本类型 | 详 细 介 绍 |
|---|---|---|---|
| 主题专项旅游产品 | 教育旅游 | 一般研学旅游 | 以中小学生群体、专业学者群体为主的旅游者 |
| | | 社会记忆 | 实地参观社会重大历史事件(如战争、革命)发生地、纪念馆,通过举办仪式,塑造集体认同 |
| | 工业旅游 | 工业遗产旅游 | 参观工业遗址和博物馆,购买纪念品 |
| | 美食旅游 | 烹饪、特产旅游 | 品尝地方风味、参观烹饪技术和制作技巧,品尝当地特色风物,了解产区文化,比如葡萄酒旅游、茶旅游 |
| 特殊旅游产品 | 生态旅游 | 观赏型旅游 | 观赏、游览当地景观和动植物 |
| | | 参与体验型旅游 | 旅游者参与到生态旅游中,重视个人体验 |
| | | 科学型生态旅游 | 旅游者有较高专业水准,希望对该地区自然、人文状况深入了解,有强烈的环境保护行为 |
| | 科考旅游 | 地质旅游 | 欣赏和学习该区域的地质构造、地质环境和矿产资源 |
| | | 动植物科考 | 欣赏和学习该地区的动物、植物 |
| | 探险旅游 | 空中探险 | 滑翔、热气球观光、跳伞、飞机观光 |
| | | 水中探险 | 漂流、洞穴探险、潜水、冲浪等 |
| | | 陆地探险 | 山地探险、徒步旅行、狩猎、蹦极、山地自行车、冰川探险、攀岩、登山 |
| | 摄影旅游 | 观鸟 | 前往鸟类集聚地,在不打扰鸟类觅食、休息、繁衍等情况下,通过望远镜等设备观察鸟类的旅游方式 |
| | | 自然人文摄影 | 前往自然景观独特、人文气息浓厚的地区旅行,并拍摄作品的旅游方式 |

### 三、旅游产品的空间布局

旅游产品的空间分布至关重要,会影响区域旅游业的发展。旅游产品的空间优化是指改进旅游产品之间的空间布局关系,以达到协调、合理、高效的旅游产品空间布局。对旅游产品的空间分布进行优化,需要研究旅游产品的空间结构、空间组织和空间联系的规律。

#### (一)旅游产品空间布局理论

**1. 旅游中心地理论**

旅游中心地理论来源于克里斯塔勒中心地理论。柴彦威(2003)系统介绍了旅游中心地研究及其规划应用。根据克里斯塔勒中心地理论,柴彦威认为旅游服务功能是指由城镇提供的面向区域内各类旅游吸引物以及在本区域进行旅游活动的旅游者的交通、接待、信息管理等服务的总和。其中,面向城镇外区域内的旅游吸引物或城镇外旅游者的服务总和被称为城镇的对外旅游服务功能。旅游中心性指一个城镇对外旅游服务功能的大小,包括两个方面,即对城镇外区域内的旅游吸引物的服务功能与对城镇外旅游者的服务功能。旅游中心性反映了城镇在本区域内旅游业发展中的相对重要性。旅游中心地就是指旅游中心性达到某一强度的城镇中心,即具有一定强度的对外旅游服务功能的城镇中心,能够面向城镇外区域内的旅游吸引物或城镇外旅游者提供一定强度的旅游交通、接待、信息、管理等对外旅游服务功能的城镇中心。不同的旅游中心地具有不尽相同的旅游中心性,可以划分出旅游中心地的等级。高等级的旅游中心地能够为更大区域内的旅游吸引物与更多的旅游者提供旅游服务功能。高等级的旅游中心地为区域内的低等级的旅游中心地提供服务功能,形成等级网络的旅游中心地体系。

**2. 点轴理论**

点轴理论是我国著名经济地理学家陆大道提出的有关区域空间结构的理论。点轴开发,即点轴渐进式开发,是在特定区域范围内确定若干具有有利开发条件的较大经济区间及重点基础设施轴线,对轴线地带的若干点(城市及城市区域发展中心)重点发展。随着经济实力的不断增强,经济开发的重点将逐步转向级别较低的发展轴和发展中心。点轴理论对区域旅游发展具有重要指导意义。近年来,诸多专家相继把该理论引入旅游研究,揭示区域旅游空间结构的基本规律。现有研究成果主要集中于旅游区空间布局与旅游地系统空间结构、旅游客源市场、旅游活动空间行为模式等方面。龙茂兴(2010)分析了旅游点轴理论。他认为,区域旅游"点—轴系统"中的"点"是指旅游资源相对集中,旅游设施和旅游客流具有一定规模的各级旅游中心地,只有一定数量、一定规模的旅游产品在一定空间内的相对集中与组合,对旅游者产生较强的吸引力。区域旅游点轴系统的"轴"主要是指交通设施轴线,而且它的主要服务对象侧重也存在明显的不同,区域旅游"轴"也为物质输送等服务,但更强调为输送旅游者服务,是否具有一定规模的客流在轴线上流动是交通干线是否成为旅游"轴"的重要标志特征之一。

**3. 环城游憩带**

随着城市化进程的加快,城市不断向外围扩散,城市和周边地区的休闲、游憩产生密不可分的联系,城市游憩市场出现了由城市内部向郊区移动的趋势,在这种形势下,形成了环绕城市外围、与城市交通联系便捷、主要适应城市居民短期休闲度假需求的旅游空间模式。这种旅游空间模式被众多学者称为游憩活动带。其中，吴必虎在1998年提出"环城游憩带理论"。在空间结构上，有许多学者提出了不同的空间布局方式。盖恩（Gunn,202)提出了著名的"都市旅游圈环带模式"。他以城市的核心都市区为空间上的旅游中心,在其外围用四个环形带来区分不同带状区域的旅游功能与特点,并对这四个旅游带的功能及旅游吸引物和旅游设施、旅游活动在空间上的分布进行了探索。在盖恩研究结论的基础上,吴承忠（2003)根据对国外大都市郊区农村旅游和休闲实际发展状况的分析,对盖恩的环带状模式进行了适当的修改,修改后的环带状模式的四个旅游带分别是城市旅游带、近郊休闲与旅游带、乡村旅游带和偏远旅游带。刘笑明(2005)以环城游憩带理论为指导,将西安市域划分为近郊观光农业圈、中郊观光农业圈和远郊观光农业圈三个不规则的近似于同心圆状圈层,并总结出西安市观光农业的"四带二区三环"的总体布局。在对广州市进行实例研究的基础上,保继刚(2005)划分了"一环一带"的以环为主、带为辅的环城游憩带的环带状结构,同时对该游憩带的空间拓展、核心外移等未来发展趋势进行了研究。毛润泽(2005)通过对沈阳环城旅游度假带的供给圈和需求圈分析,将其空间布局划分为休闲娱乐购物带、休闲农业观光带、大众休闲度假带和偏远乡村度假带四个环带,并提出相应的休闲度假项目。俞晟(2003)提出了城市游憩系统空间分布的"星系"模式,他以游程时间作为划分游憩带的主要依据,约0.5小时为近程游憩带,在空间上与环城绿带大致吻合,游憩类型也以生态绿色的休闲活动为主;中程游憩带距离市区约1小时的游程,内容基本以城市郊区的小城镇、依托特定自然环境的大型游憩区和主题公园为主;远程游憩带距市区大约有2小时的游程,基本处于城市的最边缘地带,主要以中小城市和特色旅游地为主。

（二）旅游产品空间布局

根据"核心—边缘"理论以及其他空间结构理论,确定重点发展旅游节点、发展轴和旅游地系统,构建"点""轴""面"相结合的板块旅游模式的区域旅游空间结构,实现区域旅游一体化发展,空间结构模式主要内容包括：一是确定"节点",即一个区域内表现为对旅游活动具有很强的内聚力的旅游中心城市或景点;二是受节点吸引或辐射影响的腹地则形成"域面",即板块内各级旅游地系统;三是由交通线状等基础设施形成了"路径"或"通道"。本文以汪德根对旅游地空间优化策略为案例。

汪德根(2014)利用GIS空间技术分析方法测度武广高铁对武汉、长株潭和珠三角三大都市圈核心城市可达性影响。结果表明：武广高铁开通前,武汉、长株潭和珠三角都市圈核心城市的各等时圈基本上呈同心圆状,且连续紧凑;高铁开通后各等时圈由同心圆状变为带状,表现出稀疏性和不连续性。

汪德根认为,首先要确定重点旅游发展点,在区域旅游空间结构中,节点以其自身功能在各个方向上构成一个空间吸引域,即节点区域,其旅游活动表现最为活跃和密集。节点空间拓展表现为点状扩散,"扩散"表现为核心节点带动周边节点的旅游发展,而扩散地城市旅游节点成为核心城市扩散域的重要节点,从而实现"核心—边缘"一体化发展。其次,要确定重点旅游发展轴,作为区域旅游空间实体中的通道要素,是指在区域空间上具有确定线段的旅游交通线路。线状连接表现为通过交通线将核心城市节点和周边城市节点连接起来,促成核心城市节点和周边城市节点一体化发展。再次,拓展重点都市圈旅游地系统,域面具有确定的空间范围,节点和通道要素依赖域面得以存在,域面的空间范围和内部要素的密集程度等会随它们与节点的相互作用和影响状态而变化,面状拓展促使旅游目的地实现空间上的扩张。在大中尺度空间中,都市圈旅游空间结构是按照"核心—边缘"空间模式实现一体化发展的空间单元,已构成一个旅游地系统,因此,都市圈成为大尺度空间结构的面状要素。

## 本章小结

1. 凡是能吸引旅游者产生旅游动机,并能被利用来开展旅游活动,并可以产生经济效益、社会效益和环境效益的各种自然、人文事物和其他因素,都可以称为旅游资源

2. 旅游资源具有体验性、文化属性、潜在性、季节性、不可移动性、区域性、多样性等特征

3. 旅游资源评价,即运用某些方法对旅游资源本身和其所处的环境等进行综合价值评估和鉴定的过程

4. 旅游产品从旅游目的地的角度出发,是指旅游经营者凭借着旅游吸引物、交通和旅游设施,向游客提供的用以满足其旅游活动需求的全部服务

## 思考与练习

1. 思考旅游资源分类的原则和依据。
2. 参考本章旅游资源分类方法,对某地旅游资源进行分类。
3. 比较不同的旅游资源分类方案的不同之处。
4. 结合旅游产品分类,归纳某地旅游产品类型。

## 核心关键词

| 旅游资源 | Tourism Resource |
| 旅游产品 | Tourism Product |
| 旅游资源评价 | Assessment on Tourism Resource |
| 旅游产品空间优化 | Spatial Optimization of Tourism Product |

## 案例分析

### 案例1　单体旅游资源调查

旅游资源单体,指可作为独立观赏或利用的旅游资源基本类型的单独个体,包括"独立型旅游资源单体"和由同一类型的独立单体结合在一起的"集合型旅游资源单体"。以伊岭岩为例(见表5-12)。

**表5-12　旅游资源单体调查表**

基本类型:沟壑与洞穴(ACD)

| 代　号 | GX-NNG-YLY-ACL-01 |
| --- | --- |
| 行政位置 | 南宁市武鸣区伊岭村 |
| 地理位置 | 东经104°26′,北纬20°54′ |

性质与特征(单体性质、形态、结构、组成成分的外在表现和内在因素,以及单体生成过程、演化历史、人事影响等主要环境因素)

外观形态与结构类:洞窟出露地表,位于梁满山腹中,外部形状如同海螺;岩洞分为三层,曲折迂回,钟乳石形态各异;洞外依山有干栏式建筑,以及民族特色的亭台楼阁

内在性质类:大自然的艺术宝库,造型多姿多彩,具备较高的科学研究价值和旅游景观价值

组成成分类:石灰岩的主要成分为碳酸钙,在有水和二氧化碳时发生化学反应,生成碳酸氢钙

成因机制与演化过程类:据推算,伊岭岩岩洞形成于100多万年前;此岩原为一段地下河道,因地壳上升而成洞,洞内石灰岩石在水和二氧化碳溶蚀作用下,形成典型的石灰岩喀斯特地貌

规模与体量:洞深45米,面积24000平方米;现开发游程1100米

环境背景类:该地属亚热带季风区

关联事物类:壮族文化;伊岭岩据说是由仙人用锄头点化而成;《眼儿媚·伊岭岩》等

旅游区域及进出条件(单体所在地区的具体部位、进出交通、与周边旅游集散地和主要旅游区[点]之间关系):

武鸣区位于广西中南部,属南宁市辖区;伊岭岩风景区所在地双桥镇位于南宁市北部,据县城6000米,据南宁市区21000米。该地交通网络发达,210国道、南武一级、二级公路贯穿全镇南北;黔桂与云桂国道交汇于此,是南宁至贵州、云南、白色、河池等地的重要通道。附近有私家花园"明秀园"、大明山自然保护区、花花大世界等景区

保护与开发现状(单体保存现状、保护措施、开发情况):

资源保存良好,发展旅游业只利用其部分资源。对资源进行初级的包装、简单的基础设施和娱乐设施建设,尽量避免现代化的技术介入对喀斯特地貌的破坏。自1975年开放以来,共接待游客550万人次,其中外国游客达20万人次。开发主要分为洞内岩溶观赏和洞外民族风情长廊、壮族民俗风情表演等游乐项目

表 5-12 所涉及的基本知识如下。

(1) 单体名称项。

单体序号,是指对调查者、对旅游资源单体编的序号,为阿拉伯数字,可以按单体顺序写成流水号,调查结束后按类型、行政区划重新排序。

单体名称,是指旅游资源单体的实际和习惯中文名称。

(2) 基本类型项,是指单体类型名称的汉语拼音代号加中文名称。

(3) 代号项,是旅游资源单体身份的标记,根据国标为"单体所处位置的汉语拼音字母—表示单体所属类型的汉语拼音—表示单体在调查区内次序的阿拉伯数字"。

(4) 行政位置项。填写单体所在地的行政归属,从高到低填写行政区域名称,按地区级、县级、乡级、行政村级顺序排序。

(5) 地理位置项。填写旅游资源单体主体部分的经度和纬度。物质型旅游资源单体将其中心作为定位点;非物质型旅游资源单体寻求与其关系密切的物质型旅游资源单体作为载体,将载体作为定位点。

(6) 性质与特征项。

①外观形态与结构类:旅游资源单体的整体状况、形态和突出点;代表形象部分的细节变化;整体色彩和色彩变化、奇异华美状况、装饰特色等;组成单体整体部分的搭配关系和安排情况,构成单体主体部分的构造细节、构造要素等。

②内在性质类:旅游资源单体的性质,如功能特性、历史文化内涵与格调、科学价值、艺术价值、经济背景、实际用途等。

③组成成分:构成旅游资源单体的组成物质、建筑材料、原料等。

④成因机制与演化过程类:表现旅游资源单体发生、演化过程,演变的时序特征,生成和运行方式,如形成机制、形成年龄和初建年代、废弃时代、发现和制造时间、盛衰变化、历史演变、现代运动过程、生长情况、存在方式、展示演示及活动内容、开发时间等。

⑤规模与体量类:表现旅游资源单体的空间数值、个体数值、比率关系数值等。

⑥环境背景类:旅游资源单体周围的境况,包括所处的具体位置及外部环境;影响单体存在与发展的外在条件;单体的旅游价值和社会地位、级别、知名度等。

⑦关联事物类:与旅游资源单体形成、演化存在密切关系的典型的历史人物与事件等。

## 案例2 滑雪旅游资源评价

冰雪旅游是以冰雪资源为基础,冰雪文化为内涵,冰雪观光、冰雪运动和冰雪娱乐为内容,并集审美体验和健身娱乐为一体的冬季主要旅游形式。目前国内不同省份间发展状态存在差异,我国北方以黑龙江和吉林省为东北的主要代表;北京延庆和河北张家口为奥运冰雪旅游的核心;新疆和内蒙古等是新兴冰雪旅游增长带的组成部分。

新疆地处东经73°40′—96°18′,北纬34°25′—48°10′,地处亚欧大陆腹地,周边与八国接壤又位于中国西北边陲,是中国陆地面积最大的省级行政区。有三大山脉,东西横亘,北部为阿尔泰山,中部为天山山脉,南部为昆仑山,具有适宜开设滑雪场的海拔高度,且跨度较大,从1000多米到4000多米。因其深居内陆远离海洋,形成了明显的温带大陆性气候。新疆冬季时长较长,多雪,冰雪期长,个别地区冰雪期最长可从11月至第二年3月;冬季平均气温较低,日照时长充足,高海拔山区常年覆盖大量积雪,提供了丰富的自然条件和地形优势,适合发展冰雪旅游。知名的滑雪场有雪莲山高尔夫灯光滑雪场、维斯特滑雪场、阳光滑雪场、蓝天滑雪场、昌吉努尔加国际滑雪场、新源那拉提国际滑雪场、昭苏汗腾格里滑雪场、克拉玛依龙山滑雪场、独山子冰峰滑雪场、额敏也迷里滑雪场等。

依据美国土地管理局对滑雪旅游资源的技术性评估标准计分(见表5-13),对新疆、吉林、黑龙江滑雪资源条件做了比较,在积雪深度和海拔方面,新疆的滑雪旅游资源好于其他两省,开展滑雪旅游的前景比较好。表5-14所示为新疆滑雪旅游资源各项技术指标评价。

表5-13 美国滑雪旅游资源技术性评估标准计分

| 决定因素 | 评估标准计分 | | | | | | | |
|---|---|---|---|---|---|---|---|---|
| 雪季长短 | 6个月 | (6) | 5个月 | (5) | 4个月 | (4) | 3个月 | (2) |
| 积雪深度 | >1.22 m | (6) | 0.92~1.22 m | (4) | 0.61~0.92 m | (2) | 0.6 m以下 | (1) |
| 干雪 | 3/4季节时 | (4) | 1/2季节时间 | (3) | 1/4季节时间 | (2) | 0季节时间 | (1) |
| 海拔 | >762.5 m | (6) | 457.5~762 m | (4) | 152.5~457.5 m | (2) | 45.75~152.5 m | (1) |
| 坡度 | 很好 | (4) | 好 | (3) | 一般 | (2) | 差 | (1) |
| 温度 | >10 ℃ | (3) | -17.8~6.7 ℃ | (2) | <-17.8 ℃ | (1) | — | |
| 风力 | 轻微 | (4) | 偶尔变动 | (3) | 偶尔偏高 | (2) | 易变 | (1) |

表5-14 新疆滑雪旅游资源各项技术指标评价

| 地区 | 雪场平均气温 | 冰雪期 | 积雪深度 | 海拔 | 坡度 | 风力 | 干雪 | 评估分 |
|---|---|---|---|---|---|---|---|---|
| 黑龙江 | -30 ℃~-18 ℃ | 120天左右 | 30~70 cm | 300~1000 m | 好 | — | | 13分 |
| 吉林 | -20 ℃~-14 ℃ | 100天左右 | 40~50 cm | 500~1000 m | 好 | — | | 13分 |
| 新疆 | -12 ℃~-10 ℃ | 120天左右 | 35~100 cm | 1000~2000 m | 好 | | | 16分 |

**思考题:** 结合实例,比较不同类型旅游资源的评价方法的选用依据。

# 第六章

## 旅游地生命周期与可持续旅游发展

**学习导引**

任何旅游目的地并不能做到长生不老、青春常驻,发展过程中难免会遇到瓶颈。正因为如此,既要认真保护旅游目的地,又要千方百计地不断为旅游地注入生机,延缓衰老,让旅游目的地可持续发展。本章阐述了旅游地生命周期理论,提出延长旅游地生命周期策略。作为生命周期中重要的一面,旅游地的空间竞争始终存在,如何规避同一地区同一类型或同一地区不同类型旅游地空间竞争,实现旅游的可持续发展是各界共同关注的话题。实际上,旅游的可持续发展远比分析旅游地空间竞争复杂,但也是可持续发展的重要方面。旅游地可持续发展形成、发展有深刻的背景,其原则、内容、目标、路径已基本形成国际共识。

**学习重点**

1. 旅游地生命周期理论及影响因素的研究。
2. 旅游地空间竞争研究现状及现象分析。
3. 旅游地可持续发展理念及实现途径。

**案例导入**

### 可持续旅游和奥地利绿色村落

奥地利认识到风景与旅游业之间的重要关系,为此制定了一套可持续旅游政策,旨在保护和提高自然环境质量,主要政策措施有:

(1) 刺激需求，平抑需求的季节性差异；
(2) 缩减旅游业消费空间；
(3) 保护自然风景；
(4) 促进旅游与其他行业的合作，尤其是农业和林业；
(5) 提高行业的职业化程度；
(6) 改变旅游者行为。

这方面最著名的项目是奥地利的绿色村落，它是指社区要以可持续的方式来满足不断增长的旅游住宿需求。绿色村落鼓励多使用太阳能取暖，限制建筑物高度不超过三层，停车场必须距建筑物80米以外以减少噪声和废弃污染，机动车要距绿色村落落至少3公里，严禁机动车从村落中穿行，指定自行车道，建筑物只限建于乡镇内，减少临近农场单季作物耕地，政策向保护传统手工业倾斜，用当地产品建造饭店，坚持农民能在当地销售自己的农产品，使用当地自产的天然药物。据称这种理念对当地社区和旅游业都有利。

## 第一节 旅游地生命周期

### 一、旅游目的地生命周期

生命周期理论最早是生物学领域的一个基本概念，用以描述生物体从出生到成长，最后死亡的生命演变过程，后逐渐成为各个领域的基础理论，特别是在政治、经济、环境、技术、社会等诸多领域。旅游界在1963年开始探讨生命周期理论在旅游领域的应用，并最终形成了获得多数人认可的巴特勒(Butler)生命周期理论。

巴特勒认为旅游目的地就像产品一样，也经历一个"从生到死"的过程，只是旅游者的数量取代了产品的销量。目的地不断地进化和改变，它的改变有各种各样的因素：旅游者偏好与需求的变化，物质设施与设备不断地退化以及可能需要的更新，原生态自然和文化吸引物，而这些正是该地区最初的吸引力所在。

巴特勒提出旅游生命周期模型(见图6-1)，该模型认为任何一个旅游目的地的发展过程一般都包括探查、起步、发展、稳固、停滞和衰落或复兴6个阶段，每个阶段都有它相应的特征(见表6-1)。

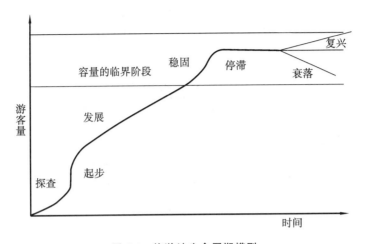

图 6-1　旅游地生命周期模型

表 6-1　旅游目的地生命周期阶段特征

| 阶　　段 | 特　　征 |
| --- | --- |
| 探查阶段 | 零散的游客,基础设施少,自然景观具有吸引力,目的地自然与社会文化环境未受旅游发展的影响 |
| 起步阶段 | 当地基础设施出现,确定的旅游市场开始,有了旅游季节,广告开始出现 |
| 发展阶段 | 旅游设施得到发展,促销力度加大,外地对旅游的控制力加大;旅游旺季到访人口超过当地人口,目的地出现敌对情绪 |
| 稳固阶段 | 旅游成为当地经济的重要组成部分,成熟的旅游市场形成。陈旧的旅游设施逐步得到替换更新,做出努力尽量延长旅游发展周期 |
| 停滞阶段 | 旅游容量达到顶峰,旅游形象品牌已固定,不再时兴,旅游设施淘汰转手加速 |
| 衰落或复兴阶段 | 旅游者已开始关注新的旅游目的地、旅游设施被非旅游设施替代,目的地没有了旅游活动。采用适当的措施,重新定位旅游吸引物、改善旅游环境,可能出现不同程度的复苏 |

旅游目的地生命周期模型曲线形状会随着外在因素的变化而变化,这些因素主要有:目的地的发展速度、交通的可进入性、政府的政策、旅游市场发展趋势和竞争对手策略等。关于旅游目的地的重组与复兴研究,也是旅游学者关心的问题。目的地生命周期理论曾一度受到质疑,中外学者们提出了一些批评意见,并做了一些修正。旅游生命周期的应用得到旅游发展践行者的关注。

## 二、旅游地生命周期影响因素

国外学者在对旅游地生命周期所做的大量实证研究,都试图找出各案例中旅游生命周期主导影响因素,并由此探讨出对一般旅游地生命周期都能产生影响的普遍影响因素。旅游地的生命周期是客观存在的,但不是固定不变的,其变化受到许多因素的影响,综合起来这些影响因素可以概括为如下几个方面,主要包括吸引力因素、需求因素、效应因素和环境因素(见图6-2)。

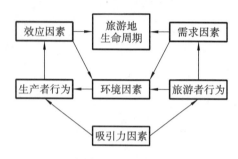

图 6-2　旅游地生命周期影响因素关系图

（一）吸引力因素——旅游地的吸引力

旅游地的吸引力是旅游地可持续发展的关键因素。具体体现在旅游资源的两大功能上,一是旅游资源的吸引功能,决定了旅游地对旅游者的吸引力的大小。一般来说,吸引力越大,其旅游地的生命周期就越长。这一点在许多垄断性旅游资源方面表现得尤为突出。二是旅游资源的效益功能,决定了当地旅游业的发展状况。旅游资源的经济、社会、生态效益越高,旅游业就越发达,旅游地生命周期也就越长。在旅游地的发展阶段,随着大批旅游者的到来,此时经济效益最高,旅游业蓬勃发展,旅游地显示出旺盛的生命力。从旅游资源这个角度来看,旅游地的吸引力不但影响着旅游地的生命周期,而且也直接影响着旅游者的需求和旅游业的发展。

（二）需求因素——旅游者的需求

旅游者和潜在旅游者的消费需求构成了旅游地的目标市场,并决定了市场效益和发展方向,是旅游地生命周期演变的重要影响因素。旅游消费者的需求因受到消费者观念的变化、人均收入的增减、新的旅游景点的出现、旅游地的环境或服务质量等诸多因素的影响而时常发生着变化,从而影响着旅游地生命周期的演变。

（三）效应因素——旅游影响

效应因素对旅游地生命周期的影响,主要表现在三个方面,即由旅游地的运行所引发的经济、社会和环境效应。

首先是经济效应。它对旅游地生命周期的影响,可以集中反映在两个方面。一方面,持续的、积极的经济效应,不仅可以加速旅游地步入发展、巩固和成熟的阶段,增强其维持繁荣期的能力,同时,还会促进旅游地的深度开发。另一方面,任何消极的经济效应会导致经营者自身的经营阻力增加并引发外部负面反应,旅游地衰落期的到来将会加速。

其次是社会效应。从西方旅游发达国家所走过的历程来看,旅游社会效应在某些情况下确实足以影响着旅游地的生命周期。在旅游地的早期探索期、开发期和成长期,旅游者多数具有冒险精神,不会因循守旧,并且在旅游活动开展的同时,正是旅游者了解当地社会文化的媒介,也是当地居民更好地实现与外界沟通的渠道,他们的出现给旅游地创造了一个了解外部社会的渠道,容易形成正面的双向互动效应,他们对旅游地生命周期的影响主要表现为正面的积极影响。随着旅游地的社会资源容量和居民的心理承载力趋于饱和,在旅游地达到巩固、停滞阶段时,旅游进入大众化发展,对地方文化造成冲击,抵制情绪开始出现,由此引发种种社会摩擦,负面效应可能潜在地或现实地导致旅游吸引力的下降和衰退期的到来。

最后是环境效应。众多的事实表明,旅游地的发展与当地的环境有着不可分割的关系,旅游对环境的影响越来越重要。旅游地的开发是为了满足旅游者消费需求,随着旅游资源的开发和旅游者的介入,加之环境问题所引起的社区各种利益集团的负面反应,如果管理不善或处理不当,会对当地的环境形成压力并引发各种环境和生态问题,最终导致环境恶化和旅游地衰退。

(四)环境因素——旅游企业的经营环境

不同于上述环境效应,旅游地企业的经营环境包括内部组织环境(旅游企业组织结构、地方管理部门、人力资源状况等)、外部经营环境(政府投入、招商引资、市场开放程度等)和宏观环境(旅游政策法规、社会舆论导向、重大事件等)。这些环境因素对旅游地生命周期的作用力,除了来自环境系统本身外,还来自效应和需求因素的某种注入。从而,旅游地在运作的过程中对外部社会大环境的积极适应能力,与外部经营环境中的协作关系的性质,以及自身在组织结构、企业文化和资源获得方面的组织情况,共同构成多元环境因子而不断渗入旅游地这个机体之中,成为能决定旅游地生命周期的重要因素。

最初 Butler 在旅游地生命周期模型中,认为旅游地发展变化与诸如发展速度、旅游者数量、可达性、政府政策、环境问题以及相似竞争者的数量等因素有关。海伍德(Haywood,1986)较为系统地分析了旅游地要素综合作用决定其演进,主要由七个经济和社会主要因素的综合作用,包括环保主义者的异议、新旅游的开发、游客的需求、政府机构及立法机构的影响、旅游消费的替代品、交通商和旅行社作用、现有旅游地的竞争等,它们之间的综合作用决定了旅游地的演化进程。阿加沃研究指出影响旅游地生命周期的动力因子来源于外部因素和内部因素。内部因素有国内度假市场的萎缩、缺少投资等;外部威胁有海外旅游目的地竞争、后现代旅游的出现等。加拉伊、佳诺威(Garay,Canoves,2011)提出,旅游目的地处于不同的发展阶段,影响其发展的要素有不同的差异,需求-供给系统是旅游地发展的主要影响机制。旅游地发展的主导机制为旅游需求变化,反馈机制则是旅游地供给变化。

中国学者从实例和理论两个方面,对旅游地生命周期的影响因素进行了研究。保继刚把丹霞山作为案例地进行研究,提出影响丹霞山旅游地生命周期的主要因素是旅游形象危机和景区开发不足,并且对同类型旅游地的主要影响因素进行探究,得出喀斯特旅游地主要影响因素是旅游资源的共性大、独特性小和空间竞争代性强;谢彦君提出影响旅游生命周期的因素有需求因素、效应因素和环境因素。伍海琳在强调影响旅游地生命周期的吸引力因素、需求因素、效应因素和环境因素的同时,也给出了针对旅游地生命周期各项影响因素的控制策略。陆林概括总结了影响旅游地生命周期的主导因素,认为旅游地生命周期的影响因素大致可分为物理、社会、人为因素三类。物理因素包括旅游地资源的丰富程度、位置优势、基础设施状况和自然环境状况;社会因素涉及经济发展水平、游客偏好和需求以及政治环境;人为因素包括人造吸引物、旅游规划和管理、景区营销、企业家和旅游经营者的能力、旅游投资和政府政策等。祁洪玲认为旅游地演化的影响因素主要可以分为4个方面:宏观环境因素、需求因素、竞争者状况和旅游地条件组合等4类。其中宏观环境因素包括社会、经济发展状况、自然环境、政治法律环境、技术条件等;需求因素包括需求的总量、需求的变化;竞争者则包括同类型旅游地、其他类型旅游地、潜在的旅游资源、上下游的旅游企业等;旅游地自身条件包括历史、经济、社会条件、旅游地容量、区位、基础设施、旅游资源质量、本地政府、居民、投资者作用等。

根据国外相关研究,总结概括了影响旅游地生命周期的主导因素,如表6-2所示。

表6-2　影响旅游地生命周期的主导因素

| 旅游地 | 主导影响因素 | 研究者 |
| --- | --- | --- |
| Atlantic City（美国） | 客源市场部分由精英转向大众旅游者;美国市场的整体衰退 | C. Stansfield(1978) |
| Lancaster County（美国） | 资源、区位、交通;随机不利事件,当时的小儿麻痹症事件以及石油冲击 | G. Hovinen(1982) |
| Grand Isle（美国） | 居住模式;自然环境,比如侵蚀与风暴;开发的密度 | K. Meyer-Arendt (1985) |
| — | 主要经济和社会力量:旅游地竞争能力,旅游需求、价值观以及对产品价格的敏感程度,新开发商的出现,环境保护主义者的声音,替代品的变化,交通运营商、旅行社、旅游业经营者的作用,政府机构、立法机关 | K. M. Haywood(1986) |
| The Isle of Man（英国） | 旅游地总体受欢迎程度下降;无法保持自身竞争力 | C. Cooper and Jackson(1989) |
| Paradise Island（巴哈马） | 旅游业自身竞争结构,比如企业兼并导致的寡头垄断竞争环境 | K. Debbage(1990) |
| Niagara Fall（美国与加拿大） | 规划师的作用,有意识的规划和管理 | D. Getz(1992) |
| Cypress Gardens（美国） | 发展战略;环境变化 | C. A. di Benedetto and D. C. Bojanic (1993) |
| Waikiki beach（美国） | 居民态度及其参与旅游业中避免了游客增长量停滞、使得旅游地复兴 | P. J. Sheldon(2001) |
| Sardinia（意大利） | 政策因素,包括区域政策、公共政策制定者以及未来策略 | Pulina(2006) |
| Lake Tahoe（美国） | 人为采伐导致生态景观的改变 | C. G. Raumann(2008) |

续表

| 旅游地 | 主导影响因素 | 研究者 |
|---|---|---|
| Border Marker Between Vermont and Quebec（美国） | 当地企业和媒体的行为 | J. I. Little(2009) |
| Benidorm（西班牙） | 内外部因素的综合作用 | J. I. Baidal(2013) |
| Seaside amusement arcade sector（英国） | 全球、国家、地方尺度的交互作用 | A. Chapman(2016) |
| — | 创新活动及其集聚效应、城市GDP、城市间人口迁移以及企业出生率等要素相互作用,创新要素是城市演化的核心和主导因素 | D. Czamanski(2016) |

由国外学者的研究成果不难发现,由于旅游地自身情况的不同,影响旅游地生命周期的因素多种多样,因地而异,从另一个方面也说明了旅游地生命周期曲线的多样性和复杂性。

### 三、延长旅游地生命周期的主要措施

如果旅游地能够长时间地保持在容量范围内,巴特勒认为旅游地就很容易保护环境,保持资源的吸引力,旅游地能在较长的时间内保持竞争力,生命周期延长。同时,他也指出旅游地演变的另一种结果,即下降——重组——复兴。有学者在研究下降过程中指出了往往被忽略的问题:旅游需求中的环境质量。在旅游地重组研究中,如何确定旅游地已经处于下降阶段也成了重要的内容。库珀(Cooper,1997)提出英国海滨度假胜地衰退的参数和指标,认为床位的低使用率、床位过剩是下降的重要参数之一。关于旅游地的重组和复兴,针对每一个不同的对象有不同的具体情况,目前尚不存在一个可以适用于所有目的地的重组模式。不少学者针对不同的案例地具体探讨了旅游地复兴的措施,如表6-3所示。

表6-3 旅游地复兴的主要措施

| 作者 | 日期 | 主 要 措 施 |
|---|---|---|
| 阿加沃(Agarwal) | 2002 | 开发新的吸引物;开发尚未开发的资源; |
| 博贾尼(Bojanic)等 | 1993 | 重新定位客源市场 |
| 霍韦恩(Hovienn) | 2002 | 开发不同的旅游产品 |
| 迪贝克(Debbage) | 1990 | — |
| 阿伦特(Arendt) | 1990 | 针对目的地特定的规划管理策略 |
| 海伍德(Haywood) | 1986 | — |
| 马丁(Martin)等 | 1990 | 加强环境保护/管理措施,延长环境生命周期 |
| 比加德莱克(Biggadlike) | 1981 | 重新划分客源市场 |
| 伊尼斯(Enis)等 | 1977 | 适当修改产品的形式 |

有学者认为对处于发展期的旅游地,更加积极的方法是通过人为调整,将停滞期延后。

库珀和杰克逊在研究男人岛的案例中证实了这一点。谢彦君(1994)在分析了影响旅游地生命周期的三大因素后,提出了延长旅游地生命周期的策略是全面实施永续旅游,从宏观上树立旅游资源的战略性管理的观念,通过全面实施永续旅游战略,来延长旅游地的生命周期,推迟旅游地衰退期的到来。1990年在加拿大召开的Globe'90国际大会对永续旅游的目标所给的表述能较全面地反映永续旅游的内容:

增进人们对旅游所产生的环境效应与经济效应的理解,强化其生态意识;促进旅游的公平发展;改善旅游接待地区的生活质量;向旅游者提供高质量的旅游经历;保护未来旅游开发赖以存在的环境质量。

杨振之以四川省都江堰风景名胜区和碧峰峡为案例地,通过申报世界遗产及时整治环境和市场,树立新形象,推出新产品,使其景区进入新的一轮快速增长期,使整个景区的生命周期大大延长,重新焕发生机。唐兵等对青城山旅游地生命周期进行研究,认为青城山目前处于生命周期中的巩固阶段,提出实施文化兴旅战略,深度挖掘道教文化来延长旅游地生命周期的调控措施;汪淑敏等研究了生命力度量在旅游地生命周期中的应用,提出了游客力强度与旅游生命周期的辩证关系,要依据生命力度量对旅游生命周期的影响进行景区管理改革。

目前,由于每一个具体的旅游地都面临着不同的情况,尚不存在一个可以适用于所有旅游目的地的生命周期延长模式。

### 四、旅游地生命周期理论意义

巴特勒提出旅游地生命周期理论后,国外学者纷纷对该理论的阶段划分、阶段特征和影响因素进行验证、补充和分析的同时,也对该理论的意义和价值进行了研究。1994年库珀认为该理论的价值主要体现在三个方面:①作为旅游地的解释模型;②指导市场营销和规划;③作为预测工具。2001年兰德特通过数理推导的方法建立了数理模型,对旅游地生命周期理论的产生机制和评价进行了验证,肯定了该理论的存在价值。综合来说,旅游地生命周期理论的价值与意义主要体现在以下三个方面。

(一)有助于旅游目的地管理者判定旅游地发展阶段

旅游地的发展会随着时间的变化,有一个演变发展的过程,旅游地生命周期理论提供了描述旅游地发展历程的理论模式,提出了旅游地发展的六个阶段和各阶段的特征,运用这一模式有助于考察旅游地的发展阶段,掌握该阶段的发展特征和存在问题。不同类型旅游地生命周期有所不同,旅游地管理者可根据旅游地类型来判断旅游地发展阶段。

(二)有助于旅游目的地管理者预测旅游地未来发展趋势

以旅游地生命周期为依据,旅游目的地管理者可以判定的旅游地的发展阶段,对照旅游地生命周期理论来预测旅游地的未来发展阶段及特征,可以有效地调整旅游规划或其他相关措施,以便采取措施延长其生命周期。

(三)有助于旅游目的地管理者及时调整市场营销战略

旅游地生命周期理论模型大致分为六个阶段,在旅游地生命周期理论的每一个发展阶段,其游客容量、品牌知名度、市场份额、竞争程度、利润收益等都不相同,旅游目的地管理者需要根据各阶段的特征制定相对应的市场营销战略。

（四）有助于旅游地实现可持续发展

旅游地生命周期的研究为旅游地健康持续稳定发展提供了重要参考。在旅游地生命周期研究中,很多学者结合定量分析、数理模型方法,探讨了旅游地发展演变的规律和特征,有助于观测旅游地发展状况,为旅游地健康持续稳定发展提供依据,并实现旅游地可持续发展。

### 五、旅游地生命周期理论研究展望

旅游地生命周期理论的研究与旅游业发展的环境紧密相连。随着旅游业的不断发展、科技的不断创新,诸多旅游地发展因素不同于以往,旅游地生命周期理论研究的要求和重点都在不断变化。近年来演化经济地理学、新文化地理学等理论的发展和人们对于发展哲学的重新思考,都将有助于旅游地生命周期理论走向新的研究高度。

（一）关注旅游地系统要素的发展

传统旅游地生命周期理论更偏向于旅游对地方的影响,希望通过人为管理实现旅游地长久繁荣,关注旅游地接待量和旅游收入的变化。当前,研究者从普遍追求经济增长转变为考虑社会公平的包容性发展和追求社会、环境、经济、文化协调的可持续发展,更加重视旅游业发展对社区居民物质、精神、健康、安全福利的影响,以及关注旅游业发展与地方文化、景观的互相塑造。如今更多的研究以旅游地生命周期理论视为研究的起点,关注旅游地域系统内要素的发展,如重视不同发展阶段利益相关者的矛盾类型、旅游地社会网络变化、政府角色、探讨居民参与旅游实践和包容性发展的问题等。以及关注不同发展阶段中碳排放、环境变化、经济系统的关系,探讨旅游地可持续发展的适应性对策。新发展观视角下,旅游地生命周期理论不仅实现了定量分析,也将对旅游地内部各要素的协调发展提供指导。

（二）探究旅游地"衰退"机制与转型对策

通过研究表明旅游地发展突破承载力极限,环境恶化、旅游核心吸引力破坏是导致衰退的核心机制。但是,随着旅游地生命理论的深入研究,学者们发现引起旅游地衰退机制因素复杂,如外部需求环境和竞争因素等都能引起旅游地衰退。继欧洲之后,北美传统旅游地出现衰退,产业转型面临极大的困境。如大西洋城、拉斯维加斯等著名旅游地,旅游企业纷纷倒闭,失业人员再就业困难,高新技术企业却因当地缺乏人才不愿投资。中国一度视旅游业为朝阳产业,但人口老龄化、经济放缓和环境恶化等诸多因素给旅游业发展带来更多不确定性,因此必须未雨绸缪,积极应对旅游地"衰退"问题。

（三）重新定位旅游业发展问题

稳固期和停滞期是旅游地保持吸引力的管理难题。旅游地生命周期理论认为旅游吸引力是影响旅游业发展的核心要素。而一些经济落后地区因"旅游吸引力"保持较好,存在所谓的"后发优势",将旅游业作为经济发展的"救命稻草",大力进行招商引资和政府投资。旅游实践表明,旅游需求的弹性非常大,容易受到各种外界因素的影响,因此旅游业是十分"敏感"的产业,无论旅游地处于哪个发展阶段,旅游市场的"震荡"都非常容易发生。与需求弹性相对应的,则是旅游供给刚性大,旅游投资又多为沉没成本,因此将旅游业作为主导产业或者支柱产业,地区发展将面临很大的不确定性。新文化地理学关于地方系统中要素互动关系的思考,都为将来旅游地生命周期理论进一步的研究提供了新方向。

### 案例6-1　　南京市大塘金薰衣草庄园的生命周期

南京市大塘金薰衣草庄园坐落于南京市江宁区谷里街道大塘金村,是江宁区重点打造的"十佳乡村旅游地"之一。经过多年的发展,薰衣草庄园经历了数个旅游地生命周期阶段。

2010年,江宁区在城市规划上将西部牛首山—云台河区域规划为乡村旅游发展区,大塘金薰衣草园位列其中。2013年在江宁区政府的主导下,谷里街道利用大塘金村的坡地地形,种植了27 km²"梯田式"薰衣草。同年5月大塘金薰衣草庄园免费开放,迎来了首个旅游旺季。2015年,大塘金引入马鞭草,因为马鞭草的花期可以从5月一直持续到10月份,所以借此延长了大塘金的紫色"薰衣草"花期,也迎来了五一黄金周的最高游客接待量(270万人次)。

2016年,"江苏省大众创业万众创新活动周江苏省分会场南京大塘金香草小镇婚庆产业发展峰会"在大塘金薰衣草庄园召开。峰会确定了大塘金薰衣草庄园以婚庆产业发展为主题,从可持续发展的视角出发探讨婚庆产业及其关联的文创产业未来发展方向。区政府计划依托大塘金薰衣草庄园建设法国南部风情小镇,融合旅游、休闲、婚庆等相关产业。

依据巴特勒的旅游地生命周期理论,将大塘金薰衣草庄园的生命周期同样划分为6个阶段。同样结合巴特勒总结出的旅游地生命周期理论各阶段的特征,对大塘金作为旅游地的生命周期的6个阶段的特点进行了总结,见表6-4。

表6-4　大塘金薰衣草庄园生命周期

| 阶　段 | 时　间 | 产品内容 | 特　点 |
| --- | --- | --- | --- |
| 探索 | 2010—2012年 | 乡村产品对比,发掘自身特色 | 无公共设施 |
| 起步 | 2013年 | 栽种薰衣草,免费开放 | 首个旅游旺季出现;<br>旅游商业主要为当地居民商贩 |
| 发展 | 2014年 | 注重宣传,引进旅游直通车 | 配套设施完善;知名度提升 |
| 稳固 | 2015年 | 引进马鞭草 | 延长旅游产品观赏期 |
| 停滞 | 2015—2016年 | 仍然以赏花为主要产品 | 旅游到访人数达到峰值;<br>旅游地形象固化 |
| 衰落/复兴 | 2016年—至今 | 打造婚庆基地;<br>建设法国南部风情特色小镇 | 重新定位旅游吸引物 |

通过对大塘金薰衣草庄园的旅游地生命周期进行分析不难看出,大塘金在短短的几年时间里经历了整个生命周期,而且在理论的最后阶段,大塘金采取了一定措施,通过重新定位成功地将一个低端的可能被淘汰的旅游地引向了另一个生机勃勃的旅游地生命周期。其中,大塘金薰衣草庄园对乡村旅游产品的创新发展有一定的借鉴作用。

(一)注重当地政府的扶持政策

在乡村旅游发展的初级阶段,政府应该结合当地土地规划对乡村旅游产品的开发给予正确的规划与定位,后期在乡村旅游产品的发展过程中应在资金引入单位的筛选、运营主体的资质管理与监督、公共配套设施的修建,以及环境生态保护等方面进行统筹管理。只有这样才能创建出健康、可持续的乡村旅游产品。在乡村旅游发展的成熟阶段,政府应进行宏观指导,运用法律、法规、政策等引导乡村旅游的健康发展,为乡村旅游的发展制定具有科学性的规划,对乡村旅游进行整体营销,尽量减少对乡村旅游的开发经营进行直接干预,应该着重强化政府的经济服务职能,政府应转化成为乡村旅游"服务者"的角色。

(二)结合乡村文化,塑造特色品牌

乡村文化是乡村旅游产品的灵魂。不同地区有着独特的自然、文化禀赋。农业环境、农业景观及其文化内涵是乡村旅游的核心吸引物,乡土性是其本质特征。乡村旅游产品的开发与创新应该能够体现乡土文化的多样性,乡村应利用丰富的历史、清晰的文化脉络、独特的地域风貌,打造出独具特色的乡村旅游产品,并对乡村文化进行保护、提升,使之成为乡村旅游中永不枯竭的创新资源。

大塘金在起步阶段依靠自己的山地丘陵地形,发展种植业,最终选择代表爱情的薰衣草种植来填补乡村旅游的空白市场。在发展阶段,大塘金在对外营销宣传中,一直都以薰衣草为特色,在旅游者心中塑造了一个紫色花海的品牌乡村旅游形象。

(三)深化"旅游+"和全域旅游理念

2017年7月,国家旅游局(现文化和旅游部)发布的《全域旅游示范区创建工作导则》提出,"坚持融合发展、创新发展,丰富旅游产品,增加有效供给"。全域旅游发展应该更加注重旅游吸引物与各项产业结合的旅游+产品项目的开发,而不能仅仅局限于旅游吸引物自身的完善与升级,从而通过旅游+产品项目的开发,形成相关产业生态群落,进而推动区域经济发展,深化"旅游+"和全域旅游的发展。

大塘金在复兴阶段,正是通过有效深化"旅游+"和全域旅游理念,将婚庆产业、制香工业等其他产业与旅游业进行融合发展,形成了自己独特的爱情婚庆主题旅游地和制香旅游地,从而完成了旅游地的又一次生命的启程,并使其在产业生态群中发挥着主导作用。

思考题:

1. 大塘金薰衣草庄园的生命周期发展阶段及特点?
2. 延长大塘金薰衣草庄园的生命周期策略有哪些?

## 第二节 旅游地空间竞争

区域内旅游地之间既有竞争又有合作。一般而言,旅游地的空间竞争主要是同类型旅游地之间的竞争;不同类型的旅游地在同一地域出现,主要产生互补作用。但由于游客旅行的空间行为尺度不同,它们选择旅游地的级别也不一样,因而也会导致旅游地空间竞争的产生。

旅游地的空间竞争是由于多个旅游地在同一地域内出现引起的,当多个旅游地在同一地域出现时,它们各自的知名度、吸引力和客流量往往会出现此消彼长、同步增长或同步衰减的动态变化,以及由此引起的旅游客源市场的再组织和再分配现象,出现新的旅游市场结构。

### 一、旅游地空间竞争

旅游地空间竞争的研究受到很多学者的关注,成为旅游地理学经典课题。随着市场经济的快速发展,在政府主导下中国旅游业形成了坚定的基础,旅游业对国民经济和社会就业的综合贡献率不断提升,使其战略性支柱产业地位更加突出。深入研究旅游地空间竞争的一般规律,既是旅游地理学科发展的要求,更是保障区域旅游规划和管理科学性的需要。通过分析同一地域同类旅游地之间的空间竞争关系,可以更好地指导人们在旅游规划和预测中的决策。

国外旅游地空间竞争方面的研究始于20世纪60年代,分析工具主要有引力模型、概率旅行模型和无差异曲线、价格需求交叉弹性模型,旅游地空间竞争研究以竞争理论为基础,资源比较优势一直是指导旅游业发展的理论基石之一。最初研究的焦点在旅游资源的区域禀赋和区位因素方面,人们开始通过开发特色旅游产品来扩大旅游地的吸引范围,以提高区域旅游空间竞争力。G. R. Deasy 和 P. R. Griess(1966)运用旅游无差异曲线及旅游等成本线技术分析了美国宾夕法尼亚的两个相似的、互相竞争的旅游景点,发现旅游景点与客源地之间的引力是资源指向性的。到20世纪80年代,旅游需求的影响成为旅游地竞争的研究重点,主要关注国家旅游服务贸易竞争力的影响因素,从中揭示了价格竞争优势的存在。1989年史密斯(Stephen L. J. Smith)对引力模型和概率旅行模型作了很系统的总结,对引力模式中的系数进行了修正,还给出了不同情况下的修正系数,并计算和预测了加拿大各省区之间相互吸引的旅游客流。20世纪90年代,区域旅游空间竞争研究得到不断完善。同时,围绕旅游系统各要素及其整合所形成的比较优势,出现了一些新的变化趋势,可持续旅游发展、信息流、竞争优势理论等成为研究的热点,研究大尺度区域旅游地竞争力的等级格局成为主流。旅游地空间竞争理论研究出现大量旅游个案研究,推动了该理论研究走向成熟并且取得了一定的发展。

国内旅游地空间竞争的研究始于20世纪80年代末。1989年张凌云从经济学的角度出发,研究了旅游地空间的竞争机理,介绍了William与B. Kurtz等应用价格需求交叉弹性分析在亚利桑那州的大型水库的摩托艇利用研究的成果。陈传康则发现了地域间旅游景点的竞争现象,他认为旅游地具有生命周期,科学的旅游规划能够克服倒 U 形发展曲线,可以通过拓展旅游内涵以达到旅游地的持续繁荣与发展。1991 年保继刚等应用引力模型研究了海滨沙滩旅游地的空间竞争,1994 年又分别研究了名山旅游地和喀斯特石林旅游地的空间竞争,认为旅游地的空间竞争是由于多个旅游地在同一地域内出现引起的,当多个旅游地在同一地域出现时,由于相互的作用往往会出现此消彼长或同步增长的动态变化和地域旅游市场结构的再组织。楚义芳将某一旅游地与其附近旅游地之间的空间相互作用概括为两种:一种是补充的关系,另一种是替代的关系。在同一等级的旅游地之间,这种作用是相互的,在不同等级的旅游地之间,其作用是单向的,表现为上一等级作用于下一等级。许春晓、王衍用研究了旅游地的屏蔽现象,"屏蔽现象"的研究主要基于"旅游地空间竞争理论",将具有竞争关系的旅游地系统考虑。王冠贤、保继刚 2004 年对从化温泉旅游地的空间竞争进行了探讨;郑耀星、黄丹等人先后对海岛型旅游地的竞争与合作做了相关论述。

此后,学者们主要对不同类型旅游地空间竞争的特点进行了研究。罗迎新在 2010 年以闽粤赣三角地带典型客家民居旅游地为例,运用旅游地空间竞争理论,认为该旅游地空间竞争为非替代性同类型竞争。2013 年席宇斌以营口鲅鱼圈为例,对温泉旅游地时空演变特征与可持续发展进行研究。2017 年许春晓以湖南省为例探讨了旅游地空间竞争规律,得出旅游地空间竞争的 4 项基本规律:①旅游地竞争优势等级处于不均衡的动态变化中;②旅游地竞争优势的轮换式消长形成客源轮换机会分布的分级圈层结构;③旅游地轮换式竞争格局体现在消费者出游决策次序的先后排布;④ 细分市场的选择偏好增强旅游地轮换机会分布的均等化趋向。随着旅游竞争现象的观察和思考不断深入,旅游地空间竞争的本土化研究出现了一批经典成果,归纳了不同类型旅游地间的替代性竞争和非替代性竞争关系、剖析了旅游地竞争的"阴影现象"和"屏蔽现象"。2019 年陆林、李磊等以黄山、上饶、南平为例对遗产型旅游城市空间关系进行研究。

## 二、旅游地空间竞争的引力模型

旅游地的空间竞争可以用引力模型来进行预测,旅游研究中的基本引力模型公式为:

$$T_{ij} = G \frac{P_i A_j}{D_{ij}^b}$$

式中,$T_{ij}$ 为客源地 $i$ 与目的地 $j$ 之间旅行次数的某种量度;$P_i$ 为客源地 $i$ 的人口规模、财富或旅行倾向的量度;$A_j$ 为目的地 $j$ 的吸引力或容量的某种量度;$D_{ij}$ 为客源地 $i$ 与目的地 $j$ 之间的距离;$G$、$b$ 为经验估计系数。

根据这一模型,则位于同一区域内的两个旅游地 $A_1$ 和 $A_2$ 对某客源地 $i$ 的竞争关系就可以用下面的公式表示:

$$\frac{T_{i1}}{T_{i2}} = \frac{A_1}{A_2} \left( \frac{D_{i2}}{D_{i1}} \right)^b$$

通过上面公式可以得出,两个旅游地对客源地 $i$ 的竞争力,与它们的吸引力成正比例关系,与客源地到旅游地的距离成反比关系。在同一区域内,距离的因素往往起较小的作用,基本可以忽略不计。因此,旅游地之间的竞争主要是由吸引力造成的。

### 三、旅游地空间竞争现象分析

研究表明,旅游地类型不同,其空间竞争的特点也不相同。在此我们主要以名山类和喀斯特石林类的旅游地作为代表,来分析旅游地空间竞争的特点。

#### (一)名山类旅游资源的空间竞争

1. 名山旅游资源的特点

(1)遍在性旅游资源。

名山是以具有美感的、典型的山岳自然景观为主体,渗透着人文景观美、环境优良的山地空间综合体(谢凝高,1987)。我国地广山多,国家、省、市一级的名山分布极为广泛,例如,江西有国家级名山4座(井冈山、庐山、三清山、龙虎山)、省级16座、地方级103座,合计123座;广东有国家级名山4座(丹霞山、罗浮山、西樵山、鼎湖山)、省级16座、地方级103座,合计123座。截止到2017年3月29日,已公布的第九批244处国家级风景名胜区中,名山类占比约达50%,分布在全国30个省市。可见名山类旅游地属于遍在性旅游资源。

(2)共性、个性皆强。

根据"以岩性为基础,综合考虑其自然景观、美学和人文特征来划分名山类型"的原则,中国的名山可大致分为花岗岩名山、喀斯特山水、具有丹霞地貌特征的名山、其他以自然因素为主要成因的名山和历史文化名山等类型。就某一类名山的外部特征来看,如花岗岩高山一般是岩基断块隆起或岩株构造所致,具有相对高差大、形象雄伟、主峰明显、坡陡谷深等共同特点,因此说具有较强的共性。但是每一座名山的发展往往与某一历史阶段的社会经济政治条件、科学文化艺术水平、宗教传播等有一定的关联,因此,具体到每一座名山,又往往具有鲜明的个性。例如,同属于花岗岩名山的泰山、黄山各自具有鲜明的个性。

(3)重游率高低取决于名山的旅游功能。

从游客行为层次来看,游览观光和休养度假、宗教朝拜、科学考察3个旅游行为层次在名山中都能体现。不同等级的名山在这些功能的拥有程度上往往是不一致的,有的较单一,有的同时具备几种功能,如五台山以宗教旅游见长,庐山以避暑为主要功能而又兼有观光特性,黄山主要是以观光为其特点。一般而言,以观光为主要特点的名山游客重游率比较低,以疗养避暑为主要功能的名山游客重游率较高,以宗教功能突出的名山一般都有一个较为稳定的重游率较高的香客市场。

2. 名山旅游资源空间竞争的影响因素及特点

(1)主要因素。

影响名山旅游地空间竞争的主要因素包括旅游地的地位级别、功能和可达性。名山的地位、级别影响到旅游者的空间行为,当众多名山在同一地域出现时,旅游者尤其是大尺度空间的旅游者往往会选择地位、级别最高的名山而放弃地位、级别相对较低的名山。此外可达性好坏直接影响到名山的空间竞争力,在相同级别下,可达性较好的名山往往会限制可达性较差的名山的发展。

(2)特点。

由于大多数名山往往具有悠久的历史和文化内涵,每一座名山都会有特定的客户群,因此名山竞争是一种非替代性竞争,非替代性竞争是名山旅游地空间竞争的特点。在同一地域出现的名山,虽然知名度小、地位低的名山旅游发展会受到抑制,丧失一部分客源市场,但还会有一定的特定市场,一定条件下,竞争可以转化为互补优势,各级名山可以在自己的适度规模下进行旅游开发。

以山东省泰山、蒙山、莲花山的空间竞争为例。泰山、莲花山、蒙山同为山东省花岗岩名山又各自具有强烈的个性特征。蒙山以生态为主又兼有科学考察的特性;莲花山因宗教旅游而发展,但也同样是观光度假的好地方;泰山作为世界级名山,不论是人文景观还是自然景观,其功能更为多样。

泰山与莲花山游客量之间的差距随着空间竞争的发展,在不断拉大。莲花山地位级别低,知名度也较低,虽然有较好的可进入性,但是因为距离泰山近,受泰山的抑制作用最强,在空间竞争中处于明显的劣势。泰山的游客量是一座省级名山无法企及的,很明显,莲花山的发展受到了泰山的抑制作用。但莲花山本身独特的宗教文化聚集了稳定的香客市场,使游客量总体上保持在了一个相对稳定且略有提高的状态。政府对莲花山开发的投资和一些具有当地特色的活动,刺激了莲花山客流量的增加,从而导致在个别年份客流量出现不同幅度的增加。

年接待游客量对于名山旅游地空间竞争的分析是一个重要指标。表6-5是泰山、蒙山、莲花山2010年—2015年年接待游客量情况。从表中可以看出,2010年,泰山的总游客量已达396.17万人次,是莲花山的15倍多,接近蒙山的7倍。从时间来看,泰山的年接待游客量呈现稳步上升趋势,至2015年已达589.8万人次。与此同时,蒙山的年接待游客量也呈现较稳定的上升趋势,由2010年的59万人次,增长到2015年的120.3万人次。莲花山的年接待游客量在2013年大幅度上升,之后在2014年和2015年稍有回落,这种变化看似与前两者不同,但深刻了解后发现,主要是由于名山资源以外的因素导致的。所以,从这6年间的整体变化上看,莲花山的游客量维持了相对稳定的增长趋势。

泰山、蒙山和莲花山年接待游客量的分析可以看出,三者对游客的吸引力表现出很明显此短彼长的变化,且这三者的空间竞争会影响到各自的需求规模,彼此间存在一定的抑制作用,说明这三者之间存在着空间竞争。三者之间不会完全相互替代,而是各有自己发展的空间,表明他们之间具有不可替代性的特征。

表6-5 泰山、蒙山、莲花山年接待游客量(单位:万人次)

| 年份 | 泰山 | 蒙山 | 莲花山 |
| --- | --- | --- | --- |
| 2010 | 396.17 | 59 | 25 |
| 2011 | 459.36 | 62 | 38 |
| 2012 | 492.8 | 84 | 62 |
| 2013 | 497.57 | 110 | 182 |
| 2014 | 546.63 | 90.6 | 107 |
| 2015 | 589.8 | 120.3 | 76.4 |

## （二）喀斯特石林旅游地的空间竞争

### 1. 喀斯特石林旅游资源的特点

（1）非遍在性旅游资源。

中国碳酸盐类岩石的分布面积广泛，中国碳酸盐类岩石的分布面积大约为130万平方公里，占全国总面积的14%，但石林这种地貌形态大约只发育有35片区域左右。另外，巴西、波多黎各、澳大利亚、新几内亚、印度尼西亚、马来西亚及中南半岛等其他地区均有零星分布（杨汉奎，1993）。喀斯特石林是一种非遍在性资源。

（2）地域分布相对集中。

中国的喀斯特地域分布相对集中，仅云南路南县就发育有集中成片的近20片石林，除已开发的有大、小石林和乃古石林以外，还有和莫村、石板哨、天生关、北大村、阿易林、天生桥、黑龙箐、滞草村、所各邑、文笔山、戈衣黑、豆黑村、水塘铺、清水塘、尾博邑等石林（徐国才，1993）；在贵州也集中发育了多片石林，如修文石林、贞丰石林、关岭石林、瓮安石林、湄潭石林等。

（3）景观的雷同性和开发功能的单一性。

石林是一种共性大、独特性小的旅游资源，石林之间的差异只是规模和造型景观的差异，绝大多石林是纯粹的自然景观，个别的，如路南大、小石林，融入了民族风情和神话传说，其他大部分都缺乏历史文化内涵，旅游者以旅游观光为主，很小的游客量以科学考察为主，游客的重游率不高。在旅游地的空间竞争中，喀斯特石林旅游地是一种典型的替代性竞争，即知名度大、地位高的石林抑制代替知名度小、地位低的石林的发展。

### 2. 喀斯特石林旅游资源空间竞争的影响因素

影响喀斯特旅游资源空间竞争的主要因素是石林的地位、级别和可进入性，而其中级别的影响作用最为显著。当同一地区有多个石林出现时，旅游者往往选择地位、级别较高的石林，而放弃级别较低的石林。此外由于石林是一种替代性较强的以观光为主的旅游地，因此在空间竞争上还表现为替代性较强。

以云南石林彝族自治县大、小石林与乃古石林的空间竞争为例。大、小石林在明代已成为名胜，距昆明85千米，资源类型属于石林型，1980年开始管理。乃古石林是20世纪80年代初发现的，距离昆明91千米，距大、小石林8千米，1986年1月1日景区建成开放。大、小石林和乃古石林在云南石林彝族自治县同一地域出现，它们对游客的吸引力出现此长彼短的动态变化，竞争的结果是大、小石林处于绝对优势。大、小石林对乃古石林在竞争中的替代作用，主要是由于知名度因素造成的。从规模上看，无论从整体规模或中心密集区规模，两个石林差异不大；从可进入性看，两个石林的可进入性几乎一样，大、小石林距昆明85千米，乃古石林距昆明91千米，其中有83千米是同一条路；从景观价值看，大、小石林比乃古石林要略胜一筹；从知名度来看，乃古石林与大、小石林有天壤之别，早在乃古石林发现之前，大、小石林已享誉中外，特别是电影《阿诗玛》在20世纪60年代的放映使其在国内家喻户晓，在同类景观中，大、小石林已具有"最佳形象"，成了喀斯特石林的代表和化身。因此，游客可以不去乃古石林，但如果不去大、小石林就感觉没有领略过这种景观。因此，大、小石林抑制乃古石林是必然的。

不同类型旅游地空间竞争特点如表6-6所示。

表6-6 不同类型旅游地空间竞争特点

| 旅游地类型 | 旅游地的特性 | 空间竞争特点 | 案例 |
| --- | --- | --- | --- |
| 名山旅游地 | 数量多、分布广泛,属于遍在性旅游资源;类型多样,但共性大,个性鲜明;重游率取决于名山的旅游功能 | 知名度大、地位高的名山抑制知名度小、地位低的名山;非替代性竞争 | 黄山、九华山、齐云山 |
| 沙滩旅游地 | 共性大,独特性小;分布范围具有局限性 | 近距离沙滩抑制远距离沙滩;替代性竞争 | 茂名虎头山和龙头山沙滩 |
| 石林旅游地 | 喀斯特石林是一种非遍在性旅游资源;喀斯特石林地域分布相对集中;景观的雷同性和开发功能的单一性 | 替代性竞争,地位级别高、知名度大的石林吸引大、中尺度的旅游者,地位级别低、知名度小的石林只能吸引附近的旅游者 | 路南大、小石林及乃古石林 |
| 温泉旅游地 | 明显的地域性和分带性;共性大而独特性小;运营依赖重游率;淡旺季交替明显 | 竞争的焦点随游客特征和竞争范围的变化而变化;非替代性竞争 | 从化新旧温泉 |
| 城市旅游地 | 共性较大,尤其是在城市结构上;城市功能具有一定特色 | 距离作用比较明显;特色制胜;对等竞争 | 青岛与大连 |
| 居民旅游地 | 民居的遍在性;民居的地域性 | 同型竞争;非替代性竞争 | 闽西客家民居 |

## 四、影响旅游地空间竞争的因素

影响旅游地空间竞争的因素是多方面的,根据以往的研究可以得出影响旅游地空间竞争的六个主要因素是资源品质、区位及可进入性、旅游需求、服务水平、企业效率、旅游地形象,概括来讲主要有如下几类。

### (一)资源因素

影响旅游地空间竞争实力的最重要的物质基础和旅游生产力潜力是旅游资源,旅游资源的禀赋条件对旅游地空间竞争的影响主要体现在其差异程度上,而非数量的多寡。旅游产品的差异性主要是由旅游地的差异性或独特性决定,旅游者离开常住地进行旅游游览主要被旅游产品的差异性所吸引,差异产生吸引力。所以,旅游资源的差异性是吸引旅游者的

根本原因。如果一个旅游目的地旅游资源丰富并具有独特性,知名度高,品牌效益好,将提高此旅游目的地竞争力,这是由旅游者力图到级别较高的旅游地旅游的空间行为规律决定的,高知名度、高品位的旅游资源能够吸引更多的游客,且吸引范围大。如果旅游目的地旅游资源丰富且独特的话,其竞争力将高于缺乏雄厚的旅游资源基础的旅游地。一般来说,资源因素在起始阶段影响较大,随着时间的推移,其影响作用将有所减弱,城市功能、形象、个性与特色的影响作用将趋于增强。

(二)区位因素

旅游地区位由旅游目的地与其客源地相互作用中的相关位置和相对意义所决定,具体可分为客源市场、交通和认知区位等。区位决定旅游目的地的旅游资源的相对价值、市场规模、旅游发展前景,进而影响其空间竞争。有些旅游目的地虽然处于旅游资源优势相对缺乏的城市,却能在旅游地的空间竞争中具有较大优势,主要是凭借得天独厚的区位条件。而有些旅游地尽管拥有知名度很高且丰富的旅游资源,但区位条件较差,使得其旅游空间竞争力深受制约。

(三)旅游环境

目前环境对旅游业的支持力度有着非常重要的意义。环境既包括为旅游提供服务的一些外围环境,如一个区域的自然生态环境、旅游地的交通环境、空间环境、社会经济环境和发展水平,也包括支持旅游业发展的政策环境及相关行业,如娱乐、餐饮等的产业环境,还包括旅游地的管理体制。旅游环境对旅游地的空间竞争存在着显著影响。

(四)游客偏好

旅游目的地实现由潜在资源变成现实经济实体主要依托旅游者的旅游需求。不同年龄、性别、学历的旅游群体构成了不同的旅游规模结构,因其具有不同的旅游偏好,从而影响着旅游目的地空间竞争力。根据旅游者的偏好可以将旅游者分为多中心型和自我中心型。多中心型的旅游者对目的地表现出极大兴趣的是旅游吸引物聚集体,而不是旅游设施;自我为中心型的旅游者对旅游设施有较大的兴趣,而对旅游吸引物聚集体兴趣一般。多中心型的旅游者的内在偏爱将驱使旅游流空间分散,而自我中心型旅游者将促进目的地的空间聚集发展,以便能提供较为完善的旅游服务设施。可见,游客偏好对旅游地的空间竞争具有重要的影响。

(五)介入机会

介入机会是指围绕旅游活动而发生的一种空间联系现象,包括空间交通线路组织、市场营销宣传、网络信息、与其他旅游地或旅游企业的合作等。游客可以通过广告信息、网络平台等获得产品特性的相关信息,越来越多的旅游目的地更加关注广告在旅游经营中的作用,并且对旅游目的地广告宣传做了一定投入。介入机会是通过影响其他因素对旅游地的空间竞争起作用。

旅游业是使旅游者空间移动的产业。旅游交通为旅游者由客源地到旅游目的地的往返,以及在旅游目的地各处的旅游活动提供了设施和服务。交通使客源地和目的地的空间相互作用的产生成为可能。对旅游者主体来讲,影响其行为的时间距离等因素的作用大小往往通过交通便利程度表现出来。交通的便利程度是开发旅游资源和建设旅游地的必要条件,也是衡量旅游地是否具有空间竞争力的重要因素。因此,一个旅游城市是否拥有便捷的区际交通网络,可进入性优劣与否,直接影响到旅游地的客源吸引范围,进而影响到旅游地的空间竞争。

另外,市场营销宣传、网络信息发布能为旅游者传递较为明晰的信息,能提高旅游目的地的知名度,旅游者可通过搜寻广告信息或通过个人的经历与重复购买等方式获取关于某产品特性的知识。因而,市场营销宣传和网络信息发布也是影响旅游地空间竞争的因素之一。

### 五、旅游地空间竞争研究趋势

综合国内外旅游地空间竞争研究,发现目前旅游地空间竞争研究具有如下几个新的发展方向。

#### (一)可持续发展在旅游地空间竞争研究中成为热点

旅游地的竞争力不因仅仅体现为暂时的旅游流的增加,还应表现在地区旅游业长远的发展能力方面。在提升旅游地空间竞争力时,必须充分考虑旅游地的承载力,不能为了提高一时的竞争力,而不顾及旅游地的长远发展。

#### (二)注重旅游地的品牌塑造

旅游地品牌塑造作为提高旅游地竞争力的一个有效手段正越来越受到研究者和旅游开发者的重视。旅游地品牌塑造,是将一个区域(景点景区、特色民俗村、镇)当作一个整体,使旅游产业全景化、全覆盖,进而使特有资源优化、空间有序、产品丰富、产业发达的整体式打造方式。在市场竞争中,旅游者择游意识、旅游产品的挑选往往受其所掌握的信息影响,旅游地可以通过提高信息质量、优化信息结构、加快传播速度及增强信息可达性体现竞争力。旅游地的品牌塑造对旅游地空间竞争力的作用也将越来越明显。

#### (三)弱势旅游地在旅游地空间竞争研究中受到关注

弱势旅游地就是在旅游地市场空间竞争中处于劣势的旅游地。学术界在2003年引入"弱势旅游地"的概念,很多学者以旅游地空间理论为基础,对弱势旅游地进行重新界定,并提出提升弱势旅游地的相关措施,有利于延长弱势旅游地生命周期,从而实现其可持续发展。

#### (四)旅游地区域合作成为研究趋势

由于一个地区的旅游开发在很大程度上与周边区域存在着密切的空间互动关系,发挥整体优势,加强区域合作的思想,在旅游开发过程中得到了许多国家和地区重视。学者们从政策、合作项目、合作手段及合作模式等方面,结合具体的旅游合作空间的特点进行研究,力求探索出具有实践指导意义的开发思路和模式。由于旅游地之间具有相似性和互补性,加之交通的发展使得旅游地之间的联系更为密切,因此可以通过构建互补的旅游产品群、联合塑造区域旅游形象、共同建设旅游设施、联合开拓旅游市场、保护整体环境等途径,开展旅游地之间的竞争与合作,从而提高旅游区域的整体实力,实现资源共享,获得优势成本,促成市场互换,最终迎合旅游需求发展。

## 案例6-2　闽粤赣三角地带典型客家民居及其旅游地的空间竞争

地处闽西、粤东北、赣南三省交界的三角地区，是客家民系的主要聚居地。该三角地带恰巧有代表自己特色的客家民居，即闽西的土楼、粤东北的围龙屋和赣南的围屋，福建永定土楼、广东梅州围龙屋与江西赣州围屋并称客家三大典型代表性民居。现今，闽西、粤东北、赣南三角地区客家古民居以其独特的建筑风格和丰富的文化内涵越来越引起社会各界的广泛关注。

一、闽西的土楼、粤东北的围龙屋和赣南的围屋

土楼是福建永定客家文化的标志，永定土楼有4360多座，规模巨大，气势宏伟，作为神奇的古建筑声名远扬。2008年被正式列入《世界遗产名录》后，土楼更加名声大振，掩盖了富有特色的客家古建筑赣州围屋与梅州围龙屋的风采。永定土楼的知名度要远高于梅州的围龙屋和赣州的围屋。

梅州围龙屋是汉族的五大特色民居之一。其中国家重点文物保护单位1座、省级文物保护单位7座。梅州围龙屋的基底素质在某些方面虽不及龙南围屋，但梅州是客属世界公认的客家文化中心。因此，梅州的客家认知度很高，提到梅州，一般人都知道是客家人聚居之地。目前对梅州客家文化及其建筑的认同程度远比龙南围屋要强。

赣州较有特色的客家古民居是龙南客家围屋，其规模巨大，防御功能强，被称为"汉代坞堡的活化石"。全区现存围屋单体370多座，其中国家重点文物保护单位2座、省级文物保护单位1座。赣州龙南围屋与永定土楼在建筑历史、数量规模、区位条件方面有一定差距，随之而产生的屏蔽效应将给龙南围屋旅游开发带来更大的困难。龙南围屋旅游开发的起步较晚，市场形象宣传等方面可能处于劣势。这些因素使得龙南客家文化旅游开发在周边激烈的竞争环境中面临重重困难。

二、三角地带典型客家民居旅游地空间竞争策略

从资源和产品上看，闽粤赣三角地带客家民居旅游资源具有一定的同质性。但单纯一个地区民居都不能反映客家古民居的全貌，任何一个地方都不能替代另一个地方，作为客家文化旅游产品，彼此间的互补关系多于替代关系。近几年来，赣南、闽西、粤东北各地都高度重视本地区旅游业的发展，尤其将客家文化旅游作为本地旅游品牌大力打造与宣传，大打"客家牌"。由于三地客家民居旅游资源各具特色，区域旅游资源类型、特色与组合也不尽相同，旅游资源既有同质性，又有互补性。

永定土楼、梅州围龙屋和赣南围屋作为客家三大典型代表性民居，在资源和产品上具有一定的同质性与竞争性。由于三地客家民居旅游资源各具特色，区域旅游资源类型、特色与组合也不尽相同，具有互补性。只要梅州、赣州与龙岩三地加强区域合作，在"客家文化"大主题背景下，发挥各自优势，实施资源互补与联动发展策略，组合旅游产品，构筑千里客家文化长廊，推出客家文化溯源游，定能实现其

旅游地合理竞争与持续发展。

(资料来源:罗迎新.闽粤赣三角地带典型客家民居及其旅游地的空间竞争[J].热带地理,2010(3).)

思考题:
1. 讨论闽西的土楼、粤东北的围龙屋和赣南的围屋旅游地空间竞争表现。
2. 拓展思考三角地带典型客家民居旅游地空间竞争策略。

## 第三节　旅游地可持续发展

可持续旅游(Sustainable Tourism)要求人们以长远的眼光从事旅游经济开发活动,同时要求确保旅游活动的开展不会超越旅游接待地区接待旅游者来访的能力。旅游业作为全球增长较快的产业之一,一方面促进社会经济和文化的发展,但另一方面也会对环境造成巨大危害。这就给人们提出了一个严峻的课题,旅游地如何实施可持续发展?

### 一、可持续发展与旅游

中国古代有"与天地相参"思想,具有朴素的可持续发展理念。西方经济学家马尔萨斯(Malthus,1802年)、李嘉图(Ricardo,1817年)和穆勒(Mill,1900年)等也较早认识到人类消费的物质限制,即人类的经济活动范围存在着生态边界。现代可持续发展思想的产生源于工业革命后,人类生存发展所需的环境和资源遭到日益严重破坏,人类开始以立足全球的眼光看待环境问题。

人类早期对于环境问题的反思,缘于一个海洋生物学家对鸟类的关怀。20世纪60年代美国海洋生物学家莱切尔·卡逊(Rachel Carson)发表《寂静的春天》一书,这是一本论述杀虫剂,特别是DDT对鸟类和生态环境毁灭性危害的著作,向世人呼吁,"我们长期以来行驶的这条发展道路容易使人错认为是一条舒适、平坦的超级公路,在这条道路的终点却有灾难在等待着"。书中提出的有关生态的观点被人们所接受,环境问题从此由一个边缘问题逐渐走向全球政治、经济议程的中心。地球环境的"承载能力"是否有界限?发展的道路与地球环境的"负荷极限"如何相适应?人类社会的发展应如何规划才能实现人类与自然的和谐相处,既保护人类,也维护地球的"健康"?

1972年,以麻省理工学院D.梅多斯为首的研究小组提交了一份研究报告《增长的极限》,报告根据数学模型预言:在未来一个世纪中,人口和经济需求的增长将导致地球资源耗竭、生态破坏和环境污染。除非人类自觉限制人口增长和工业发展,否则这一悲剧将无法避免。文章的发表给人类开出了一副清醒剂,为可持续发展思想的产生奠定了基础。同年,来自世界113个国家和地区的代表在斯德哥尔摩召开了联合国人类环境会议,共同讨论环境对人类的影响问题。大会通过的《人类环境宣言》宣布了37个共同观点和26项共同原则,唤起了各国政府对环境污染问题的觉醒和关注。从20世纪80年代开始,最早见诸《寂静的春天》中的"可持续发展"一词,逐渐成为流行的概念。1987年,世界环境与发展委员会在题

为《我们共同的未来》的报告中,第一次阐述了"可持续发展"的概念。可持续发展包含三个层次的含义:最高层次是要保持人与自然的共同协调进化,达到人与自然的共同繁荣;中间层次包含着人类在时间和空间上的公平性,满足广义的高效率性,进而促进生态的持续发展;最基本层次是资源、环境、经济和社会的协调发展,是在资源环境得到合理的持续利用、被保护的条件下取得最大的经济效益和社会效益。可持续发展就是以上述三个层次为目标的和谐、公平的发展。

20世纪80年代末,可持续发展作为一种环境管理思想被提出,此后,可持续发展逐渐形成一种价值观。可持续旅游实际上是可持续发展思想在旅游领域的具体运用,是可持续发展理论的自然延伸,是近30多年来人们对旅游发展和环境的关系不断进行探索的产物。鉴于可持续发展思想与旅游业的密切关系,国际社会对可持续旅游的发展十分关注。特别是1987年《我们共同的未来》报告发表以后,伴随着对可持续发展理论的深入探讨,可持续旅游的研究达到前所未有的高潮。20世纪70年代起探讨旅游对环境和生态影响的学者日渐增多。1985年《国际环境研究杂志》出版了《旅游与环境》专辑。1987年《旅游研究纪事》第一期出版了《旅游与环境》专辑。1990年在加拿大温哥华召开的"Globe 90′国际大会"上,旅游组行动策划委员会提出了《旅游持续发展行动战略》草案,构筑了可持续旅游的基本理论框架,并阐述了可持续旅游发展的主要目的。

自1992年世界环境与发展大会召开以后,环境与发展逐渐成为当今世界的两大主题,可持续发展的观点成为全球的共识,是人类就生存与发展而提出的自然—社会—经济复合生态系统有序高效的最佳运行模式和最高目标。世界旅游组织在1993年提出了可持续旅游发展的理念,1995年,联合国教科文组织、联合国环境规划署和世界旅游组织在西班牙召开了"可持续旅游发展世界会议",通过了《可持续旅游发展宪章》,提出了18项可持续旅游发展目标和原则,同时制定了《可持续旅游发展行动计划》,为世界各国旅游业的可持续发展提供了一整套行为规范和具体操作程序,标志着可持续发展模式在旅游业中主导地位的确定。1996年世界旅游组织、世界旅游理事会和地球理事会联合制定了《关于旅游业的21世纪议程——实现旅游与环境相适应的可持续发展》。1997年联合国第十九次特别会议首次将可持续旅游列入可持续发展议程。从此,世界上很多国家开始尝试实施可持续旅游发展战略,将可持续旅游的基本原则运用于本国旅游开发中,突出强调对生态环境和特色文化的保护,并以可持续发展的标准来评价国家和地区旅游业所产生的社会、经济、环境和文化影响。1998年10月亚洲和太平洋地区25个国家在中国桂林举行了"亚洲和太平洋地区议员环境与发展大会第六届年会",深入探讨了旅游业可持续发展所面临的挑战及相关的战略行动,会议通过的《桂林宣言》确认,旅游业的可持续发展是区域经济可持续发展不可缺少的组成部分。会议呼吁国际社会和各国政府采取切实的行动,实施旅游业可持续发展战略。表6-7所示为旅游可持续发展研究历程中的重要事件,从中可以看到旅游可持续发展的脉络。

表6-7 旅游可持续发展研究历程中的重要事件

| 时间、地点 | 重要事件 | 形成成果 |
| --- | --- | --- |
| 20世纪80年代 | 可持续旅游的思想萌芽 | 国际有识之士对"可持续旅游"的主旨和内涵进行探索 |

续表

| 时间、地点 | 重 要 事 件 | 形 成 成 果 |
| --- | --- | --- |
| 1990年，温哥华 | 《旅游持续发展行动战略》草案出台 | 可持续发展国际大会上，旅游组行动委员会指出"可持续旅游"的概念，构筑了可持续旅游理论的基本框架和主要目标 |
| 1993年，英国 | 《Journal of Sustainable Tourism》杂志问世 | 标志可持续旅游思潮已在旅游理论界形成规模 |
| 1994年 | 世界旅行旅游理事会WTTC创立"绿色环球21"（Green Global 21，GG21）认证体系 | "绿色环球21"成为目前全球旅行旅游业唯一公认的可持续旅游标准体系 |
| 1995年，伦敦 | WTTC，联合国世界旅游组织与地球理事会联合制定《关于旅游业的21世纪议程》 | 分析旅游业在战略和经济上的重要性，强调政府，旅游业和其他组织之间的合作伙伴关系，并制定了详细的行动纲领 |
| 1995年，西班牙 | 联合国教科文组织、环境规划署及世界旅游组织召开"可持续旅游发展世界大会" | 制定并通过了《可持续旅游发展宪章》 |
| 1997年，纽约 | 联合国第19次特别会议 | 首次将可持续旅游业列入联合国可持续发展议程 |
| 1998年，桂林 | 亚太地区第6届环境与发展大会 | 深入讨论了旅游业可持续发展所面临的挑战及有关战略行动，并通过了《桂林宣言》 |
| 2002年，约翰内斯堡 | 可持续发展世界首脑会议 | 国际旅游可持续发展工作组诞生 |
| 2004年 | 联合国世界旅游组织编制完成旅游目的地可持续发展指标体系项目 | 制定了旅游目的地可持续发展指数 |
| 2008年 | 联合国世界旅游组织、环境规划署编制完成全球可持续旅游标准项目 | 制定了全球可持续旅游标准 |
| 2009年，哥斯达黎加 | 国际旅游可持续发展工作会议 | 探讨生物多样性，气候变化，地区发展可持续旅游方式等问题 |
| 2011年，拉斯维加斯 | 第11届世界旅游旅行大会 | 围绕全球旅游新趋势，旅游业可持续发展等议题展开讨论 |

续表

| 时间、地点 | 重要事件 | 形成成果 |
| --- | --- | --- |
| 2012年,张家界 | 第七届中部博览会旅游投融资合作洽谈会 | 《旅游目的地可持续发展指标使用指南》中文版发行 |
| 2013年 | 开展世界旅游交易会 | 《全球可持续旅游目的地标准》正式发布 |
| 2015年,纽约 | 联合国发展峰会 | 通过《变革我们的世界:2030年可持续发展议程》,明确指出其中三项可持续发展目标与旅游直接相关,并将2017年定为国际可持续旅游发展年 |
| 2016年,北京 | 世界旅游发展大会,以"旅游促进和平与发展"为主题 | 通过《北京宣言》 |

## 二、可持续旅游发展概念与原则

由可持续发展的概念可以衍生出可持续旅游发展的概念。可持续旅游发展是在不损害环境持续性的基础上,既满足当代人高质量的旅游需求,又不妨害满足后代人高质量的旅游要求,既保证旅游经营者的利益,又保证旅游者、旅游地居民的利益,实现旅游业长期稳定和良性发展。其实质就是保持环境资源和文化的完整性,并能使旅游区的居民公平地分配到旅游业的社会、经济效益。

2017年为国际可持续旅游发展年,将可持续旅游发展提升到新的高度。同一般的可持续发展观相比,可持续旅游发展的内涵主要体现在四个方面:第一,公平性,即机会选择的平等性。这里主要涉及两层意思,一是同代人之间的平等,二是代际公平。第二,持续性,即旅游业的发展超过了旅游承载力,当地生态环境和社会环境的可持续都会受到威胁,旅游业的发展也会难以为继。第三,共同性,即可持续旅游发展的实现需要世界各地坚定的承诺和协同一致的行动。第四,利益协调性,即旅游者与接待社区之间的利益兼顾与协调。

可持续发展的基本原则包括:维持生态环境的平衡性;提高经济、社会和文化间的协调性;保持经济效益的可持续获得性。与可持续发展目标相对应,旅游可持续发展的核心目标是在为旅游者提供高质量的旅游环境的同时,改善当地居民生活水平,保持生态环境的良性循环,增强社会和经济的未来发展能力。达到这一核心目标的基本前提是通过对旅游资源的合理利用、旅游业发展方式和规模的合理规划与管理,保持旅游供给地区的环境协调性和文化完整性。

旅游业可持续发展和旅游地可持续发展两个系统密不可分,前者以后者为发展空间与环境本底,后者需依托前者的发展带动当地社会经济的可持续发展,二者互为依存。旅游地是一个拥有旅游吸引物的特殊区域,区域性是旅游地的本质属性。区域性也是可持续发展系统的本质特性和区际关系理论的基础,旅游地可持续发展是可持续发展的区域化和具体化。

旅游地可持续发展的实质是特殊区域的可持续发展,它既包括一般区域可持续发展的内涵,又具有其特殊性。旅游地可持续发展的内涵包括:①自然资源和生态环境所承受的人口压力来自本地居民与旅游者,突出人地关系的协调;②旅游业在旅游地社会经济可持续发展中扮演重要角色;③有效保护与利用旅游地的资源环境。

### 三、可持续旅游发展的目标

最早在1990年加拿大全球可持续发展大会上通过的《旅游持续发展行动战略》草案上提及可持续旅游发展目标主要有五个:增进人们对旅游所产生的环境效应与经济效应的理解,强化其生态意识;促进旅游的公平发展;改善旅游接待地区的生活质量;向旅游者提供高质量的旅游经历;保护未来赖以开发的环境质量。

随后,1995年的《可持续旅游宪章》和《可持续旅游发展行动计划》提出了可持续旅游发展理念的基本框架,包括18条原则和目标以及6项行动计划,更加具体地阐释了可持续旅游发展的目标,构成了可持续旅游的目标体系。

可持续旅游发展包含了旅游经济的持续性、旅游生态环境持续性和旅游社会文化持续性三个基本要素,即在旅游发展过程当中,既要保证旅游业的经济增长,又不能破坏环境,还要兼顾社会文化因素,尽量做到经济、社会、生态三者协调,如图6-3所示,可持续旅游发展是三者的交集关系。

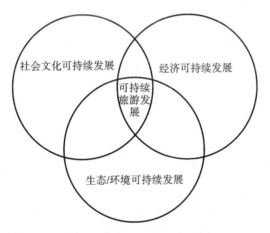

图6-3 可持续旅游发展要素

### 四、可持续旅游发展的途径

旅游目的地的可持续发展就是指目的地的旅游生命周期尽量延续下去,目的地正常的新陈代谢不被破坏,能完成自我更新,交给下一代继续使用。那么如何实现目的地旅游的持续发展,这需要将具体实现途径提高到战略层面。

(一)可持续旅游发展战略

1. 旅游目的地产品差异化战略

旅游目的地的核心竞争力是旅游产品的质量及其多样性。由于旅游发展的经济带动作

用明显,因此旅游目的地开发此起彼伏、争奇斗艳,分属邻近目的地的同质旅游资源,在发展过程中就必然会产生恶性竞争的结果,从而不利于目的地旅游的持续发展。产品的差异化战略无疑是破解这种困境的良方,如果协调的好,往往产生互补共赢局面,而不是"同行是冤家"拆台结局。

2. 以旅游为中心的多元产业的发展

旅游确实能推动经济发展,在某些区域或地区旅游产业占比很高,甚至是主导产业之一。比如在塞浦路斯、马尔代夫等岛国,旅游业收入为其国家主要收入,但潜在的风险显然存在。旅游受季节、事件影响很大,一旦出现旅游恶性事件,对旅游目的地负面影响是难以估量的,尤其是旅游业占比较高的目的地。比如,近年来在欧洲上演多次极端事件,对当地的旅游安全造成恶劣影响,影响了当地旅游的发展。2016年7月中国台湾大巴燃烧事件,极大地影响了台湾地区旅游的到访人数,相应的对台湾地区的经济发展产生一些影响。因此,旅游目的地应坚持以旅游产业为主导,走产业多元化路径。

3. 新兴旅游业态的转变

当前,旅游发展形势日新月异,传统的战略套路已经不能适应新形势的要求了,生态旅游和低碳旅游成为当前的选择热点。

生态旅游是以有特色的生态环境为主要景观的旅游。是指以可持续发展为理念,以保护生态环境为前提,以统筹人与自然和谐发展为准则,并依托良好的自然生态环境和独特的人文生态系统,采取生态友好方式,开展的生态体验、生态教育、生态认知并获得身心愉悦的旅游方式。低碳旅游是指在旅游系统运行过程中,应用低碳经济理论,以低能耗、低污染、低排放为原则开发和利用旅游资源与环境,实现资源利用的高效低耗与对环境损害最小化的全新旅游发展方式。

4. 目标整合战略

旅游业是一个系统,要全域发展。旅游发展的目标有多个,参差不齐,在整个目标体系中,哪一个具体目标出现问题,都影响整体目标的实现,所以运用系统的思维加以整合,就可实现整体目标。比如广州,其旅游吸引物既有城市旅游整体形象,也有城市旅游资源。城市旅游形象有展现生态与环境的"花城"形象,有利于提高经济效益的"商都"形象和"岭南文化名城"形象。广州的旅游资源丰富多样,需要积极整合,既要顾及旅游形象的感召,又要考虑到同类旅游资源的错位。就广州城市旅游发展来讲,还应考虑到港深旅游发展目标和整个广东乃至泛珠江三角洲的旅游发展目标,在区域旅游发展中找到广州旅游发展目标,才有利于其旅游发展的一体化,进而实现广州旅游的诸多发展目标。

(二)可持续旅游发展途径

可持续性旅游不仅要求旅游者有满意的、高质量的体验,还要求目的的可持续性。为了实现可持续旅游的两大目标,我们必须采用创新、有效的工具:一是游客管理机制,二是可持续性旅游指标衡量和检测达到的可持续性程度。

游客管理涉及多个方面,主要有加强宣传和教育,健全法律体系约束游客潜在的破坏行为。可持续性指标要依靠科学技术,注重长远规划,寻求多方支持,构建科学合理的评价指标体系。具体来讲主要有以下几点。

1. 加强宣传教育

具体包括对旅游目的地的从业人员、旅游者、目的地居民以及全体国民的教育，这种教育必须紧跟旅游业发展态势，了解、认识、分析、研究旅游业发展特点，以培养旅游者的可持续发展的观念和意识为核心，以通过实践使其感受可持续旅游所带来的益处。

2. 注重长远规划

从国际旅游发展的最新趋势的研究出发，对旅游目的地资源进行可持续性评价，对主要问题进行系统、量化分析并建立相关分析模型，从而制定旅游发展战略。

3. 寻求多方支持，资金来源应当多样化

除了通常的门票，展示、展览项目的收入作为维持目的地运营和发展的资金以外，旅游目的地还可以从多方努力来拓展筹措资金的渠道，比如建立基金会，举办各种各样丰富多彩的文化娱乐活动，对具有特殊兴趣的游客发放许可证，接受来自社会各界的无偿捐赠，吸收接纳企业的赞助等，从而使可持续发展战略的实施有了较为充裕的资金支持。另一方面，可以通过招募临时雇员、积极接纳志愿者、寻求合作伙伴等多种方式降低运营成本。

4. 挖掘文化内涵

一是要突出"人"的特色，既包括对从业人员文化素质修养上下功夫，又包括对游客文化需求的研究；二是要突出"源"特色，即充分而深刻地表现出旅游目的地、景点的悠久、灿烂的传统文化；三是突出"新"的特色，即紧跟时代步伐，充分利用高科技，不断地给旅游者提供新的刺激、新的感受。

5. 健全法律体系

在现有旅游法规范基础上，配套系列法律法规要跟上，正确的旅游产业体系政策和行业的自律也很重要。作为法律的补充，旅游道德规范也应同步建设，旅游过程中，旅游者的道德修养直接体现旅游的文明程度，展现目的地的形象品牌。在景区，人是最美的风景，而体现美的核心是人的内在心灵美。

### 五、旅游地可持续发展战略

如何实现旅游地可持续发展是经济社会发展的一项重要研究课题。人类应与自然和谐共存，保护人类赖以生存的物质基础，切忌过度开发，超过自然资源和生态环境系统能够承受的能力。在此提出几点旅游地可持续发展战略建议。

（一）转变旅游开发观念和经营模式，大力发展全域旅游

随着大众旅游的到来，传统的旅游模式已完全不能满足旅游业发展的需要，必须推进产业转型升级，用全新的观念构建现代全域旅游业态，着力解决制约旅游业转型升级的突出矛盾，深入研究推进全域旅游方法措施，建立适合地区特色的全域旅游发展新业态。

当前，全域旅游的实践如火如荼，但绝不意味着就是遍地开花搞旅游，处处建景点、处处建酒店、处处建游乐设施、处处建旅游综合体。全域旅游本质上是以新发展理念为指导的发展思路、发展模式，是发展再定位。发展全域旅游的核心是从原来孤立的点和线向全社会、多领域、综合性的方向迈进，让旅游的理念融入城市规划、市政管理等方方面面，并加强产业融合发展，完善配套功能建设。

### （二）开展旅游环境影响评价

在旅游开发中,开展旅游环境影响评价至少应包括四个基本原则:识别旅游项目中可能产生的旅游活动影响;识别环境受旅游者较大的影响;评估旅游对环境的起初和随后的影响;管理旅游对环境产生的影响。建立环境质量监测和效应评估体系,并责成有关机构及时监测和评估,定期公布、及时分析、发布预警,以形成一种社会力量,及时地、全方位地控制旅游污染。

### （三）积极发展和推广生态旅游

要实现旅游地可持续发展,首先要摒弃传统的粗放式大众旅游,采取既能保护环境又能为旅游者提供高质量的旅游活动,使当地区域经济效益最大化。生态旅游成为适应这种发展的最佳选择。生态旅游是国际旅游市场中增长最快的旅游产品。生态旅游的兴起是人们对自然环境的关注和可持续旅游发展意识的不断增强的结果,是当今世界旅游业发展的转折点,代表了 21 世纪旅游发展的方向。

### （四）旅游地实施多元化策略

旅游目的地应采取多元化的手段丰富吸引物,使景区多元化。例如,海岛旅游目的地可开发海滨健身疗养游、休闲度假游、3S 及热带雨林生态旅游、会展旅游、红色旅游、民族风情和影视文化旅游等多姿多彩的热带海岛旅游产品,以满足不同游客的多样化需求。

## 六、可持续旅游发展的践行

《2030 年可持续发展议程》让可持续发展成为世界各国共同的责任和义务,联合国将 2017 年确定为国际可持续旅游发展年,进一步明确了可持续旅游发展的方向及旅游在可持续发展中的地位和作用,全球性和区域国际性组织,越来越重视可持续旅游发展议题,并采取多项举措促进可持续发展理念在旅游产业发展中的应用。

我国当前可持续旅游发展仍受长期以来形成的发展观念落后、环保意识缺乏、旅游发展目标偏离及不协调、旅游环境恶化和资源破坏等主要因素的限制。正确认识经济、旅游与环境的关系,转变传统发展观念,是落实可持续发展观和发展可持续旅游的基本前提和基本实现保障。实际上,从创新、协调、绿色、开放、共享五大发展理念中,可持续旅游发展得到一定的启示。旅游创新发展主要通过推进国家创新体系建设,制定实施旅游创业创新计划、人才培养计划和中国旅游品牌提升计划,推进"旅游+",培育旅游新产品、新业态等措施加以保障;旅游协调发展主要通过构建旅游系统内部协调、外部协调和区域协调等措施加以巩固;旅游绿色发展主要通过提倡旅游绿色消费、强化旅游绿色供给,加强旅游绿色管理等措施加以推动;旅游开放发展主要通过实施中国旅游业"走出去"发展战略,加强国际旅游合作,积极开展旅游外交,积极参与国际旅游事务等措施来加以推进;旅游共享发展主要通过旅游发展的利益、机会和服务等措施来完善。

## 本章小结

不同类型的旅游目的地有不一样的生命周期,但都有一个生长的过程。加拿大学者巴特勒将这个成长过程提炼为旅游发展的六个阶段,之后,该理论得到学界的多次修正,包括巴特勒本人。在该理论应用中,同样得到不断完善,以更好地解释旅游地的发展规律。一般地,同一类型的旅游资源目的地的生命周期基本上一致,如果同类资源目的地处在相隔不远的两地,就会产生旅游地的空间竞争,这种竞争会导致目的地之间的差异化选择,经过一个长时段的时间演变过程,该片区的旅游地可能步入一个良性状态,此为旅游地可持续发展的选择。旅游地的可持续发展是旅游发展的终极目标,其理论有着深刻的内涵以及相应的发展路径。

## 思考与练习

1. 简述巴特勒的旅游地生命周期理论并谈谈你对此理论的看法。
2. 举例分析某类旅游地生命周期特点并提出延长生命周期的对策。
3. 简述影响旅游地空间竞争的主要因素。
4. 举例分析某类旅游地的空间竞争特点。
5. 旅游可持续发展的基本内涵有哪些?
6. 举例分析旅游地可持续发展的实现途径。

## 核心关键词

旅游地生命周期　　　Tourist Destination Life Cycle
旅游地空间竞争　　　Tourism Space Competition
旅游地可持续发展　　Sustainable Development of Tourism Destinations

## 案例分析

### 林芝:"民族和谐与生态旅游城市"典范

**一、旅游概况**

林芝市位于西藏东南部边陲,地处雅鲁藏布江中下游,南部与印度、缅甸两国接壤。林芝古称工布,历史非常古老,可以追溯到西藏的史前时期。林芝总面积11.6万平方千米,总人口约19.5万人。林芝是西藏海拔最低的地区,气候温良,有"天然的自然博物馆""自然的绿色基因库"之称。也是少数民族集聚区,聚居着藏、汉、回、怒、门巴、珞巴、独龙、纳西等10多个民族。藏族人口有11万多人,占全地区总人口的90%以上。

近年来,林芝确立"生态立市"战略,发展生态旅游,通过鲁朗国际旅游小镇的投资兴建、乡村旅游、中医药养生旅游及特色旅游商品的开发,迈向大旅游发展时代。2015年,林芝市接待国内外游客达到320万人次,实现旅游收入30亿元,同比分别增长14.29%和15.38%。

**二、成就特色**

林芝围绕建设"世界旅游目的地""进藏旅游最佳适应地""西藏生态旅游中心"等建设目标,编制完成《林芝生态旅游大地区总体规划》,推动全区生态旅游产业的发展。林芝处处是风景,季季有特色,时时可体验。随着交通和服务的完善,林芝将摆脱以景区景点为核心聚集区的传统旅游发展模式,探索全域旅游发展模式。

2012年,文化部非遗司、自治区文化厅、中共林芝市委员会、林芝市行政公署等相关部门联合发起"林芝传统工艺文化传承与发展综合项目"。3年后,文化部投入专项资金、派遣文化专家团队对林芝古村落和民间手工艺进行摸底、考察、研发,提出"以生态保护和尊重当地藏民的生活习惯"为前提的开发思路,把生活污水、垃圾、厕所排污处理摆在古村落开发的首位,力求探索一条绿色、生态、可持续的藏区古村落旅游创新发展之路。

目前,已经完成了林芝古村落的生态改造规划,尤其是对工布藏族的民间手工艺开发已经颇具规模,兼具艺术性和实用性的旅游商品具有很高的文化品牌价值,实现了林芝部分古村落以"文化造血"实现旅游脱贫。

**三、经验启示**

第一,以生态优势为依托确立生态旅游发展路径。提出以生态文明为主线,以休闲度假、避暑养生为特色,发展生态经济,传承生态文化,推动生态强地,促进生态惠民,把生态效益转化为经济效益,使"青山绿水"转化为"金山银山"的发展思路,全面实现"绿色崛起",生态旅游业已成为推动林芝经济社会发展的引领产业。

第二,以民族工艺创新研发实现文化旅游脱贫。通过对民族工艺抢救性保护过程,培训民间手工艺人积极参与特色文化旅游商品的研发和生产,创作艺术性与实用性于一体的特色文化商品,解决村民就地就业,实现自主造血式脱贫。

第三，举办"两节一季"活动提升品牌影响力。通过举办林芝桃花节、雅鲁藏布文化旅游节和林芝生态旅游季节庆活动，加强跟内地游客的互动交流，推动林芝旅游品牌影响力的转化。

第四，借广东援建项目实现国际接轨。鲁朗国际旅游小镇由广东省政府、西藏自治区合力兴建，包括保利、恒大、珠江投资、广东省中旅、广药集团等广东名企共同投资开发，总投资预计超过30亿元人民币，它的建成预示着林芝旅游从封闭迈向国际化。

**思考题：**
1. 案例中旅游地如何实现了可持续发展？
2. 思考实现旅游地可持续发展的途径有哪些？

# 第七章

## 旅游地理信息系统

**学习导引**

随着"大数据""互联网+"时代的到来,信息化已成为推动旅游业发展的关键因素,信息化虽然不是旅游业直接创造经济效益的环节,但是对开发旅游市场至关重要。易于获取的旅游信息,可以降低旅游的费用,从而达到活跃旅游市场的效果,如果能有一套有效的旅游空间信息管理系统,那么发挥的作用就会更大。以空间信息处理为核心的地理信息系统技术,因具有强大的空间信息管理、空间信息分析、空间信息查询及三维影像显示等功能,成为旅游业信息化的首选平台。基于地理信息系统,以旅游地理信息数据为支撑,形成了旅游地理信息系统。一切与旅游相关联的地理信息和数据,如景点、交通、住宿等信息,都是旅游地理信息系统管理和查询的对象。旅游地理信息系统的建立,以其快速高效收集、存储、整理、输出、查询、检索等功能来提高旅游决策效率,更以其优越的空间分析功能让旅游规划更加科学。

**学习重点**

1. 旅游大数据。
2. 地理信息系统的特征。
3. 旅游地理信息系统的概念与特征。
4. 旅游地理信息系统的数据库设计。
5. 旅游地理信息系统的设计过程。

## 案例导入

### 智慧博物馆—卢浮宫

卢浮宫博物馆是世界上较大的博物馆之一。作为欧洲参观人数最多的博物馆(2013年参观人数突破1000万人次),卢浮宫的目标就是保证大部分展馆能够天天开放,于是博物馆考虑建设一个将藏品从展厅搬到网上的虚拟博物馆。2002年,时任馆长亨利·卢瓦雷特宣布开始网络改造计划(1995年开放官方网站),计划"做世界上拥有最完备教育功能的虚拟博物馆,而不仅仅是最大的博物馆"。卢浮宫选择了三方资助人——里昂信贷LCL,5年拿出400万欧元;全球管理咨询业巨头Accenture,投入100万欧元并全程保证项目运行;软件公司Blue Martini,出资100万欧元提供全新技术支持。2004年7月,新网站正式推出。卢浮宫把3.5万件馆内公开展示的藏品以及13万件库藏绘画放上网站,并提供法语、英语、西班牙语、日语4种版本的3D虚拟参观项目。2004年网上访问人数和实际进入卢浮宫参观的游客人数持平,均是600万。2005年,卢浮宫网站开通电子商务功能。

打开卢浮宫官方网站,下载指定的播放器后,就能在网上完成一次"3D"虚拟参观,可以游览古代东方、古埃及、古罗马和希腊艺术、绘画、素描、雕刻、工艺美术等7大馆。在另一个名为"Educnet"的法国教育部教学类网页上,经过授权也能进入卢浮宫。在这个虚拟博物馆里,卢浮宫发布了1500件重要藏品的详尽背景资料介绍,这是观众实地到访卢浮宫现场也未必能够了解到的信息。网上为其他3万多件艺术品配备的简介,和现实中卢浮宫贴在艺术品下面标签完全一样,这意味着通过网络游览,观众能够获得卢浮宫馆藏的所有图文信息。对于40万件的馆藏,这个数量显得极小,但在现实中,就算能够亲临卢浮宫,也很难在一个星期内游遍400个房间,看完6万多件陈列品。观众在虚拟博物馆空间里可以得到更接近于使用博物馆咨询的可能性,"数字展示"跨越了地理界限。在软件套装的帮助下,浏览者可以根据自己的喜好与职业需要定制个性化界面。对于那些准备去巴黎参观卢浮宫的人,这个网站可以事先提供三维互动地图,帮助制定参观路线,在400个迷宫一般的房间里迷失的可能性至少降低一半。

但欣赏艺术品不仅仅是视觉接触,现实的空间、场景和作品间的空间张力,可能转变成随机变化的感性体验。不管怎么样,数字技术改变了我们对文化的吸收方式。

尽管博物馆的成绩如此骄人,但维修和养护费用仍然是一笔不小的开支。于是计算机化的维护管理工具变得十分紧迫,使纠正和预防性维护工作变得更加简单、高效。为创建单一的信息数据库以及博物馆工作人员的共享库,博物馆邀请了企业业务伙伴SQLI帮助其升级设备维护软件。该软件解决方案的综合数据库能帮助博物馆对各个流程进行可视化,这些流程包括展室及设施系统的初始规划、清洁、维护和维护及废弃处理等工作。

设备维护软件即企业资产维护管理系统,它是面向资产密集型企业的信息化解决方案的总称,主要用于资产密集型企业对高价值固定资产的维护、保养、跟踪等信息管理。系统主要包括设备管理、工单管理、预防性维护管理、资源管理、作业计划管理、安全管理、库存管理、采购管理、系统管理、应用设置、屏幕编辑等基本模块以及工作流管理、决策分析等可选模块。卢浮宫博物馆正是通过设备维护软件,对这个基础设施进行了可视化,可做出合理、明智的决策。管理系统能让博物馆对其资产有了更为完善的管控,如资产数量、位置以及维护历史记录。

正是借助这套管理系统,创建了一个情报体系来更好地管理和维护其设施和艺术品,以供全世界旅游者尽情享受。

## 第一节 旅游大数据

### 一、旅游大数据概述

#### (一)大数据概念

大数据是一种在获取、存储、管理、分析方面规模大大超出传统数据库软件工具能力范围的数据,具有海量的数据规模、快速的数据流转、多样的数据类型和价值密度低等传统的技术软件难以处理的数据类型。相比传统数据,大数据具备 5V 特点:一是大量(Volume),大数据具有海量的数据规模,数据集合规模高达 PB,甚至是 EB 和 ZB 体量。二是高速(Velocity),大数据产生的速度极快,获取的也是大量的实时数据。三是多样性(Variety),大数据类型多样。四是大价值(Value),大数据蕴含了大量价值,借助大数据分析能够以低成本创造更高的价值。五是准确性(Veracity),大数据具备高质量特征。

2014 年,"大数据"一词第一次进入总理的政府工作报告,2015 年《促进大数据发展行动纲要》的提出更是将大数据提升到国家重要战略高度,党的十九大报告中明确提出贯彻新发展理念,建设现代化经济体系要推动互联网、大数据、人工智能和实体经济深度融合。国家对于大数据的战略部署使"大数据+传统产业"成为数据驱动传统产业转型升级的新模式。"大数据+工业""大数据+农业""大数据+交通""大数据+医疗""大数据+旅游"等概念应运而生。旅游大数据就是旅游业各供应链环节产生的数据总和,包括旅游的供应商、中介商、旅游者、旅游管理部门在整个旅游过程和旅游服务中产生的数据信息。旅游数据信息有着重要的价值,通过对数据的分析,可以更好地发展旅游业。

#### (二)大数据对传统旅游业的影响

传统旅游多以小众化、景点化旅游为主,属于供给导向的旅游发展模式,即旅游资源提供者主导的旅游发展模式。伴随着我国经济转向高质量发展,居民消费水平持续提高和对美好生活的需求,尤其是以大数据为代表的新一代信息技术的大范围普及,倒逼传统旅游的模式创新——从供给主导转为需求导向的模式。越来越多的公众希望通过精准的数据分析和直击需求痛点的数据预测享受个性化的全时空、全区域旅游服务,例如,公众希望通过旅游提供者开发的App在家定制自己的个性化旅游攻略,在景点通过先前的定制攻略享受专属的个性导引,通过先前的网上团购直接去景点的商品销售专区购买自己心仪的旅游纪念品;通过App的实时分享模块与亲朋好友即时共享旅游体验,同时通过App"投诉建议"专区对于旅游过程中遇到的"强制消费"等传统旅游经常遇到的旅游消费困境进行点对点投诉并实时共享,对旅游企业乃至整个旅游产业都起到了很好地监管作用。

## 二、大数据在旅游管理中的应用

2009年我国旅游业开始寻求以信息化为纽带的旅游产业体系与服务管理模式重构,在大数据发展和智慧城市建设的背景下,2014年我国启动智慧旅游专项工作并不断探索前进。智慧旅游是以大数据、物联网为代表的新一代信息技术为基础,为满足游客个性化需求,提供高品质、高满意度服务,实现旅游资源及社会资源的共享与有效利用的系统化、集约化,发挥市场在资源配置中的决定作用的同时,更好地发挥政府的作用即政府对旅游行业由管理向事中全流程治理转变。

从内涵的角度看,智慧旅游的本质是指以大数据为代表的新一代信息技术在旅游业中的应用,与早前的旅游信息化相比,新一代信息技术的引入更多地是以提升旅游服务、改善旅游体验、创新旅游管理、优化旅游资源利用为目标,同时增强旅游企业竞争力和提升政府治理旅游行业水平,可以说大数据背景下智慧旅游的需求即是面向游客、企业、政府三方的旅游公共价值塑造。

从游客的角度来看,大数据时代智慧旅游给游客带来的是网络化、个性化的全域旅游智慧服务新体验,通过全域旅游的智慧服务平台(旅游咨询门户、全域旅游App和旅游微信公众号)除了给游客提供旅游配套服务还应该提供旅行期间该城市的优质公共服务。企业通过统一平台实现与游客信息对称的同时提供全域旅游营销,通过大数据分析实现游客旅行前信息精准送达、旅行中实时服务信息推送和旅行后意见信息反馈。政府通过全域旅游行业认证监管平台实现旅游行业的政府主导、社会、游客多方共同监管的治理模式。

基于大数据背景下智慧旅游发展的内在需求,旅游大数据应用在以下几个方面。

(一)大数据用于旅游者的需求分析

通过旅游大数据的分析,可以实现旅游需求的有效预测,旅游需求预测可以为旅游决策提供参考和依据。一般情况下,旅游需求是政府进行旅游规划的重要依据,通过对旅游需求的预测,可以保证旅游服务各供应链之间实现协同合作。旅游需求的内容包括:①硬件需求,也就是对旅游设施的需求,旅游业的开展需要相配套的设施,例如,交通设施、食宿设施以及旅游景区的硬件设施等;②软件需求,也就是对旅游服务的需求,包括导游、景区介绍等。由于硬件建设是一个缓慢和持续的过程,也相对稳定,需求的预测比较简单。旅游服务有季节性、不可存储性和无形性的特点,变化比较频繁,如果预测的旅游需求差距较大,则可能带来较大的成本风险。因此,旅游服务是需求预测的重点内容。

对于旅游的供应商或者中介商而言,如果旅游需求预测不准确,会出现准备不足的情况,影响到服务的等待时间以及服务质量,影响游客的体验。如果服务准备过多,则会造成

服务的成本增加以及服务资源的浪费。例如,九寨沟景区出现的游客滞留事件,以及上海外滩出现的踩踏事件等,都是由于需求预测不准确引发的事故,损害到游客和服务供应商双方的利益。

旅游需求的分析和预测主要通过统计学的算法实现。现阶段,关于旅游需求的统计学预测模型有定性模型、结构模型、仿真模型、趋势外推模型四种。定性模型主要采用问卷的方式,对未来旅游趋势进行预测;结构模型是通过建立旅游需求同影响需求的变量关系,实现需求的预测;仿真模型是通过结构模型和趋势外推模型组合的预测模型;趋势外推模型使用历史数据进行未来需求的预测。在实际的需求预测中,无论采取何种模型,都需要考虑成本、时间以及其他限制因素的关系,以此进行综合考虑。

### (二) 大数据用于游客市场的细分以及营销

通过对旅游大数据的分析,可以实现对游客市场的细分,更有针对性地开展旅游营销活动。旅游服务提供者合理地划分游客市场,预测游客需求,更好地提供旅游服务。旅游大数据包括游客的基本属性、旅游偏好、行为特征等众多方面,从多方面分析游客旅游行为,细分游客,进而推测旅游营销的可行性,实现精准营销。游客的基本属性主要指游客的性别、年龄、经济收入、教育程度等情况。行为特征是指游客选择的出游方式(自驾游、旅游团、火车、汽车、飞机等)、旅游的动机(休闲、娱乐、度假等)等。游客偏好主要是指游客的食宿偏好、交通偏好等。

对于旅游的供应商和中介商而言,旅游大数据有助于对游客进行有效的识别,挖掘潜在的游客,进而开展有针对性的旅游营销。旅游过程中,对于出现的客源流失以及满意度不高的情况,可以通过旅游数据进行原因调查,比如采取网络评价、投诉记录、游记等方式,找到旅游景点存在的问题,及时进行补救,寻找和开发旅游兴趣点,提升游客的满意率。因此,利用旅游大数据,对游客的各项基本属性和行为偏好进行分析,可以实现对全国的市场进行旅游客源的精准定位。

同样的,旅游大数据对于游客而言也有着积极作用。通过游客数据的分析,旅游市场进行细分,提供个性化的旅游模式,更好地满足旅游消费者的需求。现阶段,旅游消费逐步向着买方市场过渡,游客的需求成为旅游市场发展的风向标,游客对于旅游的多元化和个性化需求促使旅游模式发生变化。例如,传统的旅游模式主要为观光旅游,也就是游客游览风景、体验当地的风土人情。买方市场下的旅游模式,逐步朝着多元化的方式发展,集休闲、观光、户外健身、度假等为一体。游客还可以通过旅游大数据,了解到旅游景区的情况,包括天气情况、住宿情况、交通情况以及旅游项目等等,并根据其他游客对于旅游景区的评价决定自己的旅游去向。

对于旅游的管理机构而言,旅游大数据同样可以促进旅游景区的管理。通过旅游大数据,对未来的游客数量以及车流量进行有效的预测,例如,根据景区的售票情况、酒店的预订情况以及预测游客的数量。根据游客的旅游属性,进行相应旅游资源和服务的准备工作,保证游客的旅游满意度。通过景区的监控系统,实现对景区人员的实时监控,同时也可以利用监控数据,进行景区资源的合理分配。

### （三）大数据在旅游规划和宏观调控中的应用

旅游大数据有很好的前瞻性，可以对旅游市场进行剖析以及对旅游需求进行预测。利用大数据，在旅游规划时，预测旅游景区运营市场规模，为旅游景区的规划提供数据支持。前面已经提到，大数据时代下，通过旅游大数据的分析，可以对游客的各种属性进行数据分析，包括游客的数量、来源地、年龄、性别、旅游偏好等，进而进行旅游市场的细分，开展精准的旅游营销。这些都是旅游规划关注的内容。在进行旅游景区规划时，需要对旅游景区进行整体的设计，包括旅游的线路、旅游的交通、旅游的基础设施等，而规划的依据，便是基于旅游大数据的分析结果。

旅游大数据可以用于旅游的宏观调控。相较于政府利用行政、法律和规划进行旅游市场调控，信息调控这种方式更加有效。旅游大数据以旅游信息为基础，旅游发展已经开始围绕买方市场进行，收集游客的需求，实现旅游市场的自我调节，减少政府对旅游业的干预。在大数据时代下，政府和旅游企业都应逐步加强对大数据的利用，建立旅游的大数据平台。一方面利用数据为决策提供数据服务，另一方面可以提供一些增值性服务。例如，建立旅游信息的发布平台，引导游客的旅游方向以及完善旅游的服务内容。以移动互联网为例，手机是重要的通信工具，可以研发旅游的 App，集旅游、交通、住宿、餐饮、娱乐为一体，为游客提供旅游信息，同时宣传旅游的注意事项和安全急救常识等。目前，许多景区也利用互联网，开展智慧旅游，例如，游客利用手机扫描景区二维码，便可以实现实时的旅游讲解。

### （四）利用大数据实现旅游信息的共享与协同

利用旅游大数据的方式，将众多的旅游信息结合起来，用于旅游需求的分析和预测。大数据的使用，将旅游服务的各环节参与者联系起来，实现旅游数据的共享，即旅游供应的信息流、服务流、价值流的统一，实现旅游的协同服务。旅游服务各供应商之间的联系更加密切，一方出现旅游需求，信息及时传递给其他参与方，及时地做出判断。旅游产品作为服务的一种，其生产和消费是同时发生的，游客只能在景区内获得旅游体验，而不能在购买之前体验旅游产品，因此，游客对于旅游产品都有着一定的预期。这种预期会影响游客的旅游需求。例如，游客在选择景区之前，利用其他游客分享的旅游评论，进行旅游景区的选择。

近年来，有许多景区建立了面向游客的信息服务系统，为游客提供了更加人性化的旅游服务，提高了游客满意度。但是基于空间位置的旅游地理信息系统极少，游客无法获得基于空间位置的体验，旅游地理信息系统能够满足对基于空间位置的信息化建设的需求，通过旅游地理信息系统，游客可以随时查询与空间位置相关的旅游信息，极大地提高游客的便利性。

基于地理信息系统（GIS），以旅游大数据为支撑，形成旅游地理信息系统，借助于系统强大的空间数据检索功能，既可以查询出所需的属性信息，还可以直观地以图形方式看到实体的分布，为管理和决策者掌握旅游资源的空间布局、实时动态变化、最佳路径选择以及最佳景观组合方案等提供科学的依据。

### 案例7-1　　大数据预测应用

**一、去哪儿网：用人工智能大数据预测低价机票**

去哪儿网宣布推出一款采用与阿尔法狗类似的人工智能技术的大数据预测类机票产品。这款被命名为"智惠飞"的产品已正式上线去哪儿网，可以精准预测未来一周内可能会降价的航班，并按预测的降价幅度预先销售。"智惠飞"是去哪儿网推出的一款大数据预测类产品，将对某个航班未来一段时间内的销售价格波动建立数据模型，测算最低折扣点位，并按照该折扣价格进行预先销售。采用类似阿尔法狗人工智能技术预测准确率达90%。

**二、百度的热门城市和景点拥挤情况信息服务**

2014年12月31日23时35分左右，在上海黄浦区外滩陈毅广场台阶处发生的一起踩踏事故，共造成36人死亡，49人受伤。踩踏悲剧发生的根本原因是该地人流量太高。据报道，事故发生前外滩地区人流量超过100万人，已超出该地30万人的容量上限。如果能在事故前，准确地预测人流量，在第一时间通知给周围的行人，就能在很大程度上预防悲剧的发生。

事实上，在上海踩踏事件发生后，百度就开发了预测热门城市和景点的拥堵情况等相关服务信息。原理说起来并不复杂，因为百度能够从安装了其App的大量用户那里得到人流量的信息，这些数据汇总后，可以虚拟出一个根据人流和时间变化的模型，在未来的时间里，可以根据当前人流分布使用这个模型预测在未来的几小时里人流的流动情况。如果发现过多的人流涌向某一处，那么就可以报警。

（资料来源：吴军. 智能时代：大数据与智能革命重新定义未来[M]. 北京：中信出版社，2016.）

## 第二节　旅游地理信息系统

### 一、地理信息系统概述

**（一）地理信息系统基本概念**

地理信息系统（Geographic Information System, GIS）是在计算机软硬件支持下，对整个或者部分地球表层空间中的有关地理分布数据进行采集、存储、管理、运算、分析、显示和描述的技术系统。地理信息系统处理和管理的对象是多种地理空间实体数据及其关系，包括空间定位数据、图形数据、遥感图像数据、属性数据等，主要用于分析和处理一定地理区域内分布的各种现象和过程，解决复杂的规划、决策和管理问题。

GIS 中包含的数据都与地理空间(位置)有关,按其表达方式和内容性质的不同,分为空间数据和非空间数据。旅游信息系统中,描述旅游资源相关的空间数据具有地理信息的特征,表现出明显的区域分布性,适宜采用 GIS 数据组织方式。

1. 空间数据(图形数据)

空间数据或图形数据,可分为几何数据和关系数据。几何数据是描述地理实体的位置和形状大小等量度信息,其表达方式是坐标串,从几何角度可把空间目标划分为点、线和多边形 3 种基本类型。空间数据是基础,是关联地理实体的各种非图形信息的纽带。关系数据是描述各个不同地理实体之间的空间关系(邻接、关联、包含、连通等)的信息。其表达方式是建立实体间的连接信息。关系数据有助于各种空间分析和应用。

2. 非空间数据(属性数据)

非空间数据又称为属性数据,是描述地理实体的社会、经济或其他专题数据。其表达方式是字符串、各种代码或统计数值等。属性数据是对地理实体的详细描述,在 GIS 数据中占有很大比重,是 GIS 处理的主要对象,它为管理、规划与决策提供充足的参考信息。

(二)地理信息系统特征

地理信息系统是有关空间数据管理和空间信息分析的计算机系统,其与一般的信息系统、管理信息系统相比,具有以下特征。

首先,地理信息系统在分析处理问题中使用了空间数据与属性,并通过数据库管理系统将二者联系在一起共同管理、分析和应用,从而提供了认识地理现象的一种新的思维方法;而管理信息系统只有属性数据库的管理,即使存储了图形,也往往以文件形式等机械方式存储,不能进行有关空间数据的操作,不能满足游客进行景点空间位置查询、检索、相邻景点分析等需求。

其次,地理信息系统强调空间分析,通过利用各种空间模型分析空间数据,地理信息系统的成果应用依赖于空间分析模型的研究与设计。

最后,地理信息系统的成功应用不仅取决于技术体系,而且依靠一定的组织体系,包括实施组成、系统管理员、系统开发设计者等。

(三)地理信息系统构成

一个完整的地理信息系统主要由四个部分构成,即硬件系统、软件系统、地理空间数据和系统管理操作人员。其中计算机硬件、软件系统是 GIS 工具,空间数据库反映了 GIS 的地理内容,而管理人员和用户则决定系统的工作方式和信息表达方式。

1. 硬件系统

计算机硬件系统是计算机系统中的实际物理配置的总称,可以是电子的、电的、磁的、机械的、光的元件或装置,是 GIS 的物理外壳。系统的规模、精度、速度、功能、形式、使用方法甚至软件都与硬件有极大的关系,受硬件指标的支持或制约。GIS 由于其任务的复杂性和特殊性,必须由计算机设备支持。构成计算机硬件系统的基本组件包括输入/输出设备、中央处理单元、存储器等。这些硬件组件协同工作,向计算机系统提供必要的信息,使其完成任务,也可以保存数据以备现在或将来使用,或将处理得到的结果或信息提供给用户。

#### 2. 软件系统

系统开发人员或用户根据地理专题或区域分析模型编制的用于某种特定任务的程序，是系统功能的扩展与延伸。在 GIS 工具支持下，应用程序的开发应是透明的和动态的，与系统的物理存储结构无关，并能随着系统应用水平的提高不断优化和扩充。应用程序作用于地理专题或区域数据，构成 GIS 的具体内容，这是用户最为关心的真正用于地理分析的部分，也是从空间数据中提取地理信息的关键。用户进行系统开发的大部分工作是开发应用程序，而应用程序的水平在很大程度上决定系统应用的优劣和成败。

#### 3. 系统开发、管理与使用人员

人是构成 GIS 的重要因素。地理信息系统从其设计、建立、运行到维护的整个生命周期，处处都离不开人的作用。仅有系统软硬件和数据还不能构成完整的地理信息系统，还需要人进行系统组织、管理、维护和数据更新，以及系统扩充完善、应用程序开发，并灵活采用地理分析模型提取多种信息，为研究和决策服务。地理信息系统专业人员是地理信息系统应用的关键，而强有力的组织是系统运行的保障。

#### 4. 地理空间数据

地理空间数据是以地球表面空间位置为参照的自然、社会和人文经济景观数据，可以是图形、图像、文字、表格和数字等。它是由系统的建立者通过数字化仪、扫描仪、键盘、磁带机或其他系统通信设备输入 GIS，是系统程序作用的对象，是 GIS 所表达的现实世界经过模型抽象的实质性内容。不同用途的 GIS，其地理空间数据的种类、精度也不相同。

### （四）地理信息系统基本功能

描述地球表面各类空间数据及其描述性信息是地理信息系统的重要功能之一，地理信息系统利用计算机技术，实现对基础地理数据进行采集、编辑处理、存储管理、空间分析和制图输出等功能。

#### 1. 数据采集与输入

数据采集与输入，即将系统外部原始数据传输到 GIS 系统内部，并将这些数据从外部格式转换为系统便于处理的内部格式的过程。多种形式和来源的信息要经过综合化和一致化的处理过程。数据采集与输入要保证地理信息系统数据库中的数据在内容与空间上的完整性、数值逻辑一致性与正确性等。一般而言，地理信息系统数据库建设的投资占整个系统建设投资的 70% 以上，并且这种比例在近期内不会有明显的改变。因此，信息共享与自动化数据输入成为地理信息系统研究的重要内容。

#### 2. 数据编辑与更新

数据编辑主要包括图形编辑和属性编辑。图形编辑主要包括拓扑关系建立、图形编辑、图形整饰、图幅拼接、投影变换及误差校正等；属性编辑主要与数据库管理结合在一起完成。数据更新则要求以新记录数据来替代数据库中相对应的原有数据项或记录。由于空间实体都处于发展进程中，获取的数据只反映某一瞬时或一定时间范围内的特征。随着时间推移，数据会随之改变，数据更新可以满足动态分析之需。

#### 3. 数据存储与管理

数据存储与管理是建立地理信息系统数据库的关键步骤，涉及空间数据和属性数据的

组织。栅格模型、矢量模型或栅格/矢量混合模型是常用的空间数据组织方法。空间数据结构的选择在一定程度上决定了系统所能执行的数据分析的功能,在地理数据组织与管理中,最为关键的是如何将空间数据与属性数据融为一体。

4. 空间数据分析与处理

空间查询是地理信息系统以及许多其他自动化地理数据处理系统应具备的最基本的分析功能。而空间分析是地理信息系统的核心功能,也是地理信息系统与其他计算机系统的根本区别。模型分析是在地理信息系统支持下,分析和解决现实世界与空间相关的问题,它是地理信息系统应用深化的重要标志。

5. 数据与图形的交互显示

地理信息系统为用户提供了许多表达地理数据的工具,其形式既可以是计算机屏幕显示,也可以是诸如报告、表格、地图等硬拷贝图件,可以通过人机交互方式来选择显示对象的形式。尤其要强调的是地理信息系统的地图输出功能,GIS不仅可以输出全要素地图,也可根据用户需要,输出各种专题图、统计图等。地图在屏幕上的显示通常又称为电子地图,与模拟地图相比,它具有很多优点,可以进行无极缩放显示、漫游显示、多张地图显示及不同地图要素显示等。

## 二、旅游地理信息系统

旅游地理信息系统(Travel Geographic Information System,简称TGIS)是以旅游地理信息数据库为基础,在计算机硬软件支持下,运用系统工程和信息科学的理论和方法,综合地、动态地获取、存储、管理、分析和应用旅游地理信息的多媒体信息系统。

(一)旅游地理信息系统

旅游地理信息系统的建立,将以其快速高效收集、存储、整理、输出、查询、检索等功能来提高旅游决策效率,更以其优越的空间分析功能使旅游规划更为科学。

旅游与地理信息相关性极强,GIS中如图形、区域景观资源信息、交通路线等诸多要素与旅游密切相关。GIS支撑下的旅游信息系统与一般旅游信息系统相比,可以完成一些特殊功能,如图形分析、空间数据综合处理、分析等功能。借助于GIS强大的空间数据检索功能,既可以从系统中查出所需的属性信息,还可以以图形方式直观地看到实体的分布,为管理者和决策者掌握旅游资源的空间布局、实时动态变化、最佳路径选择以及最佳景观组合方案等提供科学的依据。

随着旅游业的迅速发展,传统的旅游地图已远不能满足人们的需要。旅游业日趋朝信息化、网络化、自动化的方向发展。以空间信息处理为核心的地理信息系统技术,因具有强大的空间信息管理、空间信息分析、空间信息查询及三维影像显示等功能,而成为旅游业信息化的首选平台。

旅游地理信息系统具有以下三个方面的特征:①具有采集、存储、管理、统计分析和输出多种旅游信息的能力,具有空间性和动态性;②由计算机系统支持进行旅游数据管理,并由计算机程序模拟常规的或专门的旅游信息分析方法,作用于旅游数据,产生有用信息,完成手工难以完成的任务;③计算机系统的支持是旅游地理信息系统的重要特征,使得旅游地理

信息系统能快速、精确、综合地对复杂的旅游信息进行动态分析。

(二)旅游地理信息系统应用

目前,GIS在旅游管理和开发中的应用主要有以下三个方面。

1. 旅游信息查询

周到的信息服务是让游客满意的主要途径。GIS可以为游客提供各种关于旅游景点的信息。如多媒体导游系统、旅游信息网站等都是图、文、声一体化的查询系统。同时,系统数据库中还包含了游客、旅行社及宾馆饭店等旅游服务部门关心的各种旅游地图、图片、文字统计资料等较全面的旅游信息,通过这些信息,旅游服务部门可以了解到客源、客流量、旅游消费情况等,以便及时安排旅游路线、制定服务设施规模等。对于景区管理部门来讲,也可以通过这些信息了解景区现状,以掌握景区开发进度。

2. 旅游专题地图的制作

GIS的一大特色就是具有强大的图形和属性编辑功能,以及实时方便的数据库更新和维护。GIS中图形数据采取分层存储,因此它既可以响应用户要求输出全要素地图,也可以应用户要求分层或叠加输出各种专题地图。

3. 辅助旅游开发决策

GIS的空间分析功能在旅游开发决策中有很好的应用。利用GIS的拓扑叠加功能,通过对环境层与旅游资源评价图的叠加,可以分析出优先发展的区域;利用GIS的网络分析功能,可以进行旅游线路布局;利用GIS的缓冲区分析功能,可以确定风景区的保护区域、发展潜力等。

GIS在旅游领域的应用是旅游业发展的需要,旅游业的发展既需要自身的信息交流与管理,也需要融入全社会的经济信息与技术发展之中。未来GIS和Internet GIS的结合在TGIS的空间布局、数据共享和传输等方面将具有更为广阔的发展和应用前景。

旅游地理信息系统与传统纸质普通旅游地图相比,主要优势在于以下几个方面。

1. 无图幅限制

普通的旅游地图由于受图幅的限制,使用很不方便,而在TGIS环境下可以实现无图幅的漫游、缩放显示。

2. 现势性好

普通旅游地图的更新周期较长,一般在半年左右,而TGIS能随时把获取的信息添加在数据库中,删除、更改过时的信息,始终保持数据的现势性,并且这种更新方便、快捷,而且成本低廉,具有普通旅游地图无法比拟的优点。

3. 表现形式多样化

普通旅游地图一般仅具有图形表示效果,表现形式单一,提供的信息容量有限,并且要求用户有一定的读图素养。而TGIS表现形式多样化,集图形、图片、文字、音频、视频等各种表现形式于一体,让用户感到使用TGIS不仅是获得旅游信息,而且是一种艺术享受,沉浸在艺术氛围中。

4. 独有的查询、分析功能

旅游地理信息系统可以提供强大的查询、分析功能,这是普通旅游地图所不具有的。游客最常遇到的空间查询问题诸如:"某景点在何处?""某个旅游目的地距离游客有多远?""某个旅游线路相应的旅游配套服务设施有哪些?"上述问题,利用TGIS的空间查询和空间分析功能,就可以很方便地得出结果。旅游者借助TGIS的查询、分析功能,可以进行最佳路径分析、查询某一目标点的旅游信息等等。查询、分析功能是TGIS的最基本也是最重要的功能。

### 三、空间数据结构

#### (一)地理空间的概念

地理空间上至大气电离层,下至地幔莫霍面,是生命过程活跃的场所,也是宇宙过程对地球影响最大的区域。要在地理空间中准确测定位置需要采用一种空间定位框架来实现。地理空间定位框架就是大地测量控制系统,用于建立地球的几何模型来精确地测量地球上任意一点的坐标,包括平面位置和高度值。大地测量控制系统由平面控制网和高程控制网组成,为建立地理空间数据的坐标位置提供了一个通用参照系。大地测量控制信息的主要要素就是大地测量控制点,这些控制点的平面位置和高程被精确地测量,其他地点的位置就可以通过这些已知的控制点位置来确定。

地理空间的特征实体包括点(Point)、线(Line)、面(Polygon)、曲面(Surface)和体(Volume)等多种类型,如何以有效的形式表达它们,关系到计算机识别、存储、处理的可行性和有效性。在计算机中,现实世界是以各种数字和字符形式来表达和记录的,旅游地理信息系统不能直接识别和处理以图形形式表达的特征实体,要使计算机能识别和处理它们,必须对这些特征实体进行数据表达。

当对特征实体进行数据表达时,关键看如何表达空间的一个点,因为点是构成地理空间特征实体的基本元素。如果采用一个没有大小的点(坐标)来表达基本点元素,称为矢量表示法(如图7-1所示);如果采用一个有固定大小的点(面元)来表达基本点元素,称为栅格表示法(如图7-2所示)。它们分别对应矢量数据模型和栅格数据模型,代表着信息技术对现实世界空间目标的两种不同的数据表达方法。

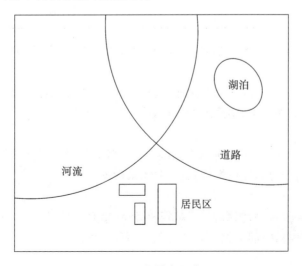

图7-1 矢量表示法

|   |   | 2 |   | 1 |   |   |   |
|---|---|---|---|---|---|---|---|
|   |   | 2 |   | 1 |   | 3 | 3 |
|   |   |   | 2 | 1 |   | 3 |   |
|   |   |   |   | 1 |   | 3 | 3 |
| 1 |   | 1 |   | 2 |   |   | 3 |
|   | 1 | 1 |   |   | 2 |   | 2 |
|   |   |   |   |   | 2 | 2 |   |
|   |   | 4 | 4 | 4 | 4 |   |   |
|   |   | 4 | 4 | 4 | 4 |   |   |
|   |   |   | 4 | 4 | 4 |   |   |

1——河流　　2——道路　　3——湖泊　　4——居民区

图 7-2　栅格表示法

（二）空间数据及其特征

空间数据是 TGIS 的核心，也是 TGIS 的血液，因为 TGIS 的操作对象就是空间数据，因此设计和使用 TGIS 的第一步就是根据系统的功能，获取需要的空间数据，并建立空间数据库。

1. 空间数据分类

空间数据可以按多种方式进行分类，如表 7-1 所示。

表 7-1　空间数据的分类

| 数据来源 | 数据结构 | 数据特征 | 几何特征 | 数据发布形式 |
|---|---|---|---|---|
| 地图数据 | 矢量数据 | 空间数据 | 点 | 数字线划图 |
| 影像数据 | 栅格数据 | 非空间属性数据 | 线 | 数字栅格图 |
| 文本数据 |  |  | 面、曲面 | 数字高程模型 |
|  |  |  | 体 | 数字正射影像图 |

按照数据来源分类，TGIS 中的空间数据可以分为以下三种类型。

（1）地图数据。

来源于各种类型的普通地图和专题地图，这些地图的内容丰富，图上实体间的空间关系直观，实体的类型或属性清晰，实测地形图还具有很高的精度。

（2）影像数据。

主要来源于卫星遥感和航空遥感，包括多平台、多层面、多种传感器、多时相、多光谱、多角度和多种分辨率的遥感影像数据，构成多源海量数据。

（3）文本数据。

来源于各类调查报告、实测数据、文献资料、解译信息等。

按照数据结构分类，空间数据可以分为以下两种类型。

（1）矢量数据。

矢量数据是用欧式空间的点、线、面等几何元素来表达空间实体的几何特征的数据。

(2) 栅格数据。

栅格数据是将空间分割成有规则的网格，在各个网格上给出相应的属性值来表示空间实体的一种数据组织形式。

按照数据特征分类，空间数据可以分为以下两种类型。

(1) 空间定位数据。

空间定位数据是表达空间实体在地球上位置的坐标数据。

(2) 非空间属性数据。

非空间属性数据是有关空间实体自身的名称、种类、质量、数量等特征的数据。

按照数据发布形式，空间数据可概括为"4D"数据。

(1) 数字线划图(DLG)数据。

DLG数据是现有地形图要素的矢量数据，保存各要素间的空间关系和属性信息，全面地描述地表目标。

(2) 数字栅格图(DRG)数据。

DRG数据是现有纸质地图经计算机处理后得到的栅格数据文件。

(3) 数字高程模型(DEM)数据。

DEM数据是以数字形式表达的地形起伏数据。

(4) 数字正射影像(DOM)数据。

DOM数据是对遥感数字影像，经逐像元进行投影差改正、镶嵌，按国家基本比例尺地形图图幅范围裁剪生成的数字正射投影影像数据。

2. 空间数据基本特征

空间数据具有三个基本特征：空间特征、属性特征及时间特征。

(1) 空间特征。

空间特征是指对象所在的位置、形状和大小等几何特征，以及与相邻对象的空间关系，包括方位关系、拓扑关系、相邻关系、相似关系等。空间位置可以通过坐标数据来描述，称为定位特征或定位数据；空间关系称为拓扑特征或拓扑数据。

(2) 属性特征。

属性特征是指对象所具有的专属性质，通常包括名称、数量、质量、性质等。

(3) 时间特征。

时间特征是指一定区域内的对象随着时间的变化情况，称为时态数据。

3. 空间数据拓扑关系

空间数据的拓扑关系，对数据处理和空间分析具有重要的意义。

首先，根据拓扑关系，不需要利用坐标或者计算距离，就可以确定一种地理实体相对于另一种地理实体的空间位置关系，因为拓扑数据已经清楚地反映地理实体之间的逻辑结构关系，而且拓扑数据相比几何数据有更大的稳定性，即它不随地图变换而变化。

其次，利用拓扑数据有利于空间要素的查询。例如，某个景区与哪些景区相邻；与某个景区相邻的住宿地有哪些；去某个景区的路线如何规划；确定一块与景区相邻的土地覆盖区，用于对景区环境保护做出评价等问题，都需要利用拓扑数据。

最后，可以利用拓扑数据作为工具，重建地理实体。例如，建立封闭多边形，实现道路的选取,进行最佳路径的计算等。

4. 空间数据的计算机表示

表示地理实体的空间数据包含着空间特征、属性特征和时态特征等,对具有这些复杂特征的空间数据,组织和建立它们之间的联系,以便计算机存储和操作,称为空间数据结构。TGIS 中空间数据计算机表示的基本方法如下。

(1) 空间分幅,即将整个地理空间划分为许多子空间,再选择要表达的子空间。

(2) 属性分层,即将要表达的空间数据抽象成不同类型属性的数据层来表示。

(3) 时间分段,将有时间特征的地理数据按其变化规律划分为不同的时间段数据,再逐一表示。

以矢量数据结构为例,为了把地理数据存入数据库,首先,按照空间位置将整个区域划分为若干个幅面;其次,对每一个幅面,从逻辑上将空间数据分为不同的专题层,如道路、水系、居民区等;最后,将一个专题层的地理要素或实体按照点、线或面状目标存储,每个目标的数据由空间数据和属性数据组成。目标的空间数据和属性数据可以分别存储,每个目标具有一个数值不重复的标识码(ID),同一个目标的空间数据和属性数据通过相同的标识码连接起来。

(三) 空间数据结构类型

数据结构即数据组织的形式,是适合于计算机存储、管理、处理的数据逻辑表达。也就是指数据以什么形式在计算机中存储和处理,数据按一定的规律储存在计算机中,是计算机正确处理和用户正确理解的保证。

空间数据结构可以划分为基于矢量模型和基于栅格模型的数据结构,简称为矢量数据结构和栅格数据结构。

1. 矢量数据结构

基于矢量模型的数据结构简称为矢量数据结构,矢量数据结构是利用欧几里得(Euclid)几何学中的点、线、面及其组合体来表示地理实体空间分布的一种数据组织方式。这种数据组合方式能很好地表达地理实体的空间分布特征,数据精度高,数据存储的冗余度低。

在实体数据结构中,空间数据按照基本的空间对象(点、线或多边形)为单元进行单独组织,其中不含有拓扑关系的信息。采用这种数据结构的有 ArcGIS 的 Shapefile 文件和 MapInfo 的 Tab 文件等。这种数据结构的主要特点如下。

(1) 数据按点、线或多边形为单元进行组织,数据结构直观简单。

(2) 每个多边形都以闭合线段存储,多边形的公共边界被数字化两次和存储两次,容易造成数据冗余和产生不一致性。

(3) 点、线和多边形有各自的坐标数据,但没有拓扑数据,彼此不关联。

2. 栅格数据结构

基于栅格模型的数据结构简称为栅格数据结构,是指将空间分割成有规则的网格,称为栅格单元,在各个栅格单元上给出相应的属性值来表示地理实体的一种数据组织形式。

在栅格数据结构中,点由一个单元网格表示。线由一串有序的相互连接的单元网格表示,各个网格的值相同。多边形由聚集在一起的相互连接的单元网格组成,区域内部的网格值相同,但与外部网格的值不同。

栅格数据结构表示的是二维表面上地理要素的离散化数值,每个网格对应一种属性。其空间位置用行和列标识。网格边长决定了栅格数据的精度,但是,当用栅格数据来表示地理实体时,不论网格边长多少,与原实体特征相比较,信息都有丢失,这是由于复杂的实体采用统一的格网所造成的。一般的,可以通过保证最小多边形的精度标准来确定网格尺寸,使形成的栅格数据既有效地逼近地理实体,又能最大限度地减少数据量。

与矢量数据结构相比,用栅格数据结构表达地理要素比较直观,容易实现多层数据的叠合操作,便于与遥感图像及扫描输入数据相匹配使用等。当然,栅格数据结构的缺点也很明显,数据精度取决于网格的边长,当网格边长缩小时,网格单元的数量将呈几何级数递增,造成存储空间的迅速增加;由于相邻网格单元属性值的相关性,造成栅格数据的冗余度大;栅格数据网络分析比较困难。

(四)空间数据结构的建立

空间数据结构的建立是指根据确定的数据结构类型,形成与该数据结构相适应的空间数据,为空间数据库的建立提供基础。数据结构的建立,通常是融合在系统设计和系统实施过程中,其主要内容和建立过程如图 7-3 所示。

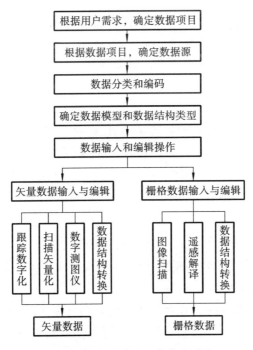

图 7-3 数据结构建立的基本过程

## 第三节 旅游地理信息系统设计

### 一、旅游地理信息系统总体结构设计

（一）系统总体结构的分析

首先分析用户需求。系统的服务对象有多个，主要包括三类用户：地区旅游政府部门（主要指当地旅游局）、旅游企业（主要指旅行社、饭店等）和旅游景点、公众（主要指从公共信息平台上获取公共信息资源的访问者）。以下分别对三类用户需求进行描述。

1. 地区旅游政府部门需求分析

作为政府部门，一方面要对所辖范围内的旅游企业及旅游景点进行管理（即行业管理），另一方面又要服务于大众（为大众提供及时有效的旅游信息）。因此，该系统是以旅游政府部门为中心，对企业进行管理，为大众提供服务。

2. 旅游企业和旅游景点需求分析

作为旅游产品的提供者，除了企业内部管理，还需要寻求与政府的良好合作、与其他企业的商业合作，从而为消费者提供合适的旅游产品。企业通过将政府要求的相关信息和数据及时上报，来配合政府在以下几个方面的有效管理：统计汇总、业务年检、质量监督、等级评价、资源调查、规划及项目管理。

3. 公众需求分析

公众主要指旅游消费者或潜在的旅游消费者，以及潜在的旅游项目投资商。旅游消费者在旅游前一般会通过网络了解旅游目的地、旅游线路、所需费用等情况。可以通过在网络上展示旅游景点培养潜在的消费者，激发消费者的购买欲望。因此，公众有以下几方面的需求：景点查询、产品预订、信息预报、市场促销、招商引资、用户投诉。

（二）系统总体结构的设计

系统体系结构设计包括三个方面的设计：概念模型、逻辑模型和物理模型设计。在进行设计前需要绘制出三种模型的视图：概念视图、逻辑视图和物理视图。具体如下。

1. 概念视图（如图 7-4 所示）

概念视图用于定义应用程序的业务需求和商业用户视图，以便生成"业务模型"。概念性建模技术（如用例分析、过程设计和业务实体建模等）有助于构建关键业务过程及其使用的数据的描述，可以强调业务目标和需求，不包含实现技术。

2. 逻辑视图（如图 7-5 所示）

体系结构设计师创建的"应用程序模型"就是业务模型的逻辑视图，它们决定了如何满足业务目标和需求。应用程序模型表示应用程序体系结构的逻辑视图。

体系结构设计师关心的是应用程序的总体结构，它们决定数据管理和处理步骤的对应关系，根据逻辑信息和顺序设计模型部件之间的交互，并确定模型保留的数据类型和状态。

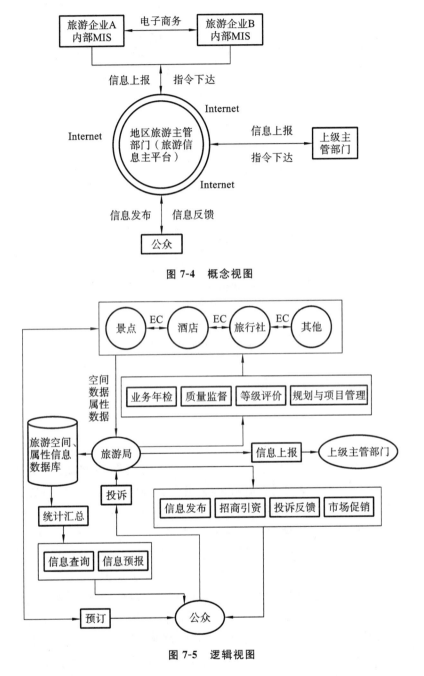

图 7-4 概念视图

图 7-5 逻辑视图

3. 物理视图(如图 7-6 所示)

物理视图一般指系统的硬件结构图,即描述系统中的计算机和网络设备是如何连成一个整体的。

规划和构建不同级别的模型是一项相当费时费力的工作。体系结构模型设计错误会导致严重的设计问题或运作问题,严重时甚至会导致项目无法完成以及影响业务。

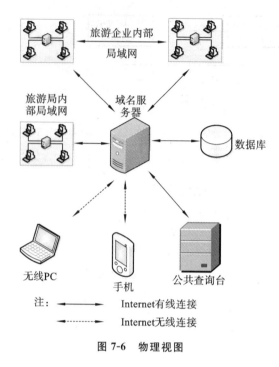

图 7-6 物理视图

## 二、旅游地理信息系统的数据库设计

### (一)数据库的设计过程

信息是人们对客观世界各种事物特征的反映,而数据则是表示信息的一种符号。从客观事物到信息,再到数据,是人们对现实世界的认识和描述过程,这里经过了以下三个世界。

(1) 现实世界,指人们头脑之外的客观世界,它包含客观事物及其相互联系。

(2) 观念世界,又称信息世界,是现实世界在人们头脑中的反映。客观事物在观念世界中称为实体,为了反映实体和实体的联系,可以采用实体联系模型(即 E-R 模型)。

(3) 数据世界,是信息世界中信息的数据化。现实世界中的事物及其联系,在数据世界中用数据模型描述。

从现实世界、观念世界到数据世界是一个认识的过程,也是抽象和映射的过程,与此相对应,设计数据库也要经历类似的过程,即数据库设计的步骤包括用户需求分析、概念结构设计、逻辑结构设计和物理结构设计四个阶段,其中,概念结构设计是根据用户需求设计的数据库模型,称为概念模型;逻辑结构设计是将概念模型转换成某种数据库管理系统(DBMS)支持的数据模型;物理结构设计是为数据模型在设备上选定合适的存储结构和存取方法。

数据库的设计需要经历一个由现实世界到信息世界,再到计算机世界的转化过程。如图 7-7 所示。概念世界的建立是通过对错综复杂的现实世界的认识和抽象,形成空间数据库和系统所需的概念化模型。进一步的逻辑模型设计,其任务就是把概念模型结构转换为计算机数据库系统所能够支持的数据模型。逻辑模型设计时应选择对某个概念模型结构支持得最好的数据模型,然后再选定能支持这种数据模型,且最合适的数据库管理系统。最后的存储模型则是指概念模型反映到计算机物理存储介质中的数据组织形式。

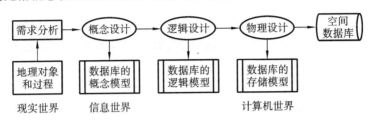

图 7-7　数据库设计的过程

数据库设计的过程中,在设计的不同阶段要考虑不同的问题。在每个设计阶段必须选择适当的论述方法及与其相应的设计技术。方法强调的是,将确定用户需求与完成技术设计相互独立开来,而对其中每一个大的设计阶段再划分为若干更细的设计步骤。具体步骤如下。

(1) 需求分析。即用系统的观点分析与某一特定的空间数据库应用有关的数据集合。

(2) 概念设计。把用户的需求加以解释,并用概念模型表达出来。概念模型完成从现实世界到信息世界的抽象,具有独立于具体的数据库实现的优点,因此是用户和数据库设计人员之间进行交流的语言。空间数据库需求分析和概念设计阶段需要建立空间数据库的概念模型,可采用的建模技术方法主要是描述数据及其之间语义关系的语义数据模型,如实体—联系模型和面向对象的数据模型等。

(3) 逻辑设计。逻辑设计的任务是把信息世界中的概念模型利用数据库管理系统所提供的工具映射为计算机世界中为数据库管理系统所支持的数据模型,并用数据描述语言表达出来。逻辑设计又称为数据模型映射。所以逻辑设计是根据概念模型和数据库管理系统来选择的。例如将上述概念设计所获得的实体—联系模型转换成关系数据库模型。

(4) 物理设计。数据库的物理设计指数据库存储结构和存储路径的设计,即将数据库的逻辑模型在实际的物理存储设备上加以实现,从而建立一个具有较好性能的物理数据库。该过程依赖于给定的计算机系统。在这一阶段,设计人员要考虑数据库的存储问题,即所有数据在硬件设备上的存储方式、管理和存取数据的软件系统、数据库存储结构以保证用户以其所熟悉的方式存取数据,以及数据在各个位置的分布方式等。

(二) 数据库设计的原则

随着空间数据库技术的发展,空间数据库所能表达的空间对象日益复杂,功能也日益集成化,从而对空间数据库的设计过程提出了很高的要求,即对空间数据库的设计要遵循以下原则。

(1) 尽量减少空间数据存储的冗余量。

(2) 提供稳定的空间数据结构,在用户的需求改变时,该数据结构能迅速作相应的变化。

(3) 满足用户对空间数据及时访问的需求,并能高效地提供用户所需的空间数据查询结果。

(4) 在数据元素间维持复杂的联系,以反映空间数据库的复杂性。

(5) 支持多种多样的决策需要,具有较强的应用适应性。

(三) 数据库的实现和维护

根据空间数据库逻辑设计和物理设计的结果,就可以在计算机上创建起实际的空间数据库结构,装入空间数据,并测试和运行,这个过程就是空间数据库的实现过程,包括以下几个方面。

(1) 建立实际的空间数据库结构。

(2) 装入实验性的空间数据对应用程序进行测试,以确认其功能和性能是否满足设计要求,并检查对数据库存储空间的占有情况。

(3) 装入实际的空间数据,即数据库的加载,建立起实际运行的空间数据库。

空间数据库投入正式运行,标志着数据库设计和应用开发工作的结束和运行维护阶段的开始,运维的主要工作如下。

(1) 维护空间数据库的安全性和完整性,需要及时调整授权和密码,转储及恢复数据库。

(2) 监测并改善数据库性能,分析评估存储空间和响应时间,必要时进行数据库的再组织。

(3) 增加新的功能,对现有功能按用户需要进行扩充。

(4) 修改错误,包括程序和数据。

## 三、旅游地理信息系统的网络设计

旅游地理信息系统的数据库不仅要具有与旅游相关的事物的属性信息,更重要的是要具有空间信息,关于旅游地理信息系统的数据库设计,需要围绕空间数据库的设计展开。

(一) 空间数据库的概念模型

概念模型必须具备丰富的语义表达能力、易于设计人员交流和理解、易于修改和变动、易于向各种数据模型转换、易于从概念模型导出与 DBMS 有关的逻辑模型等特点。目前较为普遍采用的概念模型是语义数据模型和面向对象数据模型。

1. 语义数据模型

最常用的语义数据模型是实体—联系模型(Entity-Relationship model,E—R 模型),E—R 模型为数据库分析设计人员提供了三种主要的语义概念,即实体、联系和属性。设计人员可以通过 E—R 图的图示方法来组织 E—R 模型的设计。

(1) 实体。实体是对客观存在的起独立作用的事物的一种抽象描述。在 E—R 图中,用矩形符号代表实体。实体的命名标注于矩形符号之内。如图 7-8 所示。

(2) 联系。联系是实体间有意义的相互作用或对应关系,一般可以分为一对一的联系(1∶1),一对多的联系(1∶N)和多对多的联系(M∶N)三种类型。联系在 E—R 图中用菱形符号表示,联系的名称同样标注在菱形符号之内。实体和联系之间用线段连接,并在线上注明连接的类型。

(3) 属性。属性是对实体和联系特征的描述。每个属性都关联着一个域(值的集合)。

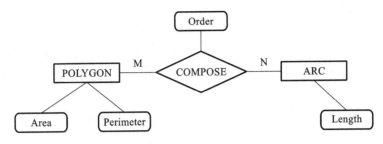

图 7-8　E—R 模型的图形表示

属性是用一个椭圆形表示,椭圆中放置属性的名称,属性同实体和联系之间也用线段连接。

采用 E—R 模型进行数据库概念设计可以分为以下三个步骤。

(1) 设计局部的 E—R 模型。在局部 E—R 模型的设计中,主要需要完成局部结构范围的确定,定义属性、实体和联系,以及属性的分配等。

(2) 设计全局的 E—R 模型。这一步骤是将所有局部的 E—R 图综合成单一的全局 E—R 图。设计全局概念模型,首先需要确定公共的实体类型,然后反复进行两个局部 E—R 图的合并,检查并消除冲突,直到所有的局部 E—R 模型都合并成一个完整的全局 E—R 模型。其中,当合并两个 E—R 图时,可能会遇到三类冲突,即①属性冲突,包括类型、取值范围、取值单位的冲突;②结构冲突,如作为实体又作为联系或属性,同一实体其属性成分不同等;③命名冲突,包括实体类型名、联系类型名之间异名同义或异义同名等。

(3) 全局 E—R 模型的优化。一个好的全局 E—R 模型除能反映用户需求之外,还应满足下列条件,实体类型个数尽可能少,实体类型所含的属性尽可能少,实体类型间联系无冗余。优化就是要达到这三个目的,具体有以下几种方式。

首先,可通过实体类型的合并来实现,一般把 1∶1 联系的两个实体类型合并,具有相同关键字的实体类型也可以合并成一个实体类型,但要考虑空值存储和速度问题。

其次,冗余属性的消除,要注意效率,可存在适当的冗余,要根据具体情况而定。

最后,冗余联系的消除,冗余的联系应该从 E—R 图中删除。

E—R 模型具有一些明显的优点,即接近人的思想,易于理解,同时又和计算机具体的实现无关,是一种很好的数据库概念设计方法。然而,正是由于它与计算机的具体实现无关,所以没有一个数据库管理系统直接支持 E—R 模型的实现。这是因为 E—R 模型只说明了实体间的语义上的联系,而没有进一步的详细阐明实体的数据结构,不能在数据库中直接实现。所以一般用 E—R 模型设计数据库的概念模型,然后在逻辑设计阶段,把 E—R 转换成计算机可识别的数据模型,比如关系数据模型等。

2. 面向对象的数据模型

对象与实体一样是客观世界的一种抽象描述,它由数据和对数据的操作组合而成。类似对多个对象共同特性的抽象概括。消息是对象之间通信的唯一方式,用来指示接收消息的对象执行它的操作。方法是对象收到消息后应采取的动作系列的描述。对象的实例则是指由一特定类描述的具体对象的实现。在空间数据库中,任何空间实体都可以用对象的形式加以表达,比如表示一个行政区域的多边形对象、表示一条河流的弧段对象等。

对象具有许多特性,如封装性、继承性、多态性等,并可通过数据的持久性支持数据库的功能。另外,语义数据模型中的概括、聚合、派生等概念也被面向对象的方法所采用。当然,传统的数据库中有关存储管理、并发、数据恢复和查询语言等的概念,也必须包含在数据模型中,这样,就形成了面向对象的数据模型。

(二)空间数据库的逻辑模型设计

数据库逻辑设计的任务是把信息世界中的概念模型利用数据库管理系统所提供的工具映射为计算机世界中为数据库管理系统所支持的数据模型,并用数据描述语言表达出来。逻辑设计又称为数据模型映射。所以,逻辑设计是根据概念模型和数据库管理系统来选择的。

1. 关系数据模型

数据模型主要指层次、网状、关系和面向对象四种模型,目前使用比较普遍的是关系模型(如图 7-9 所示),它们是计算机中以文件系统组织的数据模型的继承和发展。

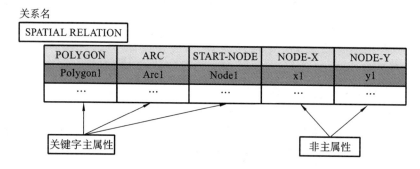

关系模式:SPATIAL-RELATION(POLYGON,ARC,START-NODE,NODE-X,NODE-Y)

图 7-9  关系数据模型

(1) 关系:关系是一个二维表,表的每行对应一个元组,表的每列对应一个域。由于域可以相同,为了加以区分,对每一列起一个名字,称为属性。

(2) 关键字:关系中的某一属性组,若它的值唯一地标识了一个元组,则称该属性组为候选关键字。若一个关系中有多个候选关键字,则选定一个为主关键字。该关键字的诸属性称为主属性,其余的属性叫作非主属性。

(3) 关系模式:关系的描述称为关系模式。它包括关系名、属性名、属性向域的映射及属性间的依赖关系等。

(4) 关系数据库:一系列关系的集合构成一个关系数据库。关系数据库有型、值之分。型即数据库的描述,它包括若干域的定义以及在这些域上定义的若干关系模式。值是这些关系模式在某一时刻的关系的集合。由于每个关系都有一个关系模式,因此构成关系数据库的所有关系构成了关系数据库模式。

(5) 关系完整性:关系的完整性即指关系的正确性、相容性和有效性。它是给定的关系模型中数据及其联系的所有制约和依存规则,用以限定数据库状态及状态变化,从而保证数据的正确、相容和有效。关系模型的完整性有三类:实体完整性、参照完整性和用户自定义的完整性。实体完整性是指主关键字不能取空值;参照完整性是指被参照的关系必须与基本关系相互对应;用户自定义的完整性是针对某一具体数据库的约束条件必须满足的规则。

2. 逻辑设计

数据库的逻辑设计过程包括以下步骤:①导出初始关系模式。将E—R图按规则转换成数据模式。②规范化处理。该步骤的任务是消除异常,改善完整性、一致性和存储效率。一般使关系达到3NF就可以满足使用。规范化过程就是单一化过程,即一个关系描述一个概念,如果关系中多于一个概念,就把它分离出来。③模式评价。目的是检查数据库模式是否满足用户的要求,包括功能评价和性能评价。④优化模式。如果模式有疏漏,就要新增关系或属性;如性能不好,则需要采用合并、分解或选用另外的结构等手段来优化模式。其中,合并是针对具有相同关键字的关系模式,如果对它们的处理主要是查询操作,且常在一起使用,可将这类关系模式合并;分解是指关系虽已达到规范化的要求,但如果某些关系的属性过多,则会影响效率,可将它分割成为两个或多个关系模式。⑤形成数据库的逻辑设计说明书。逻辑设计说明书包括模式及子模式的集合,可用数据库管理系统的语言描述,也可列表描述;应用设计指南,设计访问方式、查询路径、处理要求、约束条件等;物理设计指南,包括数据访问量、传输量、存储量、递增量等。

(三)空间数据库的物理模型设计

空间数据库的物理设计,是从一个满足用户信息需求的、已确定的逻辑数据库结构(即逻辑模型)出发,研制出一个有效的、可实现的物理数据库结构(存储结构或物理模型)的过程。物理设计常常包括某些操作约束,如响应时间、存储要求等。

物理设计分为5步,前3步为结构设计,后2步为约束和程序设计。各步的具体内容如下。

1. 存储记录的格式设计

对数据项类型特征进行分析,对存储记录进行格式化,决策如何进行数据压缩或代码化。使用"记录的垂直分解"方法,对含有较多属性的关系,按其中属性的使用频率不同进行分割;或使用"记录的水平分解"方法,对含有较多记录的关系,按某些条件进行分割,并把它们定义在相同或不同类型的物理设备上,或在同一设备的不同区域上,从而使访问数据库的代价最小,提高数据库的性能。

2. 存储方法设计

物理设计中最重要的一个考虑是把存储记录在全数据库范围内进行物理存储安排。存储的方法主要有:①顺序存储,该存储方式的平均查询次数为关系记录个数的1/2;②散列存储,该存储方式的查询次数由散列算法决定;③索引存储,该存储方式需要确定创建何种索引,及在哪些库和属性上建立索引;④聚簇存储,"记录聚簇"是指将不同类型的记录分配到相同的物理区域中去,充分利用物理顺序性的优点,提高访问速度,即将经常在一起使用的记录聚簇在一起,以减少物理输入/输出的次数。

3. 访问方法设计

访问方法设计为存储在物理设备上的数据提供存储结构和查询路径,该设计与选用的数据库管理系统有很大关系。

4. 完整性和安全性考虑

根据逻辑设计说明书中提供的对数据库的约束条件、具体选择的数据库管理系统和操

作系统的性能特征及硬件环境,设计建立数据库完整性和安全性的措施。

5. 应用设计

该设计包括人机界面的设计、输入/输出格式的设计、代码设计、处理加工设计等。

物理设计的结果是物理设计说明书,包括存储记录格式、存储记录位置分布及访问方法,它能满足的操作需求,并给出对硬件和软件系统的约束。在设计过程中,效率问题的考虑只能在各种约束中得到满足且获得可行方案之后进行。

### 案例7-2　　铅山县旅游信息服务系统

铅山县旅游信息服务系统数据库主要是基础地理空间数据和旅游专题数据,依据统一的技术标准和规范,对已有的地理空间数据和旅游专题数据进行处理,形成包括旅游景点、道路和地形图等专题数据。

一、基础地理空间数据

(1) 影像数据:主要是覆盖铅山县境内的高分辨率航空影像数据,经过正射纠正、镶嵌、匀色、融合等处理,可与地理实体数据叠加形成影像地图。

(2) 电子地图数据:整合了铅山县境内景区交通、水系、居民区等各类地理实体数据,经过标准化、符号化等一系列加工处理制作成铅山县电子地图。

(3) 地名地址数据:大量非空间数据都具有描述信息或标识信息,如居民点、具有地名意义的纪念地、旅游胜地、具有地名意义的建筑物、单位等数据,通过地址匹配功能,实现非空间数据的空间化。

二、旅游专题数据

(一) 旅游信息数据

旅游专题数据主要包括吃、住、行、游、购、娱旅游六要素相关数据,同时还包括相关旅游服务数据,如公厕、垃圾桶、移动营业厅等基础设施数据等(见表7-2)。

表 7-2　旅游景点属性字段结构表

| 字段名 | 别名 | 类别 | 长度 | 允许为空 |
| --- | --- | --- | --- | --- |
| name | 名称 | 文本 | 20 | 是 |
| type | 类型 | 文本 | 20 | 是 |
| level | 等级 | 文本 | 20 | 是 |
| region | 行政区划 | 文本 | 10 | 是 |
| tel | 电话 | 文本 | 15 | 是 |
| intro | 景点介绍 | 文本 | 260 | 是 |
| address | 地址 | 文本 | 100 | 是 |
| exp | 推荐指数 | 文本 | 5 | 是 |

续表

| 字段名 | 别名 | 类别 | 长度 | 允许为空 |
|---|---|---|---|---|
| picture | 图片 | 文本 | 15 | 是 |
| video | 视频 | 文本 | 200 | 是 |
| audio | 音频 | 文本 | 200 | 是 |
| ticket | 门票价格 | 文本 | 30 | 是 |
| time | 开放时间 | 文本 | 40 | 是 |
| area | 所属景区 | 文本 | 20 | 是 |
| qj | 全景 | 文本 | 200 | 是 |
| sw | 三维 | 文本 | 200 | 是 |
| route | 景点路线 | 文本 | 250 | 是 |

（二）景点360度全景数据

利用全景拍摄和制作技术，制作了铅山典型景点的360度全景（见表7-3）。

表7-3 全景数据属性字段结构表

| 字段名 | 别名 | 类别 | 长度 | 允许为空 |
|---|---|---|---|---|
| name | 名称 | 文本 | 20 | 是 |
| region | 所属区划 | 文本 | 10 | 是 |
| intro | 简介 | 文本 | 260 | 是 |
| qj | 全景 | 文本 | 200 | 是 |
| sw | 三维 | 文本 | 200 | 是 |
| picture | 图片 | 文本 | 15 | 是 |

（三）攻略时间轴数据

利用ARCGIS中的时间轴服务制作旅游攻略路线，实现旅游路线在地图上自动绘制（见表7-4）。

表7-4 攻略时间轴字段结构表

| 字段名 | 别名 | 类别 | 长度 | 允许为空 |
|---|---|---|---|---|
| name | 名称 | 文本 | 20 | 是 |
| intro | 简介 | 文本 | 260 | 是 |
| time | 时间节点 | 时间 | — | 是 |

## 四、旅游地理信息系统的功能设计

旅游地理信息系统功能设计包括总体设计和详细设计两部分。

### （一）总体设计

总体设计是根据系统研制的目标来规划系统的规模和确定系统的各个组成部分，说明它们在整个系统中的作用和相互关系，以及确定系统的软硬件配置，规定系统采用的技术规范，并做出经费预算和时间安排，以保证系统总体目标的实现。最后撰写系统总体设计方案，作为重要的技术文件提供论证和审批。

总体设计的主要内容包括以下几个方面。

（1）用户需求：阐明系统的用户构成、不同用户对系统的要求、系统应具备的功能等。

（2）系统目标：阐明系统的应用目标，属于单机运行系统或分布式运行系统、业务处理系统或信息管理系统等。

（3）总体结构：根据系统功能的聚散程度和耦合程度，将系统划分为若干子系统或功能模块，构成系统总体结构图。例如，井冈山数字红色旅游综合服务平台总体结构，如图 7-10 所示。

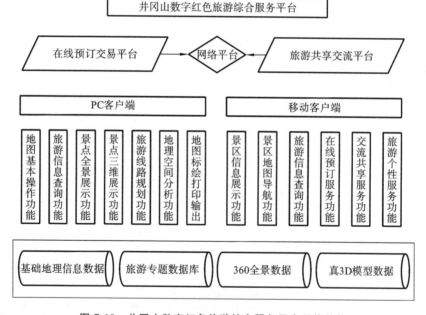

图 7-10　井冈山数字红色旅游综合服务平台总体结构

（4）系统配置：指系统运行的设备环境，包括计算机、存储设备、输入和输出设备以及网络等，并说明其型号、数量和内存等性能指标。软件包括计算机系统软件、GIS 基础软件、数据库管理系统软件等。

（5）数据库设计：数据库是系统的核心组成部分，一个系统可以具备一个或多个数据库。按信息内容，可将数据分为基础数据库和旅游专题数据库。按数据类型，可将数据库分为空间数据库和属性数据库。数据库设计要确定空间数据与属性数据的管理模式，集中式或分布式的建库方案,采用的数据结构类型和数据库管理系统以及数据分类等。例如,井冈山数字红色旅游综合服务平台数据库结构,如图7-11所示。

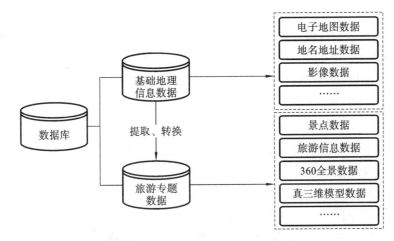

图7-11  井冈山数字红色旅游综合服务平台数据库结构

(6)系统功能:例如,以井冈山数字红色旅游综合服务平台为例,井冈山数字红色旅游综合服务平台实现基于浏览器的有关二维电子地图搜索、路径导航、线路规划功能;在集成内容丰富的井冈山旅游专题数据的前提下,实现景区景点、旅游服务、旅游攻略、门票预订四大旅游服务模块。①景区景点。主要对井冈山市风景区内景区景点地理位置、门票信息等进行查询,并查看该景点的真三维模型和360全景三维,身临其境的效果让游客更有针对性地选择景点,并对地区餐饮、住宿、交通、购物、公共设施等进行查询,为游客出行提供帮助。②旅游服务。提供基于距离最短的最佳路径分析、基于时间最少的最佳路径分析和有障碍物的时间最少的最佳路径分析服务。③旅游攻略。为用户提供分享交流平台,用户可根据游玩感想、旅游攻略等发布到平台,供其他游客参考、交流。④门票预订。通过系统分配二维码,用户凭借二维码下单购票,用户无须排队即可随时购票。

(二)详细设计

详细设计是根据总体设计方案确定的目标和阶段开发计划,紧密结合特定的硬件、基础软件和规范标准,进行子系统或各个功能模块和数据库的详细设计,用于具体指导系统的开发。

1. 子系统设计

子系统设计以对用户需求的进一步详细调查为依据,分别完成各个子系统的逻辑结构设计、数据库设计、功能模块设计、用户界面设计等。每个子系统设计的内容大体类似于总体设计的内容,但应更加详细和具体,作为各个子系统实施的指导性文件。

2. 数据库设计

主要内容包括数据源的分析与选择,数据库分类与分层的确定,数据获取方案的规定,数据编码设计,实体属性表与属性关系的设计,属性数据类型的建立,数据质量标准的规定,地理定位控制的确定及其他有关问题的规定等。

### 3. 功能模块设计

详细描述各功能模块的内容，实现的技术和算法，输入输出的数据项和格式等。

### 4. 用户界面设计

用户界面是人机对话的工具，它与功能模块——对应，做到各模块之间界面的形式一致，相同功能要用相同的图标显示。界面可以分为若干层，便于逐层调用。根据功能模块的不同，可以分别采用菜单式、命令式或表格式的界面。所有界面应体现以人为本的原则，做到界面友好、美观，并随时提供丰富的帮助信息，使用户易懂、易学、易掌握。

## （三）系统实施

系统实施是在系统设计的原则指导下，按照详细设计的目标、内容和方法，分阶段、分步骤完成系统开发的过程。具体步骤如下。

（1）系统硬件和软件的引进及调试。

（2）系统数据库建立。其实施内容包括数据源的选择、数据源的现势更新和处理、数据格式的定义和转换、数据采集方法的确立、数据编辑处理、数据质量控制、建立数据库实体等。

（3）系统开发。利用基础软件提供的开发语言进行编程、以各种菜单形式建立用户应用界面、应用模块的开发、建立图形符号库、编写用户操作手册等。

（4）系统测试和联调。对系统开发完成的每一个模块，均进行测试。将模块组装成系统时，也应进行联调和测试。系统测试是指利用人工或自动的方法测试和评价各个模块，验证模块是否满足规定的要求，检查设计指标与实际结果是否一致，做到及时发现问题，及时改正，直到符合设计要求，并编写系统测试报告。

## （四）系统运行和维护

TGIS系统建好后，后期的维护变得十分重要。维护的内容包括备份系统数据、恢复数据库系统、产生用户信息表、信息表授权、监视系统运行状况、处理系统错误、保证系统数据安全、清理冗余垃圾、周期更改用户口令等。系统的安全与维护工作的重要性不亚于系统建设本身，提高软件的可靠性和软件质量是维护能健康开展的前提。

数据库系统的更新同样重要，没有后期的更新就没有管理的与时俱进。比如井冈山旅游景区，面对外来游客的蜂拥而至，单一增加人工蹲点监视，会造成管理耗时耗力，景区情况瞬息万变，如果没有系统的及时更新，其管理决策就存在潜在风险。随着时间的推移，旅游资源相关数据，如政区、地名、道路、新开发的旅游资源、旅游服务新特点等等要素都要及时更新，以适应旅游资源数字管理的新情况。

# 第四节 旅游地理信息管理

旅游管理与服务是旅游管理部门对内提高效率、加强行业监管、对外展示旅游目的地自我形象的重要窗口，通过旅游地理信息系统，构建完善的旅游公共管理与服务体系将对旅游业的总体运行效率、产业素质、关联带动相关产业的效应、防范应对各类突发事件的能力等均起着较大的促进作用。旅游地理信息系统将GIS技术运用在旅游产业链各个环节,通过大数据、云计算将"物联网"整合起来,实现人与旅游资源、旅游信息的整合,以更加精细和动态的方式管理旅游,实现对游客的智慧服务和对行业的智能管理。

对游客的智慧服务贯穿于旅游活动的始终,体现在为游客提供游前、游中、游后的主动感知旅游相关信息,并及时安排和调整旅游计划的智慧化服务。这一服务的提供,需要将景区、旅行社、酒店,以及旅游相关产业的信息资源整合到一起,并将这些海量信息进行分类、整理,形成旅游资源的数据中心,便于游客的信息搜索与实时获取。游前,游客不需要翻地图、打电话,即能通过各类媒体、手机等移动终端设备获取所需的各类信息和景区、酒店、机票等预订服务;游中,游客一方面能继续实时地获取旅游各要素信息,另一方面能获得旅游行程中的服务保障,如旅游安全、旅游服务投诉等;游后,旅游管理部门为游客提供各种渠道来反映旅游的评价和体验,尤其是借助于新媒体的手段,来提高服务的范围和质量,最终提高游客的满意度。

旅游地理信息管理主要体现在游客管理、旅游企业管理、旅游资源与环境的管理、旅游战略管理等方面。

### 一、游客管理

实时采集游客动态数据,整合其他部门的数据(如公安、气象、交通等),对游客身份、来源进行识别、分类和分析,分析的结果可以提供给旅游管理部门、旅游企业等相关部门进行参考和决策;对游客流量实时监控,有利于旅游管理部门随时开展游客疏散和紧急调控。

### 二、旅游企业管理

通过对旅游企业动态数据的采集,随时掌握其类型、层级、数量分布的动态变化,便于形成对于行业的监管。

### 三、旅游资源与环境的管理

对旅游资源与环境的保护,是旅游业和谐、持续发展的基石,旅游管理部门通过全球定位系统、激光扫描等技术对旅游资源的温度、湿度、负重程度、色泽度等各个方面进行监测,使管理者可以对必要资源进行及时维护,对已经受到损害的旅游资源可以直接将监测到的相关信息传送到数据中心进行分析,从而获取相对具有科学依据的解决办法。通过地理信息系统,可以将所有的旅游资源连接为一个整体,并形成相对完善、科学的监测管理系统,使旅游资源和环境具有更长久的生命力,维系旅游产业的可持续发展。

### 四、旅游战略管理

旅游管理部门通过对游客、行业数据的动态采集,开展数据挖掘与分析,实时掌握旅游产业发展的动向,以便制定出符合当前产业发展特点与规律的战略规划,推动产业的持续向前发展。

智慧旅游公共管理与服务体系将实现传统旅游管理方式向现代旅游管理方式的转变,实现行业监管的动态化、适时化,旅游服务的人性化、个性化,从而极大地推动以地理信息为

核心的技术在旅游业的应用,为游客提供一个更为健康、安全、舒适的旅游环境,提高游客的感知度与满意度,让旅游业向着现代服务业的战略目标迈进。

## 五、智慧旅游管理与服务

2010年江苏省镇江市在全国率先提出"智慧旅游"概念,开展"智慧旅游"项目建设,"智慧旅游时代"从此开启。2011年国家旅游局提出,用10年的时间在我国实现基于信息技术的"智慧旅游"。2012—2013年国家旅游局(现为文化和旅游部)为积极引导和推动全国智慧旅游发展,在自愿申报和综合评价的基础上,经过认真研究和筛选,确定两批共23个城市为"国家智慧旅游试点城市"。2014年被国家旅游局确定为"智慧旅游年"。

### (一)智慧旅游及智慧旅游管理

尽管我国许多地方智慧旅游建设如火如荼,但相关研究文献并不多见,对其概念没有统一界定,缺乏学理支撑。智慧旅游来源于智慧地球、智慧城市。张凌云认为,智慧旅游是基于新一代信息技术,为满足游客个性化需求,提供高品质、高满意度服务,而实现旅游资源及社会资源的共享与有效利用的系统化、集约化管理变革。从内涵来看,智慧旅游是信息技术在旅游业中的集成应用创新和应用集成创新,是基于新一代的信息技术,是为满足游客的个性化需求,为其提供高品质、高满意度服务,而实现旅游资源及社会资源的共享与有效利用的系统化、集约化的管理变革。

陈涛认为,智慧旅游是以云计算、物联网、移动通信、智能终端、信息资源共享等新一代信息技术为支撑,主动感知旅游资源、旅游经济、旅游活动、旅游者行为等方面的信息,对信息资源进行最大限度的开发利用,以更加及时、准确、智能的方式为游客、旅游企业、旅游管理部门提供各种信息化应用和服务。

黄羊山、刘文娜认为,智慧旅游是一种互联网、云计算、下一代通信网络、高性能信息处理、智能数据挖掘等技术在产业发展、行政管理、旅游体验等方面的应用,使得旅游物理资源和信息资源得到高度系统化整合并深度开放激活,以服务于各方面旅游需求的全新旅游形态。

金振江等认为,智慧旅游是充分利用物联网、云计算、移动通信、人工智能等新一代信息技术手段,创新旅游服务、营销和管理理念,充分配置和整合人、旅游物理资源、信息和资金等旅游产业资源,服务于公众、企业和政府,形成高效、可持续发展的旅游生态系统。

洛佩斯·德·阿维拉(2015)认为智慧旅游是:"一个创新型旅游目的地,建立在保证旅游区可持续发展的先进技术基础设施上,每个人都可以进入;这有助于游客与其周围环境互动与融合,从而提升目的地的体验质量,并改善当地居民的生活品质。"

Ulrike Gretzel等将智慧旅游定义为:"旅游业在目的地综合努力的支持下,收集并汇总利用来自有形的基础设施、社会关系、政府组织方及人类身心方面的数据,同时利用先进技术将这些数据转化为现实经验和商业价值建议,明确关注效率、可持续性及丰富的体验等方面。"

以上智慧旅游的概念大同小异,都是运用现有技术手段,实现旅游各要素的智能化管理,满足当前旅游者个性化需求,旅游资源是智慧旅游管理得以实现的基础。

关于智慧旅游发展目标,到2020年,我国智慧旅游服务能力将明显提升,智慧管理能力将持续增强,大数据挖掘和智慧营销能力将明显提高,移动电子商务、旅游大数据系统分析、人工智能技术等在旅游业应用更加广泛,培育若干实力雄厚的以智慧旅游为主营业务的企业,形成系统化的智慧旅游价值链网络。智慧旅游管理体系方面,具体将建立健全国家、省、市旅游应急指挥平台,提升旅游应急服务水平,完善在线行政审批系统、产业统计分析系统、旅游安全监管系统、旅游投诉管理系统,建立使用规范、协调顺畅、公开透明、运行高效的旅游行政管理机制。智慧旅游的建设与发展最终将体现在旅游资源管理、旅游服务和旅游营销三个层面,本节主要关注前两个方面。

相比智慧旅游,智慧旅游资源管理是景区近年来才开始探索的管理方法。对旅游景区来说,保持旅游资源的可持续进化发展是景区运营发展的目标。智慧旅游管理,视角是管理,目标是旅游资源的持续发展。随着信息技术的发展,旅游管理有了"千里眼",使得管理无处不在,不留死角。如果说,数字旅游使旅游资源的管理实现了数字化,那么智慧旅游使旅游资源的管理实现更透彻的感知、更广泛的互联互通、更深入的智能化,更能满足当前旅游者的个性化需求,从而完成旅游资源的私人定制。

要满足旅游资源的私人定制,首先应做好旅游资源单体数据和旅游资源环境数据的评估,为旅游资源规划做准备。旅游资源单体是指可作为独立观赏或利用的旅游资源基本类型的单独个体。旅游资源单体数据是指旅游资源的基本信息,如资源的名称、类型、数量、结构、成因、历史、规模、级别、特色、价值和功能、旅游资源的区域组合,以及与旅游资源有关的重大历史事件、社会事件、名人活动、文艺作品等。旅游资源环境数据包括旅游资源所处区域的背景条件以及资源所处环境的保护状态,是接待旅游者容量的重要参考数据。

## 案例7-3　　智慧管理后的红海滩廊道

2016年年初,盘锦市红海滩国家风景廊道在建设中,通过与12301视觉中国、北京坤腾世纪公司、北京东华软件、北京鑫海慧科、华夏票联、北京爱迪(中智云游)等公司合作,不断完善智慧景区硬件配套设施、提升智慧景区管理软件水平,逐步实现景区内控管理和相关服务质的提升,使廊道景区的管理、服务水平跻身全国一流景区行列。

目前,红海滩国家风景廊道已实现全区域Wi-Fi覆盖,入园游客全域网络免费上网服务。在多个"建设"目标指引下,将完成了多个"实现"。

建设指挥调度中心,实现实时监测和呼叫调度功能;建设数据中心,实现数据存储功能;建设卡口系统,实现无死角视频监控、门禁及入园车辆统计;建设环境监测大屏幕,实现负氧离子等时时环境状态实时推送等功能。建设智慧管理平台,实现监控与调度管理、车辆归属地自动识与统计、票务售检数据管理;建设智慧服务平台,实现自媒体及网络媒体的信息主动推送,园区内信息发布,触发式智能游客语

音讲解及服务导览;建设电子商务营销平台,实现统一的电子票发行及验证、网络售票三网合一、团队预订预付、游客通过二维码扫码入园等功能;建设智慧保护平台,实现防火预警、环境动态监测、客流高峰预警等功能;建设大数据分析平台,实现客源地归属分类、实时客流数据显示及预警、历史数据统计对比及号码归属地识别区分游客类型、来源、自驾游、团队游比例、网络舆情分析等功能。

(资料来源:《红海滩廊道智慧化服务全国提升》,国家旅游地理网,http://news.cntgol.com/dyzd/20160807/81603.html.)

### (二)智慧旅游服务

智慧旅游体系的服务对象主要包括政府主管部门、旅游企业、旅游者以及旅游专业的学生。智慧旅游归根到底,就是提供旅游信息服务,为政府主管部门提供决策依据,提高政府的工作效率,由传统政务向电子政务过渡,为旅游企业提供及时的旅游信息,为企业的市场营销、线路设计提供技术上的支持,为旅游者个人提供旅游地与旅游有关的各种旅游信息和预订服务。

智慧旅游资源服务,更多倾向于旅游者的私人定制,依托旅游资源服务于个性化的旅游需求。在大数据时代,智慧旅游资源服务主要表现在以下几个方面的服务。

第一,基于大数据指导的旅游产品服务。通过与百度、阿里、携程等大数据公司合作,获取游客信息,包括游客的年龄、性别、客源地、兴趣偏好、住宿及餐饮偏好、游客反馈等信息,基于大数据,旅游企业可及时更新产品销售策略增加产品销售种类、提高企业效益。

第二,基于移动支付手段的旅游服务。推动旅游景区、旅游企业、酒店、餐馆及其他旅游服务商提供微信、支付宝等移动支付服务,优化游客的消费体验,提高游客的消费额。

第三,基于O2O模式的旅游服务。旅游前,游客浏览旅游资讯网、微信号、马蜂窝、百度旅游等,并通过携程、去哪儿、大众点评等网站在线支付、购买门票。游中,游客通过触摸屏了解景点资讯、路线等,在通过交通导航到达景点之后,游客扫描二维码即可进入景区,并通过手机 App 语音讲解景点,通过智慧体验馆深度体验当地的旅游文化、旅游特色。游后,游客通过微博、微信、马蜂窝等途经对旅游进行点评,分享游记,从而对整体旅游形象、品牌形成二次传播。

特别值得一提的是,由原国家旅游局现文化和旅游部牵头,全国全域旅游全息信息系统以及全球旅游全息信息系统已推出,为旅游管理部门、旅游企业提供全域全时的信息管理服务,为旅游资源的管理研究及国家政策的制定提供数据支撑和分析管理平台。系统利用云计算、大数据、遥感技术、地理信息技术等技术,推动旅游发展的数字化转型,打破信息孤岛,实现数字共享,旅游服务、旅游管理、旅游体验、旅游流量调控智能化。

该系统一个重要功能就是借助高德地图数据和精确的定位能力实现全域旅游厕所导航,2018年建成50余万个社会厕所和景区厕所的导航服务,实现厕所的精准定位、动态导航。该系统2018年初已经覆盖全国所有的5A级景区和70%以上的4A级景区,系统提供服务不仅包含景区厕所,也包含公共服务设施。除了能帮助游客迅速找到景区内外的厕所之外,还有很多像"景区热力图"一样贴心又实用的功能。进入"景区介绍"菜单,可以看到景区地址、开放时间、天气和空气质量状况、建议游玩时间等资讯。打开"智慧景区"菜单,在左侧的查找栏,可以快速在地图上找到景区内的卫生间、出入口、餐饮、商店等讯息。点击进入"周边服务"菜单,便可以看到吃、住、行、游、购、娱等资讯,甚至连理发店、快递点、汽车维修等讯息都一应俱全。而打开"投诉咨询"菜单,就能连接12301国家智慧旅游公共服务平台。

## 本章小结

本章探讨了旅游资源信息化管理模式,通过旅游地理信息系统的建设辅助旅游行业管理,重点描述了旅游地理信息系统的设计过程。纵观全章节,基本思路是:从大数据时代开启,引申至旅游行业的信息化管理,通过旅游地理信息系统可以提高旅游行业管理效率。接着,重点介绍了旅游地理信息系统和建设过程,以及旅游地理信息系统的设计。最后,简要描述了旅游地理信息的管理前景。随着大数据、云计算、物联网等信息技术的不断发展,旅游资源数字化管理水平在未来的管理格局中还需进一步升级,当前,"互联网+旅游"和"大数据+旅游"正在加速推动中国旅游业的发展。

## 思考与练习

1. 旅游地理信息系统包括哪些功能?
2. 简述旅游地理信息系统与普通管理信息系统的区别。
3. 简述旅游地理信息系统的建设过程。
4. 地理空间数据库的设计包括哪几个阶段,各有什么特点?
5. 简述数字旅游资源管理系统的组成、设计及维护。

## 核心关键词

| | |
|---|---|
| 地理信息系统 | Geographic Information System |
| 大数据 | Big Data |
| 旅游信息 | Tourism Information |
| 旅游地理信息系统 | Travel Geographic Information System |
| 旅游数据库 | Travel Database |
| 智慧旅游 | Smart Tourism |

## 案例分析

### 青城山—都江堰智慧景区管理

智慧景区建设是在原有数字景区建设的成果基础上,提出数字化景区服务的创新业态,突出服务和加强营销的现代化旅游服务模式,以"智慧"为亮点,以创新旅游服务模式为目标,根据风景名胜区保护、业务管理、旅游经营、公众服务等方面的需要,基于"智慧—服务"的理念,依托物联网、云计算、射频识别等新兴数字化技术成果,从风景名胜区现有数字化发展需求出发,提出景区数字化建设新的目标、任务与内容,以此满足风景名胜区在景区数字化管理与数字化服务等方面的需求。

智慧景区建设是一个复杂的创新性系统工程,如图7-12智慧景区建设总体框架所示,既需要利用科学技术,又需要科学技术同先进理论集成。智慧景区的建设是对景区硬实力、软实力和巧实力的全面提升,应拥有自己的理论体系、技术体系、应用体系和工程体系、景区云,并融入旅游行业。其建设内容主要包括低碳旅游发展、信息化建设、学习型组织创建、业务流程优化、战略联盟和危机管理。

四川智慧景区建设在全国来说,较有影响,主要有智慧九寨沟、智慧峨眉山和智慧青城山—都江堰,本案例以青城山—都江堰为例来谈谈智慧景区管理实践。青城山—都江堰景区位于成都平原西北都江堰市,是世界文化遗产、国家5A级旅游景区、全国低碳旅游示范区、数字化景区示范基地和全国智慧旅游示范区。青城山历史悠久,是中国道教的发祥地之一,集道教文化、古建筑文化、青城武功、青城易学、青城丹法于一山之中。景区所包括的都江堰水利工程是当今世界年代久远、唯一留存的、以无坝引水、自流灌溉为特征的宏大生态型水利工程。2015年年底,《互联网周刊》发布了当年度智慧旅游景区全国100强,成都青城山—都江堰名列第八。景区管理部门的"智慧管理"是如何做到的呢?

总体来讲,一是强化流程化管理。在青城山—都江堰景区建立统一指挥、功能齐全、反应灵敏、便捷高效的管理和指挥平台,实现监测、预警、分析、决策、指挥、评估和善后处理的全过程、流程化管理。成立智慧景区建设工作领导小组,构建综合指挥调度体系,实时掌握景区态势及重要数据,及时调度旅游、公安、交通、卫生、质检等部门开展应急处置,实现应急管理由各自为战、事后管理向协调联动、实时管理转变。二是强化智能化管理。依托智能指挥中心,汇集GIS地理信息系统、GPS车辆调度系统、电子门禁系统、数字监控系统、森林防火系统、环境资源监测系统、旅游咨询系统、网络售票系统等,协调各职能管理部门实现景区的指挥、管理、服务高度统一,实现了景区服务水平的大幅上升,游客投诉率同比下降71%。三是强化数据化管理。设立专业管理机构—数字化信息网络中心,负责统筹全景区信息化建设工作,通过业务数据采集、储存、管理、共享和利用,科学安排部署遗产资源保护、交通预警分流、游客流量调控等工作,实现决策依据由主观经验向客观数据转变。四是强化"全域化"管理。将青城山—都江堰"智慧景区"建设作为典型示范和"细胞工程",逐步向城市扩展,推进"智慧城市"建设,加快构建城市信息管理平台,实现由局域景区管理向全域旅游区管理转变。具体有以下几点。

# 第七章 旅游地理信息系统

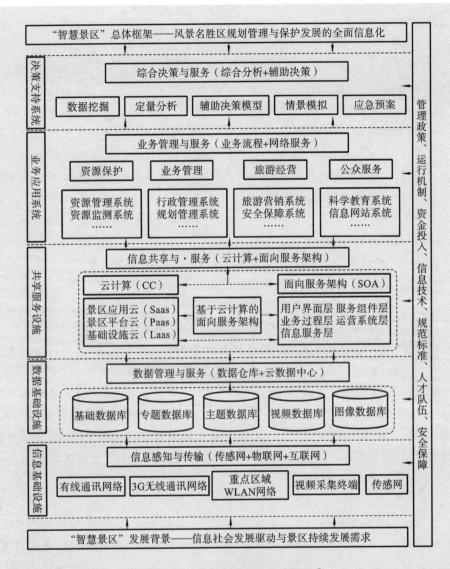

图 7-12　智慧景区建设总体框架[①]

## 一、智慧全域管理

青城山—都江堰景区在数字化景区建设中,尝试了一些创新,即率先应用了系统集成、顶层设计的理念,在前期基础信息和数据采集完全标准化的基础上建立起指挥调度中心和数据中心,实现了数字景区向智慧景区的提升。青城山—都江堰景区通过 GPS 模块的求助定位系统,实现了视频联动,当游客求助时,通过 GPS 定位、视频监控可看到求助游客的具体位置及状态,及时调动最近的管理人员实施帮助。同时,

---

[①] 摘自文章:党安荣等,智慧景区的内涵与总体框架研究[J],中国园林,2011(9);第17页。

还可以追踪、监测一线工作人员工作是否及时到位。旅客的各种状况，如小孩走丢、物品遗失，甚至找不到厕所等问题，一般都能在三分钟内予以解决，接到的求助和投诉，往往在游客未走出景区大门就已经处理完毕。基本可以实现流程化、智能化、数字化和全域化的管理。

2013年国庆期间，青城山—都江堰景区离堆管理所所长黄刚在游客线路上巡查，突然收到伏龙观坝子SOS紧急救援装置呼叫报警。值班室工作人员迅速将附近画面放大，一名女子正弯着腰，看上去身体不适，身旁围着几名游客一脸焦急不知所措。接到消息后的黄刚和同事立即奔向事发地点，询问该女子身体状况并迅速送来相应药物，随后带其就近休息。待该女子情况好转后，景区工作人员护送她到景区大门与同伴汇合后才离开。

二、体验无禁区，自助者天助

青城山—都江堰景区开发的微信公众号可以让游客通过位置服务找到各种服务设施，并通过携程等OTA向游客分销自助游产品，同时升级景区门禁系统，游客通过刷手机二维码或二代身份证就可以进入；在机场车站等地设置自助售票机，配合景区直通车，尽可能地简化服务流程，满足游客的个性化需求，不断提升用户体验。

特别值得一提的是，景区建成投运的应急指挥中心和游客呼叫中心，全天候在线受理旅游咨询、投诉、预订、求助；在都江堰景区启用了智能化语音自助导游系统、智能手机App自动讲解系统；同时建成了都江堰、青城前山、青城后山游客服务中心自助服务系统。建设景区Wi-Fi公众服务平台，以免费Wi-Fi为移动互联网切入点，推出景区微信公众服务号、手机App，打造景区移动互联网公众服务综合平台；整合全域旅游资源，建设集在线服务、在线交易、在线营销和线下服务为一体的目的地营销系统，全面提升旅游电子商务水平。

三、智慧管理没有完成时

青城山—都江堰景区已开发建设了以"统一的数据中心、智能指挥调度中心、基础数据管理、生物文物资源管理、旅游服务"五大体系为基础，视频监控、电子门票、森林防火监测、车流量监测、客源地监测、游客紧急求助等20多个应用系统，实现了从监测、预警、分析、决策、指挥、评估和善后处理的全过程、流程化管理，在"互联网＋"、智慧旅游管理、智慧旅游营销、智慧旅游服务等方面迈上新台阶。

未来景区将实现主要景点、游客集散区域无线全覆盖，打造无线景区，同时开发信息推送功能的App和微信公众服务平台，将让游客实时享受到景区最新资讯、美食推荐等服务，提高景区的导流、应急、救助等服务及营销推广能力。此外还将建设球幕全景互动应用示范系统，利用现代多媒体技术展现青城山道教文化以及都江堰水利工程变迁过程。互动式户外大屏联播平台、物联网游客感知平台、大数据应用分析平台、风景区环境监测与发布系统也将陆续建设。

**点评**：青城山—都江堰景区智慧管理可以说取得初步进展，为全国其他景区提供了示范和借鉴。但景区智慧管理的程度应与来访的游客的接受度相吻合，不能滞后于旅游者的期待，管理技术适当提前是可以的。随着信息技术的进步和全域旅游理念的深入，智慧景区管理的更新升级势所必然。

**思考题：**

结合青城山—都江堰景区的智慧管理举措，谈谈未来全国景区智慧管理可推广的标准建设。

# 第八章

## 旅游地图

### 学习导引

旅游地图是旅游地理学的重要组成部分,是研究旅游规划的重要手段,是旅游空间信息的图形表达方式。了解旅游地图的基本概念,学会旅游地图的设计和绘制,是学习旅游地理学必须掌握的基本技能。本章将分节论述旅游地图概述的基本知识、旅游地图的设计和计算机编制旅游地图。

### 学习重点

1. 旅游地图的基本知识。
2. 旅游地图的设计和编制。
3. 旅游地图在规划中的应用以及学会用计算机简单绘制旅游地图。

### 案例导入

江西上栗县旅游发展概念规划中的空间布局为"一轴、三个形象中心、四大旅游片区",即一轴:沿319国道旅游发展主轴;三个形象中心:县城配套服务核心、旅游景区中心、新城形象中心;四大旅游片区:古城新貌(李畋生态园—花炮博物馆—烟花展示中心—李畋阁),禅宗之旅(凤鸣湖度假村—杨岐山普通寺—小枧傩庙—孽龙洞—星亮水库—烈士纪念塔—斑竹山起义旧址),丛林探险(户外拓展基地—知青记忆—林场宾馆—竹林氧吧—绿道休闲),欢聚派对(欢聚广场—赤山新貌—欢乐农场—房车体验)。

**思考:**
以上旅游空间规划结构,何种方式表示更直观?

## 第一节 旅游地图概述

### 一、旅游地图的定义与特性

(一)旅游地图的定义

理解旅游地图的概念应该从地图的概念入手。根据地图的基本特性可知,地图是用特殊的视觉符号将地表事物的水平分布特征为主体的信息有选择地表示在具有一定数学基础的平面上的图像。在地图学中,地图被分为普通地图和专题地图两大类。普通地图是指比较全面地反映制图区域的自然和社会经济要素一般概貌的地图。而专题地图是指突出地反映制图区域内一种或少数几种专题要素的地图。根据上述旅游地图的特性可知,旅游地图属于专题地图。

旅游地图是专门应用于旅游领域的地图,是将旅游要素用地图方法表示出来,采用一定的技术方法编制成满足旅游用途的地图产品,是旅游学研究成果的较好表现形式之一。有学者认为,旅游地图是以各地山水、名胜古迹、土特产品以及与旅游有关的交通、食宿、娱乐、购物等各项服务设施为主题内容的地图。也有学者认为,旅游地图是一种显示旅游区、旅游线路、旅游点的各种旅游资源和旅游设施的专题地图(刘万青,2007)。从旅游学角度看,旅游地图是旅游活动、旅游管理和旅游科学研究的重要工具;从地图学角度看,旅游地图是一种专题地图,是突出表示制图区域的一种或数种旅游要素,反映旅游主体、客体和媒体的时间、空间的分布、联系及其变化的专题地图。因此,本书综述不同学者的观点,对旅游地图的定义为:一种以旅游信息为主题内容的专题地图。具体地说,它是突出表示制图区域内旅游要素的水平空间特征信息为主要内容的专题地图。

从广义上说,凡是以旅游要素为主题的地图,不论是旅游管理、科研用图,还是旅游用图,均属于旅游地图,例如旅游景点分布图、旅游设施分布图、旅游交通图、导游图等。狭义的旅游地图则是指供旅游者使用的地图,这是旅游地图的主体。

(二)旅游地图的特性

特性是指一种事物与其他事物相比较而显示的不同之处。旅游地图作为地图的子类,当然会具备地图的基本特性,除此之外,旅游地图与其他种类的地图产品相比还具备自己的特性。

1. 地图的基本特性

(1)特定的数学法则。

地表的写景图是透视图,即随着观测者的角度和距离不同,地物的形状和大小也不相同,近大远小。航空像片和卫星图片则是中心投影,物体的形状和大小随着像片上位置的变化而变化,等大的同一物体在像片中心和边缘的形状、大小是不同的。这些投影和地图的投影相比有很多缺点。地球椭球体表面是一个不可展平的曲面,而地图是一个平面,解决曲面和平面这一对矛盾的方法就是地图投影。首先将地球自然表面垂直投影到地球椭球体面

上,然后将地球椭球体面按地图投影法表示到平面上,最后按比例尺缩小,这就是地图的数学法则。它是地图的基础,是地图精度的重要保证,它使地图具有可量测性和可比性。

(2) 运用符号系统。

符号系统是地图用于表达地表事物的语言,包括线划符号、颜色和注记等。运用符号系统表示地表内容,不仅可以表示地面上的可见事物,而且可以表示没有外形的、抽象的或地下的自然现象和人文现象;不仅能表示地理事物的外部轮廓,而且能表示事物的位置、范围、类型特征和数量差异;还能把地表的主要内容和次要内容区别开,达到主次分明的效果。符号系统这一特殊语言使地图具有直观性和易读性。

(3) 经过科学概括。

地理事物非常繁多,而地图的图面却极为有限,地图概括就是解决繁多的事物和有限的图面这一对矛盾而采用的手段。地图概括是通过科学的选取,反映地表重要的、本质性的事物,舍去次要的、个别的、非本质性的事物,表示制图区域的基本特征。经过地图概括,以求准确、合理地反映事物特征,达到地图内容详细性与清晰性的对立统一,几何精确性与地理适应性的对立统一。

2. 旅游地图的特有特性

(1) 地图内容的专业性。

旅游地图是专题地图的一种,具有专题地图的共性,即反映一种或多种专题要素。旅游地图主要是反映与旅游有关的专业信息,即吃、住、行、游、购、娱等旅游方面的信息,其他方面的内容则只能作为背景内容,以底图形式呈现出来。例如,旅游交通图上,铁路、公路、航空线、水运航线、机场、车站、码头、旅游景区(点)、旅游服务机构为其专题内容,旅游地的自然、历史、社会经济、风土人情、交通信息以及有关单位电话号码之类可以作为辅助要素,放置在其他位置,而水系、居民点、行政区划界线、地形等内容可作为底图要素。

(2) 形象直观性。

旅游地图是为旅游活动服务的,其使用对象包括旅游者、导游者、旅游管理者和旅游科研工作者等。在旅游地图中,使用面最宽、发行量最大的是面向游客的旅游地图。游客由不同行业、不同层次、不同年龄和不同文化素质的人组成,针对这些读者对象编制的旅游地图应该通俗易懂,一般人都能阅读使用。为了达到这个目的,旅游地图的符号系统较多采用具象符号,形象直观、美观生动,易为读者接受,可以较好地传递信息,使旅游地图成为旅游者的"向导",导游者的好"工具"。

(3) 产品形式的多样性。

旅游地图读者主体是旅游者,编制目的是服务于旅游业,所以它的开本和装帧要适应旅游游动性、随身携带的特点,重要的是使用方便小巧实用。开本一般不宜太大,常见的是4开或8开,也有大于4开(如对开)或小于8开(如16开)的。采用形式多样的展开折叠型,双面彩色印刷,采用高强度纸张。旅游地图册、地图集都要突出这一特点。其次,旅游地图既是游客旅游活动中的工具,也是旅游结束后的旅游纪念品,许多旅游者都有收集旅游地图的爱好。旅游地图一改其他专题地图的呆板模式,大胆追求新颖脱俗、美观大方,色彩的运用也是各式各样,在设计、编绘和印制中也注重精美艺术效果。

## 二、旅游地图的功能和作用

认识旅游地图的功能和作用，对提高旅游地图设计质量以及科学合理地使用旅游地图，充分发挥旅游地图的价值有着重要意义。

### （一）旅游地图的功能

1. 认知功能

客观事物有微观和宏观之分，对于微观的事物可以用电子和光学方法放大来观察和研究其形态和结构。对于地球上宏观的事物必须借助一定工具来观察和研究，如地理现象，必须将其缩小才便于观察、了解和研究其分布特征，而后者通常是借助地图来实现的。旅游地图作为表达旅游空间信息的一种形式，它的认知功能可以体现在以下方面。

（1）给人以全局的概念。

旅游地图可以准确显示旅游信息的空间位置。运用地图确定方向和位置是有效的方法。例如，要了解我国世界遗产分布，依靠语言或文字描述无法构成空间整体分布状况的概念，而通过阅读"中国世界文化与自然遗产分布图"便可圆满地解决这个问题。

（2）可提供大量旅游空间信息。

旅游地图可以提供旅游事物的空间长度、范围、维数、方向、变化过程等定性及定量信息。如运用各类统计地图、剖面团、断面团、过程线等，再结合图形分析及图上量算，便可获得大量旅游现象的数员和类型信息。

（3）说明旅游事物之间的空间关系。

旅游地图可表达旅游事物分布规律及存在的空间相关性，即说明旅游事物之间外在和内在的空间关系。如气候、地形、水系、植被与旅游景观分布特点存在密切联系，而这些问题用语言文字是无法表达清楚的，一张地图赛过千言万语。

（4）帮助读者建立正确的空间图像。

当读者对地理区域形态不了解或对某些居民点不知道确切的位置时，从地图上便可以得到明确的答案，并建立较为准确的表象地图。例如南京与合肥的纬度相近，如果不注意的话就容易造成错误的印象。读者只要看看地图，就可以准确知道南京比合肥纬度略高。可见，地图在人类认识地表事物空间分布方面具有不可替代的作用。

2. 模拟功能

世界上很多事物人们不便于对它进行直接观察和研究，必须借助于模型。模型是指用来表现其他事物的一个对象或概念。模型分为物质模型、概念模型和数学模型。地图是对地图事物的模拟，可以看成是地面客观存在的概念模型。由于地图具有概念模型的特性，使它在表示各种事物的时空差异、分布规律和变化特征方面有明显的优势，是任何文字和语言描述所无法比拟的。地表的事物复杂多样，有自然的和人文的，历史的和现代的，具体的和抽象的，可见的和不可见的，表面的和潜在的等，人们可以根据需要建立各种地图模型来再现和模拟了客观世界。

3. 信息贮存、传递功能

地图能贮存的信息量十分巨大，是空间信息的理想载体。地图信息由表面信息和潜在

信息两部分组成,表面信息是地图广用图形符号直接表示的地理信息,如旅游景点、道路、河流、湖泊、居民点、行政界线等;潜在信息是经过分析和解释才能获得的有关事物规律的信息,例如,通过对旅游资源空间分布规律的分析可以得出旅游资源空间结构特征,通过对旅游地交通区位的分析,可以得出该旅游地的交通区位特征。与纸质地图相比,电子地图贮存信息量更大。

信息的另一个重要特征是具有可传播性。信息是客观存在于人的认识对象中,它的作用在传播后才能得到充分的发挥。地图作者将大量信息用各种图形符号表示在地图上,传播给公众,使人们从中获得所需的信息。在信息传播和接受方式上,语言、电子信号等常以线性方式进行,而地图则具有不同的方式与特点,人们阅读一幅地图,不会只是线性地进行,而是通过视觉来接收信息,先总览全图,然后再搜索所需的信息,按一定的区域或某个要素分析、研究。换而言之,地图信息在传输方式上具有层次特性,是平行的,它比线性传播方式的通道更宽、传输效率更高。

4. 文化和观赏功能

旅游地图是一种人类文化产品,从旅游文化角度来说,它是一种旅游文化产品,同时还是一种传播文化的工具。一张好的地图不仅具有实用功能,而且还具有观赏价值。当读者面对一张地图时,首先映入眼帘的是美的视觉元素,而不是具体的内容。虽然观赏功能不是旅游地图最重要的功能,但却是不可或缺的功能,这是读者本质需要的部分。而且,现在的旅游地图越来越显示出其收藏价值,正是因为旅游地图上各种具有抽象特征的带有美感的地图要素。

(二)旅游地图的作用

1. 导游服务作用

狭义的旅游地图就是导游图,这类图的主导作用就是为旅游者提供导游服务,是旅游地图中数量最大、应用最广泛的种类,构成了旅游地图的主体。所以,旅游地图最明显的作用就是导游职务。景区导游图和城市旅游交通图,主要表现景点名称特征、分布、连带悬点的交通线、交通方式、游览路线、游程安排、交通班次、最佳游览和观赏时间、地点以及为游客提供游、购、娱、吃、住、行等方面服务的设施位置、规模、档次等内容。力争使游客一图在手,万事不愁,消除在旅游地的陌生感,明确自身的位置和游览的方向和目的。随着电子技术的发展以及多媒体技术的推广,智能电子导游也将提供图文声像导游服务,使旅游地图的导游服务越发完美。

2. 决策参考作用

任何区域发展决策,都基于对区内状况的了解和分析。区域旅游发展决策的产生,也必须首先熟知区内旅游要素的基本情况,能直观、形象、综合、全面反映区域内旅游要素状况的参考材料,旅游地图首当其冲。旅游资源分布图、旅游区划图、旅游发展规划图、旅游路线组织图、旅游市场分布图、旅游客流图及旅游设施布局图等,就是专门为旅游管理部门做出正确决策,而提供参考作用的旅游地图,能够直观、便捷地为研究人员和管理人员提供准确的旅游空间信息,以作为决策的科学依据。旅游地图不仅是旅游决策前的重要参考资料,也是表达决策的信息载体,是执行决策的依据。所以,旅游地图在旅游管理部门制定决策、表达决策和实践决策中,具有重要的参考作用。

3. 宣传广告作用

旅游地图,特别是导游图,其销售量与旅游人数密切相关,而旅游人数的多少,很大程度上取决于旅游区的宣传力度。所以,旅游地图宣传旅游区具有自发性。为了吸引众多的旅游者,旅游地图加大宣传广告力度,力求设计新颖,印制精良,通过游客的传播途径,扩大旅游资源、旅游设施和旅游企业的影响,提高其利用率和知名度,使资源优势转化成经济优势,提高旅游企业的经济收入。旅游地图实际上是一个综合性的规划设计艺术品,是以地理为背景,以旅游为对象,采用地图艺术、摄影艺术、绘画艺术、文学艺术、广告艺术等多种艺术形式,在咫尺方寸之间,展现旅游天地的风采,用地图语言表达旅游活动的游、购、娱、吃、住、行及相关要素的空间分布,展示旅游产品的自然美、社会美和意境美,诱发旅游者的旅游欲望。旅游地图的宣传广告作用,与其使用功能、服务功能融为一体,宣传广告效果尤其明显。在五花八门的旅游宣传广告媒体中,旅游地图具有相当大的发行量和覆盖面,是较好的宣传广告媒体之一。

### 三、旅游地图的构成与分类

#### (一) 旅游地图的构成要素

旅游地图的构成要素包括底图要素、旅游要素和辅助要素(见图8-1)。

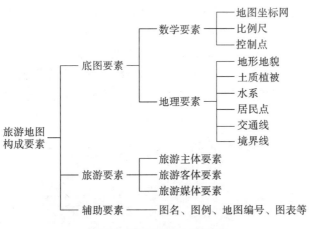

**图 8-1 旅游地图构成要素**

1. 底图要素

底图要素是编制旅游地图的地理基础。地理基础不仅是描绘旅游要素的骨架,用来确定位置,而且反映旅游要素与所在环境相互联系、制约的关系,起衬托主题的作用。底图质量的优劣决定了旅游地图的精确度和地理相关性。底图要素表示在底层平面上。普通地图是编制旅游地图的基础,常作为旅游地图的底图。底图要素包括数学要素和地理要素两部分,但是并非每张旅游地图的底图都包含所有的底图要素。底图要素选取的数量是根据旅游地图的用途、比例尺和专题内容特点来确定的。

### 2. 旅游要素

旅游要素是指与旅游活动中"衣、食、住、行、游、购、娱"有关的事物，为旅游地图的专题内容。专题内容是旅游地图的主体部分，即所编旅游地图的主题。科学、合理地表达旅游信息的特性是旅游地图学研究的重要内容。旅游要素包括旅游主体要素、旅游客体要素和旅游媒体要素三个方面。旅游地图的主题不同，则旅游要素也不同，并不是每张旅游地图都包含了全部的旅游要素。

### 3. 辅助要素

辅助要素是说明地图编制状况及为方便地图应用所必须提供的内容，它们大部分放置于主要图形的外侧。辅助要素包括图名、图例、地图编号、统计图表、剖面图、照片、编制单位、出版机构、时间、主要编图过程及参数。因此，辅助要素也是保证地图完整性及地图使用中不可缺少的部分。

## （二）旅游地图的分类

随着旅游业的发展，旅游地图的种类越来越多。旅游地图的分类标准很多，如旅游地图的内容、比例尺、制图区域、用途、性质、表示方法、使用方式、出版方式、感受方式、出版幅面、印刷色数、形状、历史年代动态变化等。根据我国实际情况，目前对旅游地图的分类主要采用如下方法。

### 1. 按用途分类

（1）旅游用图。旅游用图也就是狭义的旅游地图，如导游图、导餐图、导住图、旅游交通图（汽车旅游交通图、自行车旅游交通图、自驾车旅游交通图）等，如图8-2所示。

（2）旅游管理与科研用图。管理用图与科研用图之间往往难以划清界限，但是它与旅游用图区别较明显。旅游管理与科研用图包括旅游开发图、旅游预测图、旅游资源评价图、旅游功能分区图、旅游项目规划图、旅游线路规划图、旅游效益图、旅游客源市场规划图、旅游宣传图等，如图8-3所示。

图8-2 交通游览图

（图片来源：www.wuyuanyou.com/item/show.asp? m=1&d=22.）

### 2. 按比例尺分类

不同研究领域对比例尺大小划分标准不同。地理专业和旅游专业研究的问题均具有宏

图 8-3 旅游发展规划图

(图片来源:www.yizuren.com/topics/wcglyx/ychj/33291.html.)

观性(建筑和工程部门则不同),其划分标准相同。按照比例尺大小划分为三类:比例尺大于等于1∶10万的为大比例尺旅游地图,1∶10万和1∶100万之间的为中比例尺旅游地图,小于等于1∶100万的为小比例尺旅游地图。

3. 按地图的表现方式分类

(1)普通平面旅游地图。普通平面旅游地图绝大部分旅游图所采用的表现方式,所有地图信息,承载于一个平面上,用颜色分层或等高线来表示地形的起伏。

(2)遥感影像图。遥感影像图是以航片或卫片为底图经过背景淡化、要素强化处理制作而成的一种旅游地图。

(3)旅游地图集。旅游地图集是系统地表示某个区域旅游空间信息,具有统一设计原则和编制体例的一系列多幅地图的汇集。

(4)旅游挂图。旅游挂图是挂在墙上的旅游地图,图幅大,概括程度高,符号、注记、设色明显易辨,适合远处即能看清的场合。几乎旅游地所有宾馆都绘有这种导游挂图,一些景区或公园入口处,常常也有指导游览的挂图。旅游教学也经常使用挂图,但用量较少。还有一种概括较小,符号、注记细密详尽,走近才能看清楚的旅游挂图,适合于旅游行业管理和研究使用。

(5)折叠旅游地图。折叠旅游地图是旅游地图最为常见的表现形式。图载信息丰富,展平顺手,便于携带收藏。导游图大多采用此种表现形式。

4. 按照地图的存在形式分类

(1)实物旅游地图。实物旅游地图是可供人们触摸使用的,借助纸质、塑料等介质显示的地图。

(2)电子旅游地图。电子旅游地图是指建立在计算机软硬件技术平台之上,借助于计算机图形图像技术、多媒体技术和空间数据库技术,将旅游景点、旅游线路、旅游饭店、旅游购物、风土人情等有关内容录入计算机,结合图形、图像、文字、声音、视频、动画和虚拟现实等形式进行系统管理,并最终实现为旅游业服务的目的。

5. 其他分类

除了以上分类外,还可按范围分为全球图、全国图、大区图、省区图、地市图、景区图、景点图等;按用材分为纸图、塑料图(含塑料立体地图)、丝绸图、浮雕图等。按幅面大小可分为各种开本的旅游图,如全开图、对开图、四开图、八开图等。按照地图内容可分为旅游资源图、游客分布图、旅游交通图、旅游游览图、旅游环境背景图等。

以上分类不是绝对的,仅具有相对意义。随着旅游资源的不断增加和旅游业的持续发展,旅游地图的类型相应会增加和调整。

## 第二节　旅游地图的设计

旅游地图的设计是指为编制旅游地图建立一个切实可行的实施方案,并用设计书的形式表现出来的行为或过程。旅游地图设计对做好编制工作有着十分重要的意义,旅游地图质量的高低、受社会欢迎的程度以及对使用者作用的大小,主要取决于旅游地图的设计。旅游地图的设计主要包括两个方面:总体设计和语言设计。

### 一、旅游地图总体设计

旅游地图总体设计就是对编图目的、表现内容和表现形式的总体构想,即编图大纲。

(一)编图目的

设计旅游地图,首先要明确为哪些读者提供哪些旅游地理空间信息要在哪些方面较以往的同类地图有所改进和更新,从而提出编制旅游地图的总体要求。要做到目的明确,就要有针对性地选取旅游区域的目标信息,选取便于旅游者游览和生活的有关信息。设计者要充分利用已有的资料,如旅游资源状况、区域自然与社会环境及有关地图、照片、绘画等,还要进行实地考察,对旅游地图使用者的要求进行调查研究,对前人的资料进行验证和补充,以便设计者胸有成竹,具有明确的指导思想和处理原则。

(二)表现内容

根据编图目的、已有资料和实地调查信息,确定制图内容。根据旅游地图用途、比例尺、开张规格、制图区域的景观特征及使用者的需求,选取和强化主要的、典型的、对主题表现有重要作用和影响的内容,舍去次要的、某类或某级与主题关系不大或无关的内容,按照从整体到局部、从高级到低级、从主要到次要的入选顺序选择表示,要处理好要素密集区的内容综合概括与取舍。

不同类型的旅游地图,取舍目的各不相同。旅游交通图类,要对交通线、类型、等级、交通港(站)详尽表述,而对与交通、旅游无关的要素(如厂房、土壤、地质等)大胆舍弃;旅游线路图类则应清楚地表明旅游资源、游览线路以及与游览、生活有关的吃、住、行、游、购等方面的信息,对区外或远离景点的交通线、交通港站可以从略。

(三)表现形式

总体设计,还要确定旅游地图信息的表现形式。首先,要根据编图的目的和主要内容,确定投影形式和比例尺。其次,要确定环境和要素的表示方法,如风景区地貌常用写景法或晕渲法,而不用或少用等高线、分层设色等方法。最后,要设计版面、图幅形式、规格、附图

(表)形式、开本大小和装帧规格。

## 二、旅游地图语言设计

与数字、文学、计算机等其他信息读写工具一样,旅游地图在读、写、传播信息中,也有其自身的语言系统,即地图语言。地图符号、地图的颜色、地图上的文字注记等加在一起,就构成了地图的语言。旅游地图的设计,除了宏观框架方面的总体设计之外,还需要设计地图语言系统。总体设计是框架结构,而地图语言则是砖瓦泥石,二者有机组合,共同完成旅游规划图的构建工程。

### (一)符号设计

表达地图内容的图形,称为地图符号。科学地设计旅游地图符号,能更好地提供旅游规划信息、反映规律、加快阅读速度、提高计算精度、简化分析过程、便于传输和记忆。

设计旅游地图符号应遵循下列原则:第一,单个符号应有单个符号的特点,同一类符号也应有与其他类型符号不同的特性,符号的图形不仅要有独立性和清晰性,还必须简洁、美观;第二,在同一幅成分幅图上,应严格保持各类符号的规定尺寸。桌上用图符号小、易读,以增加地图的信息容量,挂图,尤其是宾馆大厅的壁图,符号应轮廓简单、尺寸较大,以便于远处观看;第三,符号颜色应符合天然色彩,用鲜明突出的颜色表示最重要的地物。

1. 符号设计分类

(1) 地图符号按比例关系分类,可分为依比例符号、不依比例符号、半依比例符号。

首先是依比例符号。对于实地上面积较大的物体,依地图的比例尺缩小后,还能保持与实地形状相似的清晰图形,这类符号就称为依比例符号。例如,居民地的平面图形,海、湖、大河、森林及沼泽等轮廓图形。

其次是不依比例符号(非比例符号)。实地上面积较小的物体,不可能按地图的比例尺缩小表示出来,因而只能用夸张的方法表示它们的存在,但不能表示其实际大小。例如,地图上表示的三角点、宝塔、独立树。

最后是半依比例符号。实地上的现状和狭长物体,随地图的比例尺缩小后,其长度可以依比例尺表示,而宽度不能依比例尺绘出。例如道路、部分河流、狭长街区等。这些符号在地图上只能测量其长度,不能量算宽度。

(2) 按符号所表示事物的空间分布状态,可分为点状符号、线状符号和面状符号。

首先是点状符号。点状符号是不表示事物实际范围大小的符号。当所表示的事物不能依比例表示平面范围,只能用此类符号标明所在位置。如古亭、独立树、宝塔、温泉、井、测量控制点、旅游景点、比例尺较小时的旅游村镇等。

其次是线状符号。线状符号是用于表示在实地呈线状或带状延伸的事物的符号。在图上常用线状符号表示。如旅游线路、道路、河流、境界线等。线状符号有粗细、虚实、单双、复杂简单、单色彩色等类型。

最后是面状符号。面状符号表示实地呈面状分布的事物。地面事物按成图比例缩小以后仍然可以表示出范围时,就可以采用面状符号表示。如旅游区、旅游资源范围、湖泊、水库、沙地、草地、居民地平面图形等,它们的平面轮廓按比例尺缩小,其间填充符号或颜色。

（3）按照图形特征，地图符号可以归纳为具象符号和抽象符号两大类。其中，具象符号分为影像符号和人工具象符号，人工具象符号又分为写实符号与写意符号；抽象符号分为几何形态符号（平面几何符号＋立体几何符号）、自由形态符号和文字符号。

2. 点状符号设计

内容简单的地图，无论用具象符号还是抽象符号，均比较容易表现出要素的差异。但是，当内容很多、类型很复杂时，使用具象符号就不容易表现得很有条理。例如，旅游资源图图例适合用几何符号，用曲线系列表示自然类，用斜线系列表示人文类，容易阅读和记忆。

几何图形的三种基本形态方形、三角形、圆形被称为三原形，是最典型的形状对比，它们具有各自的特点。方形的特点是平行和垂直，而三角形是斜线，圆形则表现为圆周循环。几何形的对比适合于表现地图要素横向对比关系。根据三原形可以设计出各种协调或对比的图形符号。

图 8-4（a）是三种居民点系列符号的样式，每一系列的符号同时运用了尺寸和亮度对比要素来反映级别的高低，具有明显的层次感。图 8-4（b）系列符号适用于多种要素的专题地图，每一种形状可代表要素，符号尺寸的变化可表示每一种要素数量或级别的差异。

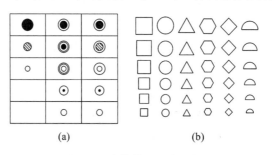

图 8-4　点状符号设计示例

3. 线状符号设计

地图上表示实地呈线状、带状分布的地理事物所用的符号，谓之线状符号。用线状符号表示的对象主要有：道路（铁路、公路等），河流，海岸线，管道（自来水管、输油管等），输电线，航线（航空、航海线），境界（政区界、其他区划界）和其他（栅栏、城垣、防风林带等）。不同的地图，线状事物类型与层次属性不同，设计的难度也不同。

（1）道路符号。

道路分为电气化铁路、双轨铁路、单轨铁路、高速路、公路、大路、小路等多种。表示各种道路主要以 1 条—3 条平行线，根据道路的等级和类型设计其他视觉变量（色彩或纹样）配合表示。

铁路有单轨、多轨高速铁路、磁悬浮铁路和未建成铁路之分。目前，地图上所用的铁路符号多用单实线（中、小比例尺地图）和双线条纹样（黑白相间），未建成的或规划中的铁路常用虚线表示。尤其是后一种形式的铁路符号，因为沿用的时间长，已经成为默认的铁路符号。

各国公路的分类标准不尽相同，主要有主要公路、一般公路、高速公路之分。公路符号有单线和双线。高速公路用双线和三线较多，公路及以下的其他道路符号，通常以单实线或虚线表示。符号设计方案与成图比例尺有一定关系。道路符号设计时还要考虑颜色配合，需要反映路面材料、车行道数等信息。

(2) 河流符号。

地图上的河流分两种方法表示，一种是宽度能以比例表示的，用面状符号表示，另一种是不能表示宽度的河流，可以用线状符号表示。有的河流的部分河段的宽度能依比例缩小表示，有的河段宽度则不能依比例表示。两者河流可分别用单线与双线结合表示。这样，同一条河流便有不依比例和依比例表示的部分。单线河流由河源至河口，线条应当有粗细过度，不能上下游等粗，使其合乎逻辑。河流的色彩设计方面，单线河流与双线河流的边线主要用深蓝色，而双线河中间水面的颜色可以是白色、浅青色、浅蓝色和浅灰色等各种设色法。人工沟渠、运河多为规则的几何线，上下游宽窄相等，在中小比例尺地图上，用一条线表示即可。

4. 面状符号设计

由于构成面的基本形状可选择的余地较多，既可以用抽象符号，也可以用具象符号，因此，面状符号相比线状符号的设计难度要小。但是，用具象符号作为基本形状的话图面会显得烦琐，使简单的地图变得复杂，不符合简洁的要求。一般情况下应采用抽象符号，只有在特殊情况下才使用具象符号。为体现面状符号之面的效果，同时不对点、线符号造成干扰，它的设计要注意两点：一是构成面的基本形状的线条宜细不宜粗；二是明度一般不宜太低。

在单色地图上，纹理密度的设计经常用于表示区域间某种数值的对比。由于网线的干扰其密度不好把握，从而影响视觉效果，在设计时一定要注意观察纹理的明度对比，不能只关注纹样的变化。

(二) 色彩设计

1. 色彩的作用

色彩在表达地图内容方面发挥着重要作用，主要表现在以下方面。

第一，可以提高地图表现力。一方面，彩色地图与单色地图相比多了色相与纯度对比要素，用色相区别不同类型的要素，以色彩明度及纯度来分层，可使人一目了然。例如，在旅游点分布图上，以棕色的等高线表示地貌，以蓝色表示水系，以绿色表示自然景点，以红色表示人文景点。色彩强化了图上各个要素并进行了分类，既清晰美观，又鲜明醒目，易于阅读。另一方面，色彩还具备表现地理事物物象色彩及本质特性的能力，可以帮助读者理解地图内容。

第二，有助于突出地图主题。例如，在名胜分布图上，以浅淡的低纯度色彩作为地图区域背景，名胜符号用高纯度的色彩，形成强烈对比，使得名胜分布的主题特别突出。善于运用色彩，能让特征明显、比较重要的要素突出地显示出来。

第三，可以提高旅游地图信息负载量。内容较多的单色地图，在阅读时往往比较困难。运用色彩区分要素，按事物重要程度用浓淡色彩分层，就会改变这种状况。因为用色彩区别各要素，以色彩浓淡及纯度来分层，可使人一目了然，并可增加旅游地图的信息量。

2. 色彩三要素设计

色彩的特征主要表现在色相、亮度、纯度三方面，因此旅游地图色彩设计应当从这三方面入手。

（1）色相对比设计。

色相对比适宜用来区分地图内容的类别，常用来表示旅游要素的类型和性质，即类型特征。

（2）亮度对比设计。

亮度对比是图面的清晰感的重要因素。地图中的符号是否清晰与色彩明度对比状况密切相关。如果想让底色上的符号非常清晰，则应当使两者的明度对比尽可能加大；否则，应当使两者的明度接近一些。

（3）纯度对比设计。

纯度变化常用来表示旅游要素的数量指标，纯度越大表示的数量意义越大，反之亦然。纯度变化亦可表示旅游要素的类型特征，但常和色相变化结合，使象征性更强。

### （三）标注设计

为了体现地图的整体效果，必须认真对待每一类标注的设计，从字体、字号、色彩、排列、变形等方面全面把握标注设计，切不可掉以轻心。

1. 层次性

标注与符号一样要分出层次，以便于阅读，这与一般文稿的排版一样。标注采用粗细、轻重、明度来强化注记的层次，有时需要用外加装饰来达到理想的效果，如加轮廓。

2. 分类性

以不同字体反映不同的地图内容，也包括用变形字来表示，使地图中的内容更具条理性。

3. 协调性

点状符号的标注应当在大小上与符号相协调。线状符号的标注应以线的粗细为标准来考虑字的大小，才能保证它们的协调性，宁可让标注偏小，切不可让标注太大。面状说明性的标注，要能照应到全区域，不仅是排列问题，还涉及字的大小。

4. 多样统一性

多样，指的是一张图中不可只用一种字体，标注如果无轻重变化，无大小变化，就会显得很单调。统一，是指标注轻重大小、风格对比要有度，保持其协调性。

5. 少占空间，少压盖符号

从视觉美感角度来看，地图中的标注应尽可能少占空间。地图中的标注与图形符号不同，图形符号不可以随意缩放，而标注没有对事物空间定位的尺度、位置的要求，因此标注的可伸缩性大、自由。少占空间，少压盖地物，意思就是要控制标注的大小，减少不必要的空间占据，让地图留有"呼吸"的空间。

### （四）图面设计

地图设计是一个系统工程，必须从内到外、从局部到整体、从微观到宏观全面考虑。图面设计侧重于宏观，不仅是地图本身，还包括附属内容，如图名、图例、图表、文字说明、比例尺、指北针及其他内容（图号、编辑出版单位、时间等），是打造地图总体形象的工程。

1. 主图的设计

(1) 主图位置与大小的设计。

既然主图是一幅地图的主体,应占有突出的地位。地位是否突出,主要从位置和所占面积两方面来体现。主图放在图画的上半部分或者是中间位置,有利于体现主图的地位。从所占面积看,图面空间全部或者基本上被主图所占据,至少应占图面面积的一半。

(2) 主图的方向设计。

主图的方向应根据读图习惯上北下南,不容易使读者产生方向错觉。如果没有经纬网格标识,左、右图框线即指示南北方向。但在一些特殊情况下,如果区域的外形特别长,为了让制图区有较大的比例尺和避免图纸空间浪费,可考虑与正常的南北方向作适当偏离,并配以明确的指向标。

(3) 局部地区放大图设计。

由于地图中某些地区内容要素密度过高,而且是特别的重要区域,因比例尺的限制难以正常显示重要的地理信息,这时可以适当采用局部放大图的方式来解决这个矛盾,但是放大图的表示方法应与主图一致。

(4) 主区的衬托与装饰设计。

地图设计中经常需强化制图区域,强化主区与邻区的对比,通常采用色彩对比,如明暗、冷暖、纯度的对比,同时主区边缘加装饰带或者加阴影(见图8-5、图8-6)。

强化边界可以使制图区图形得以充分展示。方法之一,适当加粗边界线。但是过度加粗边界线会影响界线定位的精确性,要有一定的限制。不过如果作为示意图,不需要精确定位,主区边界线宽度可以做较大的夸张,选用适当的边界色彩。方法之二,在制图区域外边加装饰带。在区域边界外边加装饰带(晕线或色带),是传统制图中常用的表现方法,也是强化区域图形的极好办法。虽然装饰带并非地图的实质性内容,只是附加在边界外边缘,却发挥着重要的作用:一是装饰了边界,使制图区域图形显得特别醒目,气氛隆重;二是解决了边界强化与精确定位的矛盾,即可以在不影响边界精确定位的情况下强化边界,使主区图形脱颖而出,令读者一目了然,可尽情感受图形之美。

图8-5 主区加阴影示例

2. 地图辅助要素设计

通过观察图8-7旅游地图辅助要素设计示例图,我们可以总结出需要注意的各个方面。

(1) 图名。

图名的设计应从图名位置、大小、字体选择和字面装饰等诸多方面进行。图名应简洁明

图 8-6　装饰带的宽度示例

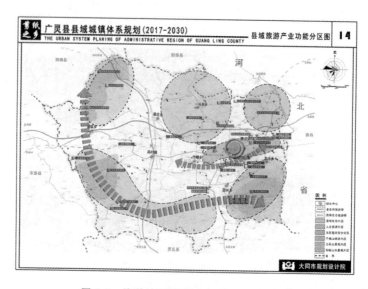

图 8-7　旅游地图辅助要素设计示例图

（图片来源：http://www.sx-guangling.gov.cn/glxrmzf/bmdt1/201804/0f282dbf5f294dbe9a5a683bba01f6aa.shtml.）

确、突出醒目。图名可置于图框外，也可置于图框内。小幅面的地图可置于图框内任何合适的位置，如置于图框内左上或右上，横排或竖排。按照视线移动的规律，地图的上方最引人注意，要想使图名更加突出，应当放在上方，靠左边或靠右边或居中。对于大幅面地图，按着居中为尊的原理，图名置于图框正上方为宜，尤其对于挂图，首先要考虑这一点。

图名字体与图中文字字体设计不同，它可以采用的字体的风格更加多样化。有时是设计者自己书写或设计，以满足对字体风格的需要。字体的选用要恰如其分地传达出地图内容的特点。如旅游功能分区图字体一般写得很结实而粗犷；行政区划图的图名字体写得严肃庄重，采用宋体及其变体字，使人油然而生威武刚强、神圣不可侵犯之感；少儿地图的图名文字要活泼可爱；导游图名字体一般写得轻松浪漫，用笔画变化大的美术字更合适。图名字面装饰有多种方法，主要有立体装饰、阴影装饰、肌理装饰。图名的装饰在于提高地图主题的表现力和艺术效果，不装饰显得单调、乏味，装饰过分可能会庸俗化。因此，图名的装饰要适当。

（2）图例。

首先，图例是地图的附属内容，切不可占据太大面积，各项内容应编排紧凑，减少图例所占面积。要处理好与主图的比例关系,使它们主次分明、和谐相处。其次,图例的位置应尽可能集中放在一起。图例的位置比较自由,可以放在图内也可以放在图外,主要看图框内多余空间的多少而定。图内图例通常置于四面的下方空白处,不可太显眼,尤其是挂图更不宜放在上方,因为按照视觉规律,上方是最醒目的位置。再次,图例位置确定后,应从美观角度出发设计图例的框形。框形一般设计为方形、长方形,空间利用率高。最后,图例内容的排列应遵循一定的逻辑性,但又不影响其清晰性。一般编排顺序为:居民地—交通—境界—水系—地貌—植被等。专题地图可以把专题内容放在前面,一般内容放在后面。

（3）指北针、比例尺和风玫瑰。

指北针或风向玫瑰图以置于图内左上或右上空余的地方为宜。它们体量虽小,但是其位置与大小对平衡图面发挥着重要的作用。

比例尺一般被安置在图名或图例的下方或者是主图周边空白处。专题地图上的比例尺以图解比例尺的形式较为实用,但在一些区域范围大,实际比例尺已经很小的情况下,如一些表示世界或全国的专题地图,甚至可以将比例尺省略。

（4）图表等其他附属内容。

统计图表、图片与文字说明常用于说明地图符号所不能说明的内容,由于其形式(包括外形、大小、色彩)多样,能充实地图主题、活跃版面,因此有利于增强视觉平衡效果。统计图表与文字说明在图面组成中占次要地位,数量不可过多,所占幅面不宜太大,对单幅地图更应如此。在大小、长宽与排列上要有规律性,要相互照应,相互协调。对于图片较多的地图来说,如果排列不当会影响图面的平衡与秩序感。

3. 图边的设计

大部分地图作品都少不了图框,而图框的设计直接影响地图的外观。图边,尤其是带花边的图框,对地图有较强的装饰和衬托作用,是地图美化的一个组成部分。地图图框通常使用两种形式:一种是单线图框,另一种是双线图框。前者只有一条单线作为图框,而后者则由内图框和外图框组成。双线图框的外图框有时是一条单线,有时可以是一组线,但不管是几条线组成、有多复杂,都应将其看成一条外图框,是一个有机整体。

## 第三节 旅游规划中的地图

旅游地图是研究旅游规划的重要手段,是旅游空间信息的图形表达式,是旅游规划考察和调查成果表达的重要形式。旅游地图的制作和应用是学习旅游地理学必须掌握的基本技能。

### 一、计算机制作旅游规划图

由于常规手工制图速度慢、精度低、周期长,难以满足信息社会经济、国防、科教事业发展的需要,加之计算机技术迅猛发展,于是产生了计算机制图。

计算机制图是指利用电子计算机的处理分析功能制作地图。主要利用各种制图自动化装置和以计算机为中心的各种外部设备,建立相应的自动制图系统软件和计算机的处理、分析、编辑功能,从而制作地图。因为计算机制图具有图表、照片、文字混合处理和排版,以及电子分色、屏幕仿真和色彩校正等功能,而且能够保证产品与设计完全一致,所以计算机制图开始在旅游规划图的设计、编结与制印中,广泛运用。图 8-8 所示是某种计算机软件制作专题地图的技术流程,可参考制作旅游地图。

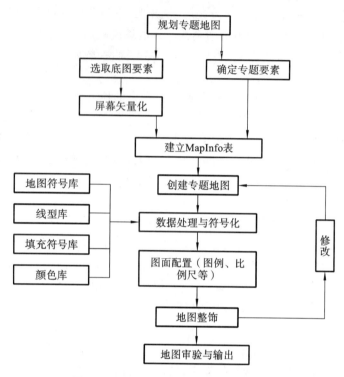

图 8-8　MapInfo 专题地图制作技术流程

（一）计算机制图过程

与传统的人工制图相比,数字地图制图在数学要素表达(地图投影选择与实现)、地理要素编辑、地图制印等方面发生了质的变化。数字地图制图的基本流程可分为四个阶段:编辑准备阶段、数字化阶段、数据处理和编辑阶段,以及图形输出阶段。

1. 编辑准备阶段

这一阶段的工作与传统的制图过程基本相同,包括收集、分析评价和确定编图资料,根据编图要求选定地图投影、比例尺、地图内容、表示方法等,并按自动制图的要求做一些编辑准备工作。例如,为了数字化,应对原始资料做进一步处理,确定地图资料的数字化方法,进行数字化前的编辑处理,制定数字制图的编辑计划。

2. 数字化阶段

将具有模拟性质的图形和具有实际意义的原始资料转化为计算机可接受的数字,称为数字化。它是计算机存储、识别和处理编图资料所必需的工作。数字化主要采用扫描数字化。数字记录的结构可分为矢量格式和栅格格式。把地图资料数字化后,将数据记入存储介质,供计算机处理和调用。

3. 数据处理和编辑阶段

这是数字制图的核心工作。数字化信息输入计算机后要进行以下工作：地图数学基础的建立，不同地图的投影变换，对数据进行选取与概括，各种专门符号、图形和标注的绘制处理。计算机的这些处理工作，都是编辑人员利用专业软件操作实现的。

4. 图形输出阶段

图形输出是将经计算机处理后的数据转换为图形，可以在显示器的屏幕上显示，可以存储在磁盘上，也可以通过绘图仪或打印机以纸质输出。

(二) 常用地图制图软件介绍

1. AutoCAD 应用基础

计算机辅助设计（computer-aided-design，CAD），是指用计算机的计算功能和高效的图形处理能力，对产品进行辅助设计分析、修改和优化。AutoCAD 是由美国 Autodesk 公司于 20 世纪 80 年代初为计算机上应用 CAD 技术而开发的绘图程序软件包，经过不断完善，已经成为强有力的绘图工具，并在国际上广为流行。

AutoCAD 可绘制任意二维和三维图形，与传统的手工绘图相比，用 AutoCAD 绘图速度更快，精度更高，且便于修改，已经在地图制图、航空航天、造船、建筑、机械、电子、化工、轻纺等诸多领域得到了广泛的应用，并取得了丰硕的成果和巨大经济效益。

其工作界面如图 8-9 所示，工作界面主要由菜单栏、工具栏、绘图区域、命令行窗口、状态栏和辅助工具栏等部分组成。

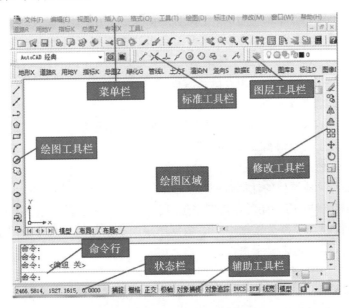

图 8-9　AutoCAD 2008 的工作界面

(1) 菜单栏。

菜单栏由[文件][编辑][视图][插入][格式][工具][绘图][标注][修改][窗口][帮助]等组成。单击菜单栏的某一项，会弹出下拉菜单。在菜单中用黑色字符显示的菜单项是

当前可选择执行的有效命令,用灰色显示的菜单项是当前不可选择执行的无效命令。菜单项后面括号内的字母为该菜单命令的快捷键,直接按下快捷键可以执行相关命令。

(2)工具栏。

AutoCAD 工具栏是调用命令的另一种方式,它包含许多由图标表示的命令按钮。在 AutoCAD 系统中提供了 30 种已命名的工具栏。默认状态下,[标准][对象特性][图层][绘图][修改][绘图次序][样式]7 个工具栏处于打开状态。

(3)绘图区域。

绘图区是用户绘图的工作区域,所有的绘图结果都反映在这个区域中。我们可根据需要关闭不常用的工具栏以及改变命令行窗口的高度,调整绘图区域的大小。绘图区域还会显示当前的坐标系类型和坐标原点,默认情况下,坐标系为世界坐标系(WGS)。绘图区域的左下方是绘图区标签,包括"模型""布局 1""布局 2"三个标签,"模型"主要用于图形绘制和编辑,"布局 1""布局 2"用于打印出图。

(4)命令行。

命令行位于绘图区域的下部,用于接收用户输入的命令,显示从发出的信息与操作提示。默认状态下,在窗口中保留最后三行。可将鼠标移动到窗口边界拖动以改变命令行窗口的大小。

(5)状态栏和辅助工具栏。

状态栏用以显示当前光标的位置坐标,可单击功能键 F6 或直接单击状态栏来切换是否显示坐标。

辅助工具栏有 9 个功能按钮,用于作图状态的切换,包括[捕捉][栅格][正交][极轴][对象捕捉][对象追踪][DYN][线宽][模型],点击这些按钮可以控制相应的作图状态是开启还是关闭。AutoCAD 提供的这些辅助功能主要是为精确作图和提高绘图效率服务的,建议初学者在掌握了基本的二维绘图方法之后再去学习。

2. ArcMAP 工作界面介绍

ArcMAP 是 ArcGIS Desktop 产品中的一个主要应用程序。它具有基于地图的所有功能,包括制图、地图分析和编辑。ArcMAP 可以用来浏览、编辑地图及基于地图的分析。其软件界面如图 8-10 所示。

ArcMAP 提供两种类型的地图视图:地理数据视图和地图布局视图。

在地理数据视图中,用户能对地理图层进行符号化显示、分析和编辑 GIS 数据集。内容表界面帮助用户组织和控制数据框中 GIS 数据图层的显示属性。数据视图是任何一个数据集在选定的一个区域内地理显示窗口。

在地图布局视图中,用户可处理地图页面,包括地理数据视和其他地图元素,如比例尺、图例、指北针和参照地图等。通常,ArcMAP 将地图组成页面,以便打印。

用户界面主要包括地图窗口、图层内容窗口、工具路和状态条,如图 8-11 所示。

地图窗口:用来显示数据和数据的表达(地图,图表等)。

图层内容窗口:在这个窗口中包含四个图层的显示方式——按绘制顺序列出、按源列出、按可见性列出和按选择列出。

工具条:除了主菜单和标准工具条之外,包含多个工具条,每个工具条又包含一组完成

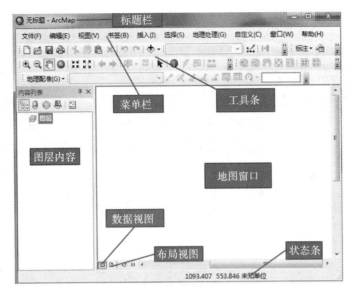

图 8-10　ArcMAP10.2 的软件界面

相关任务的命令(工具)。通过定制可以显示和隐藏工具条。

状态条：显示命令提示信息、坐标等内容。

3. CorelDRAW 软件工作界面

CorelDRAW10 是一个基于矢量的绘图和图解程序,这就是说,CorelDRAW10 在绘图页面上绘制对象时,对象的外形都是用数学公式表示的,其实际精度可以达到 0.1 微米。其用户界面如图 8-11。

(1)标题栏。

CorelDRAW10 的标题栏是位于程序窗口最上方的彩色条,左侧显示软件名称和当前正打开进行操作的图形文件名。开始制作新图时,CorelDRAW10 的缺省文件名是"图形 1"。

(2)菜单栏。

菜单栏位于标题栏的下一行,提供了 11 个菜单选项。在菜单栏最左侧还有一个按钮,单击该按钮则弹出许多控制菜单,使用它可以对 CorelDRAW10 程序或文件窗口进行关闭、移动、恢复、最小化、最大化以及其他操作。

(3)工具栏。

工具栏位于菜单栏下面,包含一组常用命令的图标按钮。单击这些按钮可执行相应的命令,其中的大部分按钮与其他 Windows 应用程序中的标准工具栏按钮的功能相同。

(4)属性栏。

位于标准工具栏下面的是属性栏。当在工具箱中选中不同的工具时,在属性栏中会显示出用于设置该工具属性的选项。

(5)工具箱。

工具箱可以固定在 CorelDRAW10 窗口的左侧,也可以成为可在屏幕上拖动的悬浮窗口。

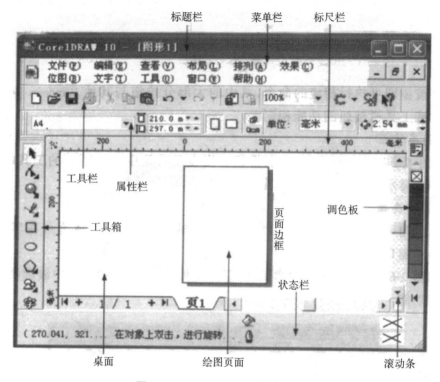

图 8-11　CorelDRAW10 操作界面

（6）调色板。

调色板位于 CorelDRAW10 窗口的右侧，可以在其中选择各种颜色，并应用于所创建的对象上。用户可以对对象、对象的轮廓和文字等的颜色进行编辑。

（7）状态栏。

默认情况下，状态栏在屏幕底部，只显示当前鼠标光标的两个坐标。当绘制图形或编辑对象时，就会显示所选对象的属性、所使用工具的状态等信息，所显示的信息的确切含义取决于用户当前的操作。

## 二、其他方式制作旅游地图

### （一）手绘旅游地图

手绘旅游地图是在旅游专题地图的基础上，结合手绘艺术发展起来的一种实用性的地图，它融合艺术性、实用性与文化性为一体。与传统通用地图不同，手绘旅游地图作为一种视觉化的设计，是在美术创作的基础上对地图进行艺术的加工。无论是在手绘旅游地图的本体上（线条、色彩、手绘风格等），还是从其所蕴含的文化层面（风俗、历史等）上都具有较高的审美价值。手绘旅游地图具有高度的易用性和艺术性，简单丰富的视觉设计及生动形象的文字信息有利于旅游者对"信息"的接受，符合现代旅游消费者的需求，并且还具有一定的收藏价值。

（二）电子旅游地图

在信息网络如此发达的社会中，电子导航旅游地图备受旅行爱好者的喜爱，来一场说走就走的旅行不在话下。如今，关于旅游类的 App 也是广为盛行，最为突出的是智慧旅游 App。类似于此类 App 所制作出来的电子旅游地图也是相当方便的，功能强大。首先是位置查询，它包括自我定位和目的地位置查询，显示全程距离及出行的难易程度。其次，交通信息查询和最佳路径分析是必不可少的，会提高旅行者的行程便捷性。最重要的是，周边信息的显示会让你甚是欢喜，包括沿途的风景亮点，饭店、酒店等旅游要素的搜索。

### 本章小结

经济的快速发展带动了旅游业的崛起，也对旅游地图在数量、质量、品种等方面都提出了更高的要求。旅游地图是以突出表示制图区域内旅游要素的水平空间特征信息为主要内容的专题地图，它除了具有地图的基本特性外，还有自身的特性：地图内容的专业性、形象直观性、产品形式多样性。旅游地图的功能和作用也是随着旅游业的发展不断丰富起来。

旅游地图的构成要素主要包括底图要素、旅游要素和辅助要素，旅游地图的分类形式多样。旅游地图的设计主要包括两大个方面：总体设计和语言设计。其中语言设计包括旅游地图符号设计、旅游地图色彩设计、旅游地图标注设计以及旅游地图辅助要素设计。

常用于制作旅游地图的计算机软件有三种，AutoCAD、ArcMAP 和 CorelDRAW10。熟练运用各软件制作旅游地图是学习旅游地理学必备的一项技能。此外，制作旅游地图的手段也是越来越丰富的，有手绘以及各种旅游类或者地图类 App。

### 思考与练习

1. 旅游地图有哪些特征？
2. 简述旅游地图构成要素。
3. 说明旅游地图的功能和作用。
4. 旅游地图设计包括哪些方面的内容？分别需要注意什么？
5. 计算机旅游地图制图的基本软件有哪些？它们有何异同点？
6. CorelDRAW 10 制图有什么优势，一般用在哪些领域？

## 核心关键词

| 旅游地图 | Tourist Map |
| 地图设计 | Map Design |
| 地图分类 | Map Classification |
| 地图绘制 | Map-Making |
| 导航地图 | Navigation Map |

 案例分析

### 大武功山总体规划图件绘制

为了帮助读者更清楚地了解旅游规划图编制的基本程序和方法,我们结合武功山风景名胜区总体规划(2017—2030)中的部分图件,以 Coreldraw 软件为例,进行绘图步骤的说明。

步骤1:先挑选一张规划区域的适当比例尺之地图,对该地图实施数字化处理,并进行配准。配准后的数字地图将作为规划图件制作的底图,而后续的操作都将以数字化的底图作为基础,如图8-12所示。

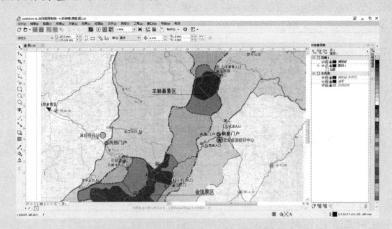

**图 8-12 规划图之底图导入的软件界面示意图**

步骤2:对规划图中需要统一和规范的要素进行绘制,如图框、标题、图名、比例尺、风玫瑰、图号、规划单位等。此部分的绘制与设计将成为系列规划图的格式模板,从而保证后续的规划图绘制具有相同的样式,如图8-13所示。

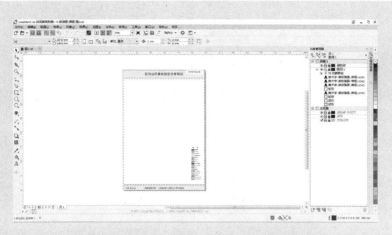

**图 8-13　规划图之图框绘制的软件界面示意图**

在绘制图框时,需要注意以下几个方面:①边框四周的间距要一致且对称;②标题、副标题、规划单位、图名等文字均需置于方格的正中央;③图框部分的导出图可以将图中的无关图例删去,以免构成干扰。

步骤3:按照规划图所需的主题要素内容,设置不同的图层,分别就规划区的边界、行政区划等面状要素,以及水系、交通公路、铁路等线状要素,还有现存的旅游资源、行政中心等点状要素绘制在不同的图层中,最终完成底图要素的绘制。在绘制上述点线面的元素方面,较为常见的绘图工具是左侧工具栏中的手绘工具——贝塞尔曲线工具。由于底图要素众多,此步骤中的工作需要较长的时间,且在绘制图形时需要格外细致用心。

如图 8-14、图 8-15 就是在绘图软件中,描绘出地图要素中的面状要素之效果图,其中主要包括的主要要素有核心景区、一般景区、景观协调区、外围保护地带等内容。

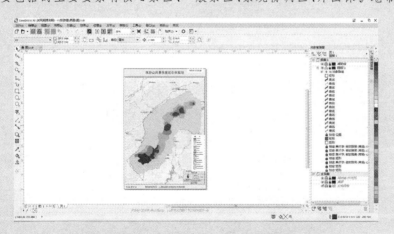

**图 8-14　底图中面状要素绘制的软件界面示意图**

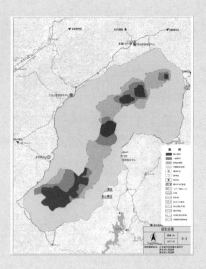

图 8-15  底图中面状要素绘制的效果图

图 8-16 是在底图的基础上描绘出的河流、公路及铁路交通等线状要素,上述要素需要分别绘制在不同图层中。图 8-17 是底图中线状要素绘制的效果图。

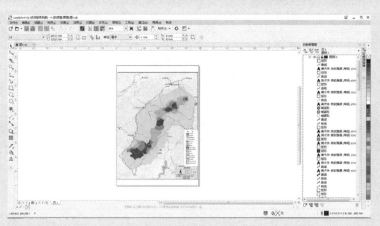

图 8-16  底图中线状要素绘制的软件界面示意图

在绘制线状要素时,应按地物属性的不同赋予线状要素不同的形态。以河流为例,通常可以将河流区分为干流、支流等不同类型,针对不同类型的河流,应采取不同的表现元素,如线条的粗细、长短、颜色等,以示区别。同时,在绘制河流时,还应判断其源头和上下游之所在,一般绘制河流时,都是从上游往下游的方向进行绘制。铁路、国道、省道、县道的绘制也应根据其所属的类型和等级进行规范化的处理,如设置纹理等。这需要图形绘制者深入了解规划地的情况。

图 8-18 是对底图中的点状要素之——接待点等进行绘制的示意图,除了接待点等等点状要素外,较为常见的还有如旅游资源等,也需要同样绘制在不同的图层中。

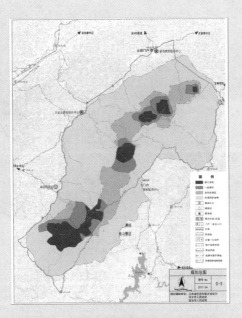

图 8-17 底图中线状要素绘制的效果图

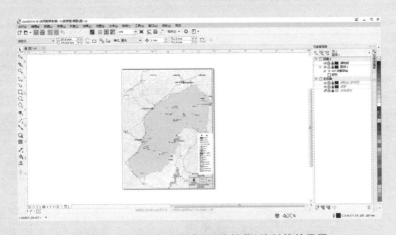

图 8-18 底图中点状要素(行政村落)绘制的效果图

底图中点状要素(接待点等)绘制的效果图如图 8-19 所示。

步骤 4:将规划要素按照不同的主题绘制在对应的图层中。在完成了底图点、线、面等发展现状的图件绘制工作后,随即进入绘制规划要素的阶段并将规划之内容通过图形的方式展示出来。

图 8-20 是绘制旅游路线图的软件界面示意图。图 8-21 就是旅游风景名胜线路规划图之最终效果,除了基本的图件要素图层以及旅游线路主题图层被选中显示外,河流、村落边界以及主要资源等要素图层也被选中显示,以便让阅览者更好地了解旅游线路与吸引物和环境要素之间的关系。

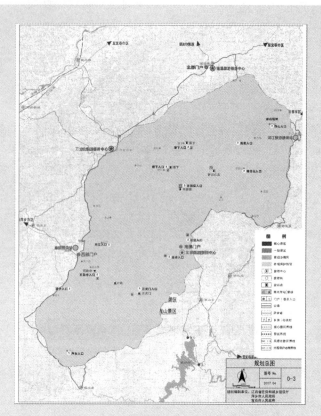

图 8-19 底图中点状要素(行政村落)绘制的软件界面示意图

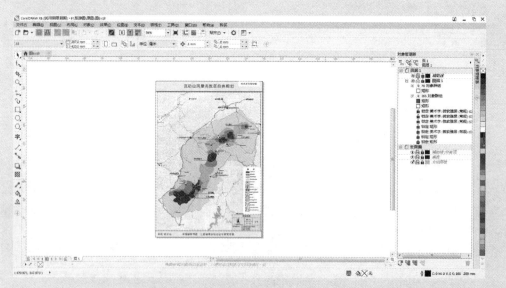

图 8-20 旅游路线图绘制软件界面示意图

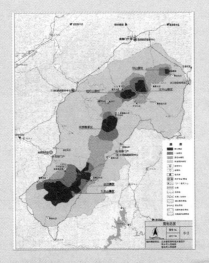

**图 8-21 旅游线路规划图之最终效果图**

上述内容是对旅游规划制图的操作流程的大体说明,而有关绘图软件的操作部分,此处限于篇幅的原因没有展开,有兴趣的读者请自行参阅相关软件的操作使用说明。

**思考题:**试比较不同类型旅游地图制作软件的优缺点。

# Reading Recommendation

1. 斯蒂芬·威廉斯,刘德龄.旅游地理学:地域、空间和体验的批判性解读(第 3 版)[M].张凌云,译.北京:商务印书馆,2018.

该书涉及社会学领域的诸多观点和视角,兼有历史和现行的观点,力求把旅游与全球化、移动、生产和消费、自然地貌和后工业化变革等主要地理学概念与理论结合起来。该书对旅游地域和空间是如何产生与保持的提供了批判的基础性解读。

2. 邹统钎.旅游学术思想流派(第 2 版)[M].天津:南开大学出版社,2013.

主要对旅游学术思想流派做了介绍,具体内容包括旅游学术历程与理论体系、舞台化真实性理论、地方与旅游空间学说、旅游地生命周期理论、可持续旅游与生态旅游理论等。

3. 约翰·厄里,乔纳斯·拉森.游客的凝视(第 3 版)[M].黄宛瑜,译.上海:上海世纪出版有限公司,2016.

该书从社会学的角度来审视旅游、游客行为以及东道主国的应对对世界造成的影响,包括度假地的发展变化、全球经济的变化、行业发展、多媒体发展、建筑风格的发展、摄影技术的进步以及原油、气候等环境问题。作者并不认同过度简化旅游行为的做法,认为旅游行为不是单纯的视觉经验,本书不是解释人为何旅行,而是侧重社会学论述,探讨旅游本身以及游客行为与凝视对象互相之间的影响。

4. 吴红辉.智慧旅游实践[M].北京:人民邮电出版社,2018.

理论与实践相结合。理论篇涉及智慧旅游概述、旅游旅游的技术支撑、国外智慧旅游发展态势与经验以及我国智慧旅游发展及对策。实践篇从智慧旅游的顶层设计着手,以搭建基于三个维度的公共服务平台为核心,以智慧景区建设、智慧酒店建设、智慧旅行社建设、智慧乡村旅游 4 个场景为入口进行详细阐述,并介绍结合用户体验,在手机端构建人性化的 App。

5. 伍多·库卡茨.质性文本分析:方法、实践与软件使用指南[M].朱志勇,范晓慧,译.重庆:重庆大学出版社,2017.

本书所描述的质性文本分析,来源于主题分析、扎根理论、传统内容分析和其他理论。这是一种阐释性诠释的系统化分析。在英语国家,"内容分析法"往往是与量化范式相关联的,因此,术语"质性内容分析"似乎自身是个矛盾体。为了避免这些误解,本书使用"质性文本分析"来替代。本书详细地描述了质性文本分析的三种方法——主题分析、评估分析和类型创建分析。着重介绍了各种复杂的分析类型以及如何呈现结果的方式。现代计算机技术的发展极大地拓展了质性文本分析的可能性,本书也展示了如何使用 QDA(Qualitative Data Analysis,质性数据分析)软件来进行分析。

6. David A. Fennell. 生态旅游[M]. 张凌云,译. 北京:商务印书馆,2017.

该书从一系列仍旧困扰生态旅游理论和实践的经济、社会和生态矛盾出发,结合其他旅游形式、旅游影响、环境保护、可持续发展、教育、政策、治理和伦理必然性,对生态旅游这种世界上最绿色的旅游形式进行了深入剖析,对那些仍然困扰生态旅游和使其成为旅游业里具有活力的旅游形式的重要问题进行了权威分析和全面解读。本书涉及的主题和地理区域十分广泛。

# References

[1] 保继刚,楚义芳.旅游地理学[M].3版.北京:高等教育出版社,2012.
[2] 马耀峰,甘枝茂.旅游资源开发与管理[M].3版.天津:南开大学出版社,2015.
[3] 吴必虎,俞曦.旅游规划原理[M].2版.北京:中国旅游出版社,2010.
[4] 张广海,朱旭娜.我国旅游区划研究进展[J].地理与地理信息科学,2016(3).
[5] 周成虎,裴韬.地理信息系统空间分析原理[M].北京:科学出版社,2011.
[6] 董平.我国旅游资源区划初探[J].地域研究与开发,2000(3).
[7] 方创琳,等.中国人文地理综合区划[J].地理学报,2017(2).
[8] 郑度,等.对自然地理区划方法的认识与思考[J].地理学报,2008(6).
[9] 汪德根,等.高铁驱动下大尺度区域都市圈旅游空间结构优化——以京沪高铁为例[J].资源科学,2015(3).
[10] 汪德根.武广高铁对沿线都市圈可达性影响及旅游空间优化[J].城市发展研究,2014(9).
[11] 林振山,袁林旺,吴得安.地学建模[M].北京:气象出版社,2003.
[12] 孟万忠.计算机专题制图[M].北京:气象出版社,2006.
[13] 凌善金,等.旅游地图学[M].合肥:安徽人民出版社,2008.
[14] 全华,王丽华.旅游规划学[M].大连:东北财经大学出版社,2003.
[15] 马勇.旅游规划与开发[M].北京:高等教育出版社,2018.
[16] 汤国安.ArcGIS地理信息系统空间分析实验教程[M].北京:科学出版社,2006.
[17] 黄杏元,马劲松.地理信息系统概论[M].北京:高等教育出版社,2008.
[18] 黄先开,张凌云.智慧旅游:北京:旅游信息技术应用研究文集[C].北京:旅游教育出版社,2014.
[19] Cooper C. Parameters and Indicators of decline of the british seaside resort. In the rise and fall of British coastal resorts[Z]. G. Shaw and A. Williams(eds). London: Cassell,1997.
[20] 余青,吴必虎,刘志敏,等.风景道研究与规划实践综述[J].地理研究,2007(6).
[21] Jeffrey Wilks,Barry Watson,Ian J. Faulks. International tourists and road safety in Australia,developing a national research and management programme[J]. Tourism Management,1999(20).

[22] 孙业红,魏云洁,张凌云.中国旅游研究的国际影响力分析——基于对2001—2012年国内外旅游类核心期刊论文的统计[J].旅游学刊,2013(7).

[23] 曾斌丹,何银春.日本旅游地理研究回顾与进展[J].世界地理研究,2018(1).

[24] Musinguzi, Dan. Trends in tourism research on Qatar: A review of journal publications[J]. Tourism Management Perspectives,2016(20).

[25] Light, Duncan. Progress in dark tourism and thanatourism research: An uneasy relationship with heritage tourism[J]. Tourism Management,2017(61).

[26] 陆红.大数据分析方法[M].北京:中国财富出版社,2017.

[27] 秦萧,甄峰,熊丽芳,等.大数据时代城市时空间行为研究方法[J].地理科学进展,2013(9).

[28] 樊杰,等.中国人文与经济地理学者的学术探究和社会贡献[M].北京:商务印书馆,2016.

[29] 冯淑华.旅游地理学[M].武汉:华中科技大学出版社,2011.

[30] 赵书虹.旅游产业集群论[M].北京:科学出版社,2010.

[31] 伍多·库卡茨.质性文本分析:方法、实践与软件使用指南[M].朱志勇,范晓慧,译.重庆:重庆大学出版社,2017.

[32] 朱创业.旅游地理学[M].北京:科学出版社,2010.

[33] 郑勇.旅游需求预测理论与实证[M].北京:中国社会科学出版社,2012.

[34] 刘丽梅,吕君,等.旅游规划与开发案例[M].北京:经济管理出版社,2018.

[35] 盖尔·詹宁斯.旅游研究方法[M].谢彦君,等,译.北京:旅游教育出版社,2007.

[36] 吴红辉.智慧旅游实践[M].北京:人民邮电出版社,2018.

[37] 中国旅游协会旅游教育分会.中国旅游教育蓝皮书(2017—2018)[R].北京:中国旅游出版社,2018.

[38] 冯学刚,等.旅游规划[M].上海:华东师范大学出版社,2011.

[39] 杨晓霞,等.旅游规划原理[M].北京:科学出版社,2013.

[40] 戴文,丁蕾,吴晨等.基于大数据的旅游流时空分布特征研究——以南京市为例[J].现代城市研究,2019(2).

[41] 李渊,郑伟民,王德.景区旅游者空间行为研究综述[J].旅游学刊,2018(4).

[42] 吕丽,曾琪洁,陆林.上海世博会中国国内旅游者空间行为研究[J].地理科学,2012(2).

[43] 中国社会科学院旅游研究中心.旅游绿皮书:2015—2016年中国旅游发展分析与预测[M].北京:社会科学文献出版社,2016.

[44] 吴国清,等.智慧旅游发展与管理[M].上海:上海人民出版社,2017.

[45] 李永文.旅游地理学[M].2版.北京:科学出版社,2013.

[46] C.米歇尔·霍尔//斯蒂芬·J.佩奇.旅游休闲地理学——环境·地点·空间[M].周昌军,何佳梅,译.北京:旅游教育出版社,2017.

[47] 郭鲁芳,等.旅游经济学[M].杭州:浙江大学出版社,2005.

**相关网站/网页**

[1] http://www.tourismforecasting.net,香港理工大学旅游需求预测网站.

[2] http://astro.templeedu/-clarkh/html/tourism_demand.html,美国天普大学旅游需求预测文献列表.

[3] https://www.mct.gov.cn/,国家文旅部官网.

[4] http://www.dadiyunyou.com,大地云游网.

[5] http://www2.unwto.org/,联合国世界旅游组织官网.

[6] http://www.ctaweb.org/,中国旅游研究院官网.

[7] http://www.wta-web.org/eng/,世界旅游联盟官网.

[8] http://www.tourismgeography.com/, Tourism Geography, 3rd edition, by Stephen Williams and Alan A. Lew, Published by Routledge/Taylor & Francis (September 2014).

[9] www.wttc.org,世界旅行及旅游理事会.

[10] http://www.pkutourism.com/,北大旅研网.

[11] https://shtm.polyu.edu.hk/,香港理工大学酒店与旅游管理学院官网.

[12] http://www.pinchain.com/,品橙旅游网.

[13] https://www.tourismconcern.org.uk/,关于当前旅游社会的可持续发展.

# 教学支持说明

普通高等学校"十四五"规划旅游管理类精品教材系华中科技大学出版社"十四五"规划重点教材。

为了改善教学效果,提高教材的使用效率,满足高校授课教师的教学需求,本套教材备有与纸质教材配套的教学课件(PPT电子教案)和拓展资源(案例库、习题库视频等)。

为保证本教学课件及相关教学资料仅为教材使用者所得,我们将向使用本套教材的高校授课教师免费赠送教学课件或者相关教学资料,烦请授课教师通过电话、邮件或加入旅游专家俱乐部QQ群等方式与我们联系,获取"电子资源申请表"文档并认真准确填写后发给我们,我们的联系方式如下:

地址:湖北省武汉市东湖新技术开发区华工科技园华工园六路

邮编:430223

电话:027-81321911

传真:027-81321917

E-mail:lyzjjlb@163.com

旅游专家俱乐部QQ群号:758712998

旅游专家俱乐部QQ群二维码:

# 电子资源申请表

填表时间：_____年___月___日

以下内容请教师按实际情况写，★为必填项。

| ★姓名 | | ★性别 | □男 □女 | 出生年月 | | ★职务 | |
|---|---|---|---|---|---|---|---|
| | | | | | | ★职称 | □教授 □副教授 □讲师 □助教 |

| ★学校 | | ★院/系 | |
|---|---|---|---|
| ★教研室 | | ★专业 | |
| ★办公电话 | | 家庭电话 | | ★移动电话 | |
| ★E-mail（请填写清晰） | | | ★QQ号/微信号 | |
| ★联系地址 | | ★邮编 | |

| ★现在主授课程情况 | 学生人数 | 教材所属出版社 | 教材满意度 |
|---|---|---|---|
| 课程一 | | | □满意 □一般 □不满意 |
| 课程二 | | | □满意 □一般 □不满意 |
| 课程三 | | | □满意 □一般 □不满意 |
| 其他 | | | □满意 □一般 □不满意 |

| 教材出版信息 | | | | |
|---|---|---|---|---|
| 方向一 | | □准备写 □写作中 □已成稿 □已出版待修订 □有讲义 |
| 方向二 | | □准备写 □写作中 □已成稿 □已出版待修订 □有讲义 |
| 方向三 | | □准备写 □写作中 □已成稿 □已出版待修订 □有讲义 |

请教师认真填写表格下列内容，提供索取课件配套教材的相关信息，我社根据每位教师填表信息的完整性、授课情况与索取课件的相关性，以及教材使用的情况赠送教材的配套课件及相关教学资源。

| ISBN(书号) | 书名 | 作者 | 索取课件简要说明 | 学生人数（如选作教材） |
|---|---|---|---|---|
| | | | □教学 □参考 | |
| | | | □教学 □参考 | |

★您对与课件配套的纸质教材的意见和建议，希望提供哪些配套教学资源：